La dieta FIBRA35

El secreto de la naturaleza para perder peso

Brenda Watson, C.N.C.
con Leonard Smith, M.D.

Traducción de Lina Patricia Bojanini

GRUPO
EDITORIAL
norma

Bogotá, Barcelona, Buenos Aires, Caracas, Guatemala, Lima,
México Panamá, Quito, San José, San Juan, San Salvador,
Santiago de Chile, Santo Domingo

Watson, Brenda
    La dieta fibra 35 : el secreto de la naturaleza para perder
peso / Brenda Watson ; traductor Lina Bojanini. -- Bogotá :
Grupo Editorial Norma, 2007.
    328 p. : il. ; 23 cm.
    Título original : *The Fiber 35 Diet. Nature's Weight Loss Secret.*
    ISBN 978-958-45-0513-2
    1. Dieta alta en fibra 2. Fibra en la nutrición humana 3. Dieta
baja en grasas 4. Naturopatía 4. Autocuidado en salud I. Bojanini,
    Lina Patricia, tr. II. Tít.
    613.263 cd 21 ed.
    A1136721

        CEP-Banco de la República-Biblioteca Luis Ángel Arango

Título original en inglés:
The Fiber 35 Diet, Nature's Weight Loss Secret
de Brenda Watson, C.N.C. con Leonard Smith, M.D.
Una publicación de Free Press, una división de Simon & Schuster, Inc.
1230 Avenue of the Americas
Nueva York, NY 10020
Copyright © 2007 de Brenda Watson
Copyright © 2007 para todos los países de habla hispana
por Editorial Norma S.A.
Apartado Aéreo 53550, Bogotá, Colombia
http://www.librerianorma.com
Reservados todos los derechos.
Prohibida la reproducción total o parcial de este libro, por cualquier medio,
sin permiso escrito de la Editorial.
Impreso en Colombia - Printed in Colombia.
Impreso por Banco de Ideas Publicitarias Ltda.
Abril de 2008

Edición, Natalia García Calvo
Diseño de cubierta, Felipe Ruiz Echeverry
Diagramación, Luz Jazmine Güechá Sabogal

Este libro se compuso en caracteres Berkeley

ISBN 978-958-45-0513-2

*A mi madre, Mary; a los noventa años eres
una fuente de inspiración para todos nosotros.*

*Y para mi nieta, Wednesday; un infinito
rayo de sol de ocho años.*

Nota al lector

Esta publicación contiene las ideas y opiniones de la autora. Tiene como objetivo suministrar material informativo y de apoyo sobre los temas que aborda. Se vende bajo el acuerdo de que ni la autora ni la editorial se comprometen a ofrecer en el libro servicios médicos, de salud o cualquier otro tipo de servicio profesional. El lector debe consultar a su médico, profesional de la salud u cualquier otro profesional idóneo antes de adoptar cualquiera de las sugerencias que aparecen en el libro, o antes de inferir conclusiones de ellas.

La autora y la editorial niegan expresamente la responsabilidad por cualquier inconveniente, pérdida o riesgo personal o de otra índole en el que se incurra como consecuencia directa o indirecta del uso y aplicación de cualquiera de los contenidos de este libro.

Contenido

LA DIETA FIBRA35: EL SECRETO DE LA NATURALEZA PARA PERDER PESO

Las investigaciones demuestran que en los Estados Unidos los consumidores se gastan alrededor de treinta millardos de dólares anuales en su intento por perder peso o por evitar ganarlo; se calcula que se gastan entre uno y dos millardos en programas para perder peso.

Tómese un momento para pensar en todos los planes para perder peso que ha intentado. Es muy probable que en algún momento le hayan ordenado evitar algo —grasas, azúcar, carbohidratos—, y que usted haya obedecido.

Recortó, restringió, se controló y disminuyó. Sin embargo, a pesar de su dedicación, tuvo que luchar contra las ansias permanentes por comer. Tuvo que soportar la fatiga, la pérdida de energía y el deterioro en su salud. Y al final, volvió a recuperar cada una de las libras que había perdido. ¿Le suena familiar? Ahora imagínese un programa para perder peso diseñado para cambiar todo eso.

Las investigaciones científicas han comprobado que la única forma de perder peso y de conservar un peso corporal ideal de por vida es reducir la cantidad de calorías que se ingieren. Pero lo que no es muy común es oír que la naturaleza creó un nutriente asombroso que puede ayudar a hacer estas dos cosas: la fibra.

11

Por definición, la fibra es la parte indigerible de las frutas, semillas, verduras, granos enteros y otras plantas comestibles. De igual manera, se podría considerar como un nutriente milagroso. ¿Por qué? Porque la fibra y los alimentos ricos en fibra ayudan a regular el nivel de azúcar sanguíneo, a controlar el hambre y a aumentar la sensación de saciedad, todos ellos, elementos esenciales tanto para perder peso, como para no ganarlo.

Al comenzar a escribir *La dieta Fibra35* mi objetivo era simple: ayudar al mayor número posible de personas a alcanzar sus metas de pérdida de peso utilizando el poder de este excepcional y pequeño nutriente. De hecho, la dieta Fibra35 está basada en la ingestión diaria de 35 gramos de fibra.

Aunque esto suena sencillo, podría sorprenderse al descubrir que la mayoría de los estadounidenses consumen menos de la mitad de esa cantidad. El lugar que tenían en la dieta las frutas y las verduras ricas en fibra ha sido ocupado por un exceso de comidas procesadas y de azúcares refinados que hace que las personas sean vulnerables a aumentar de peso y a tener una mala salud. Sin embargo, no se flagele porque ha estado comiendo de manera inadecuada y porque el azúcar lo está dominando. La disponibilidad de alimentos procesados y de azúcares refinados ha alcanzado niveles sin precedentes y se requiere un esfuerzo consciente para buscar alimentos ricos en nutrientes que recarguen el metabolismo y apoyen los esfuerzos para perder peso. Haré que usted apunte en la dirección correcta al concentrar su atención en la fibra, esta lo guiará por un camino hacia una salud superior que va más allá de alcanzar el peso ideal.

Al comer alimentos que en conjunto proporcionen 35 gramos diarios de fibra, bajará el peso que quiere perder y conservará un peso ideal de por vida. Al incrementar de una forma considerable la ingesta de fibra, el riesgo de sufrir enfermedades cardíacas, accidentes cerebrovasculares, hipertensión, diabetes, cáncer y otro gran número de afecciones relacionadas con la obesidad, será menor. Le daré pruebas de esto a lo largo del libro.

Comienzo *La dieta Fibra35* con una reveladora introducción a la fibra y su papel en la pérdida de peso. Luego, paso directamente al programa para mostrarle cómo puede empezar a perder libras y a ganar salud. Con mi plan aprenderá una ecuación personalizada de pérdida de peso basada en el número de libras que quiere perder; con base en este dato podrá emprender su viaje hacia una alimentación más saludable y un buen vivir. Lo exhorto a que consulte con su médico antes de comenzar el programa. Cuando se está intentando perder peso es útil contar con un doctor porque puede brindarle apoyo adicional y consejos a la medida de sus necesidades específicas. Por ejemplo, usted puede tener trastornos especiales de salud que deben ser tomados en consideración y que requieren una guía extra por parte de su médico personal. Le recomiendo también que analicen juntos un plan para empezar un programa de ejercicios, sobre todo, si ha estado inactivo últimamente.

Esta dieta tiene tres fases diferentes. Analizo cada fase en detalle y le dedico un capítulo entero a los siete activadores metabólicos que son las formas como se pueden mejorar los resultados y optimizar los sistemas para quemar grasa. Incluyo recomendaciones sobre suplementos y alternativas de alimentos nutritivos, como también una variedad de recetas saludables y ricas en fibra para el desayuno, el almuerzo y la cena. Además, incluyo un programa completo de entrenamiento cardiovascular y de fuerza diseñado para ayudar a conservar un peso corporal ideal. Cuando haya llegado a los capítulos del 11 al 13, estará preparado para comprender más a fondo la forma como este nutriente milagroso será su mano amiga para prevenir enfermedades y alcanzar una salud radiante. Lo sorprenderán algunas de las investigaciones que están saliendo a la luz y que confirman el papel de la fibra en el mantenimiento de la maquinaria del cuerpo. ¿Quién iba a saber que un ingrediente con cero calorías podía ser tan extraordinario?

Es verdad que en Estados Unidos y cada vez más a nivel mundial, el número de personas con sobrepeso u obesas continúa creciendo a una velocidad alarmante. Esto no es sólo una crisis de salud, sino también una crisis económica que afecta a todas las personas puesto que los costos totales que se les atribuyen a las enfermedades relacionadas con la obesidad se aproximan a los cien millardos de dólares anuales. Sin embargo, si todo el mundo se une, se puede llegar a detener esta debilitadora pandemia.

Al comenzar la dieta Fibra35 y adoptar un sistema de alimentación de por vida, basado en los beneficios excepcionales de la fibra, usted está haciendo una elección consciente: la elección de perder peso, de vivir mejor y de tomar control de su cuerpo de nuevo. Aplaudo esa elección.

Su compañera para una salud óptima,

Brenda Watson

CAPÍTULO 1

EL INGREDIENTE MILAGROSO

Si hoy en día en un laboratorio secreto un científico descubriera un "nuevo" ingrediente llamado fibra, sería aclamado como un nutriente milagroso y como uno de los mayores descubrimientos médicos de todos los tiempos. Los titulares proclamarían algo así: "¡La fibra es el secreto para erradicar la epidemia de la obesidad!" y "¡La fibra es el secreto que los científicos han estado buscando para disminuir las enfermedades cardíacas!"

Todas las cadenas de televisión pondrían al descubridor de la fibra y a su maravilloso ingrediente en el noticiero de la noche; y el programa "60 minutos" presentaría un informe detallado al respecto. Al científico que produjo este milagro médico le darían un premio Nobel.

¿Por qué? Porque en la actualidad las instituciones científicas de mayor prestigio en el mundo han demostrado que la fibra es el ingrediente "secreto" que ayuda a perder peso, prevenir enfermedades y alcanzar una salud óptima. Los investigadores han encontrado evidencias que comprueban que la fibra aumenta la saciedad (la sensación de estar satisfecho), atenúa el hambre y disminuye la ingesta calórica. Coinciden en que una dieta rica en fibra puede ayudar a prevenir la mayoría de las principales enfermedades actuales, desde las enfermedades cardíacas hasta la diabetes y el cáncer.

Escribí *La dieta Fibra35* para compartir este secreto con usted, el secreto que le ayudará a perder cada una de las libras que quiere eliminar, a conservar un peso ideal de por vida a la par que le ayudará a prevenir las principales enfermedades de nuestra época. Continúe leyendo.

LAS OCHO RAZONES QUE HACEN QUE LA FIBRA SEA UN MILAGRO

La fibra es un milagro por ocho razones. La fibra puede ayudarle a:

1. Perder peso.

2. Mantener un peso ideal de por vida.

3. Disminuir el riesgo de un infarto cardíaco.

4. Mantener niveles saludables de colesterol.

5. Mantener un nivel normal de azúcar sanguíneo y disminuir el riesgo de diabetes.

6. Disminuir el riesgo de cáncer.

7. Mantener la regularidad intestinal.

8. Mejorar la inmunidad.

¿Impresionante? Sí. ¿Milagroso? Creo que sí. ¿Cómo se pone a funcionar este ingrediente milagroso? Bueno, comience con su peso.

Si usted está leyendo esto es casi seguro que tiene sobrepeso. Y si tiene sobrepeso es casi seguro que haya intentado perder peso en el pasado. Y si ha tratado de perder peso, es probable que lo haya logrado y que lo haya recuperado de inmediato.

Si usted es como yo, ha sufrido los efectos de la dieta yoyo, un yoyo que nunca parece dejar de bajar y subir. Pero el hecho de que esté leyendo este libro significa que no se ha dado por vencido, y eso ya es digno de alabanza. Felicitaciones, ahora está a unos pocos pasos de comenzar un nuevo estilo de vida rico en fibra que cambiará su existencia para siempre.

La lucha contra el exceso de peso es una de las situaciones que más produce frustración y desgaste emocional. Constituye un reto para todos, mi propia batalla terminó sólo cuando encontré el regalo de la fibra. El conocimiento que está recibiendo ahora sobre el poder de la fibra fue un regalo que recibí hace veinte años; un regalo que me apasiona compartir con usted.

La dieta Fibra35 es la dieta más sencilla que podrá hacer, la de mayor poder en el mundo para promover la salud y la última que necesitará aprender. Usted ha encontrado la solución para perder peso; el poder —este libro— está, literalmente, en sus manos.

Podrá pensar que se necesitaría un milagro para perder peso y no ganarlo de nuevo, le tengo la respuesta: fibra. Déjeme decirlo de nuevo. Fibra. Una vez más. Fibra. No me canso de repetirlo. He aquí la razón, simple y llana: la fibra es una poderosa sustancia natural que controla el apetito y que elimina las calorías *que usted ya ingirió*. ¿Captó eso? Sí, la fibra en realidad puede "borrar" calorías que usted ya consumió y que podrían engordarlo. *La dieta Fibra35* lo hace retornar a los alimentos que la Madre Naturaleza le tenía destinados en primera instancia. Es una dieta abundante, deliciosa y tan rica en nutrientes que cada bocado le ayudará a mejorar su salud a la vez que le proporcionará más energía que la que ha sentido en años. De hecho, si pudiera darle otro nombre a este libro sería "La dieta energética". Enfrentémoslo, ¿quién entre nosotros no necesita más energía? Sé que quiere conocer el secreto de *La dieta Fibra35*, pero primero quiero contarle mi historia, y por qué llegué a escribir este libro.

MI VIAJE HACIA LA DIETA FIBRA35

Hace veinte años tenía 25 libras de sobrepeso, tenía cansancio crónico y me aquejaban problemas de salud que no desaparecían. Si el viento soplaba, me resfriaba; si llovía, no podía dormir; cuando las estaciones cambiaban mis alergias eran tan fuertes que no podía salir de la cama. Perdóneme por usar un cliché pero estaba enferma y cansada de estar enferma y cansada. Fue entonces, un día en que caminaba hacia la oficina de correos en Charlotte, Carolina del Norte, que se dio el momento que ahora considero como el más importante de mi vida (fuera del nacimiento de mis dos maravillosos hijos y del día en que conocí a mi marido). En el camino decidí entrar a una nueva tienda naturista que habían abierto en la ciudad, esto realmente cambió mi vida.

Recuerdo el día como si fuera ayer. Tomé una decisión que con el tiempo me permitió recuperar el control de mi peso, mi salud y mi energía.

Entrar a esa tienda naturista fue el primer paso de mi viaje personal hacia la salud natural que veinte años más tarde me permitiría convertirme en una experta en nutrición natural al graduarme en salud alternativa; fundar cinco clínicas de salud natural; escribir cuatro *bestsellers* sobre salud natural; enseñarles a miles de personas alrededor del mundo el poder de la salud natural a través de cientos de conferencias y presentaciones en la radio y producir dos especiales de televisión sobre el poder de la fibra y otros nutrientes para obtener una salud radiante.

Ha sido un viaje maravilloso, y hoy, con la publicación de *La dieta Fibra35* siento que ha quedado escrito el capítulo más importante de mi viaje personal para compartir una salud óptima. ¿Por qué? Porque, aun después de dar ese paso inicial para mejorar mi salud y cambiar mi estilo de vida, tuve que luchar de nuevo con mi peso. ¡Sentía como si me hubiera ido a dormir de cuarenta y tres años y hubiera despertado de cuarenta y ocho y con 30 libras de más! Aunque en ese entonces era muy consciente de los beneficios de la fibra para la salud, sólo en esta época de mi vida descubrí personalmente el poder del nutriente en relación con la pérdida de peso. Comencé a incorporar más fibra, tal como lo esbozo en esta dieta, y perdí peso en forma sostenida. ¿Continúo luchando? Todo aquel que haya tenido que enfrentar problemas de peso sabe que se requiere un esfuerzo constante para mantener el peso ideal. Puedo decirle con honestidad que la dieta Fibra35 ha hecho que el esfuerzo sea sencillo, efectivo y gratificante.

EL SECRETO PARA TENER UN PESO IDEAL DE POR VIDA

En la actualidad, se padece una epidemia de obesidad que genera dolor personal, emocional, físico y hasta económico en los individuos, sus familias, las comunidades y la nación. La gente se ha vuelto adicta a comidas que primero la engordan, luego la enferman y después la matan antes de tiempo. ¡Ya es suficiente! ¡La verdad es que cada uno tiene el poder de cambiar el destino de su salud personal y usted va a comenzar a hacerlo ahora!

Durante muchos años, a través de mis centros de salud natural, he estado compartiendo la fórmula de la dieta Fibra35 y he visto a muchas personas tener éxito. Usted también lo tendrá. Cada persona sabe, de un modo intuitivo, que la comida puede ser un remedio o un veneno para su cuerpo. En mis clínicas enseño una verdad muy sencilla sobre la elección. Cada individuo puede elegir comer y sumergirse en un estado de obesidad, fatiga y deterioro de la salud o comer y experimentar el peso ideal, energía en abundancia y longevidad.

De todas las cosas que he aprendido en los últimos veinte años, nada tiene más contundencia que el hecho de que una salud óptima comienza y termina con lo que se come —e igualmente importante— con lo que se deja de comer. De todo lo que he aprendido, la dieta Fibra35 es la información más importante que podré llegar a compartir con usted. Celebro que haya hecho la elección que hice hace veinte años: tomar de nuevo las riendas de su peso y de su salud adquiriendo información que cambiará su vida tal como cambió la mía. ¿Cuál es la fórmula exacta? Con seguridad a estas alturas ya la habrá descifrado: consumir 35 gramos de fibra al día.

¡Eso es! Sencillo y contundente. Espere a ver los resultados. Esta es la información nutricional más contundente que podré llegar a compartir con usted. La información es una semilla mágica que puede crecer y convertirse en una vida con una salud y un peso mejorados. Si estuviera en mi lecho de muerte y una fuerza superior me dijera: "Puedes compartir un mensaje más con el resto del mundo. ¿Cuál sería?" Ya lo adivinó: *¡Consuman 35 gramos de fibra al día!*

Ese es el secreto. Esa es la dieta. Y he aquí la manera como funciona.

Con la dieta Fibra35 usted ingerirá alimentos que en conjunto le proporcionarán 35 gramos diarios de fibra. (Para que tenga un parámetro de comparación, una uva pasa pesa más o menos 1 gramo.) Al hacerlo podrá perder el peso que quiere y conservar un peso ideal de por vida. Además, comer una dieta que le proporcione 35 gramos diarios de fibra hará que el riesgo de padecer enfermedades cardíacas, diabetes, cáncer y otras tantas afecciones relacionadas con la obesidad, sea menor.

¿Por qué tienen tanto poder 35 gramos diarios de fibra? Hay dos razones:

1. La fibra ayuda a restringir calorías.

2. La fibra le asesta una doble estocada milagrosa a la enfermedad.

A lo largo de este libro reiteraré y exploraré las bases científicas detrás de estas dos razones. Aunque su meta inmediata sea perder peso, no quiero que olvide que a fin de cuentas esta dieta le traerá salud durante largo tiempo.

Fibra y restricción calórica

Está comprobado clínicamente que para perder peso hay que comer menos calorías que las que se queman. Usted ya lo sabía; esto es sabiduría colectiva y ya está grabado en su cerebro. ¡La parte dura no es saberlo, sino aplicarlo en su vida!

El cuerpo es como un automóvil: hace cierto número de millas por galón. Si usted echa en el tanque más gasolina de la que necesita le sobrará combustible y el cuerpo lo almacenará como grasa. Por lo tanto, cuando quiera perder peso debe reducir el número de calorías por debajo de la cantidad necesaria para alimentar el cuerpo. De este modo este tendrá que recurrir al tanque de reserva (el peso alrededor de su cintura o de sus muslos o sus glúteos) para obtener el combustible que necesita para funcionar. ¿Cómo se hace esto? ¿Cómo se reducen las calorías? Consumiendo 35 gramos diarios de fibra.

Entre los diversos milagros que la fibra produce en la salud, la disminución del apetito puede ser el que usted más valorará, sobre todo, cuando se trata de bajar de peso. Y no es una droga o una medicina sintética hecha en un laboratorio por una compañía farmacéutica. La fibra es el reductor natural del apetito de la Madre Naturaleza y está disponible de manera gratuita. Los poderosos efectos de la fibra le permitirán disminuir con tranquilidad las calorías en la fase uno y fase dos de la dieta en las que se quitará de encima esas libras que ya no quiere seguir cargando.

El otro elemento esencial de esta sencilla verdad sobre la pérdida de peso es que se deben quemar más calorías que las que se ingieren. Si usted restringe el número de calorías, pero aun así no quema más de las que consume, no podrá perder peso.

Por desgracia, por mucho que a todo el mundo le gustaría comer tanto como quisiera y aun así perder peso, el cuerpo humano no está diseñado de ese modo. Necesita cierto número de calorías para abastecerse de combustible para el desempeño diario. Cada actividad que se lleva a cabo quema calorías: caminar, hablar, o inclusive sentarse en un sofá o dormir. Cuando se piensa, se queman calorías. Para que el corazón pueda bombear sangre hay que quemar calorías. Todas las actividades metabólicas queman calorías.

Se gana peso cuando se consumen más calorías de las que se queman en un solo día. Se pierde peso cuando se queman más calorías de las que se consumen. Esto es un hecho sencillo e ineludible. Mientras más grande sea la diferencia entre las calorías que se ingieren y las que se queman, más rápida será la pérdida de peso y más peso se perderá.

Usted ya sabe esto y también sabe que reducir las calorías durante el período en el que se quiere bajar de peso es simplemente muy difícil. ¿Por qué? Por una razón: cuando se disminuye el número de calorías por debajo de la cantidad que se necesita diariamente para conservar el peso, el cerebro envía una señal que hace que el cuerpo sienta hambre. El cerebro dice: "Oye, ¿dónde está toda la comida que necesito?" En el mismo momento en que usted ha dado el paso para deshacerse del exceso de peso, su cerebro manda una señal de inanición para hacerlo sentir mucho más hambriento.

Con base en mi experiencia, la diferencia entre los que tienen éxito y los que no se resume en los que pueden controlar el apetito y los que son incapaces de hacerlo. Si usted pudiera tragarse una píldora que suprimiera de manera segura su apetito sin efectos colaterales (muchas compañías farmacéuticas llevan años tratando de inventar esta droga) usted querría un suministro ilimitado de ella, ¿no es cierto? Es allí donde el poder de la fibra comienza. La fibra le ayudará a controlar el apetito de una manera natural y casi mágica. Es lo más cerca que podrá llegar a una píldora mágica y hace muchísimo más que suprimirle el apetito.

La fibra como combatiente contra la enfermedad

Durante los últimos cuarenta años la producción de alimentos ha aumentado más rápidamente que la población. En la actualidad, las enfermedades crónicas y que ponen en peligro la vida aquejan a millones de personas. Las estadísticas son aterradoras; esta es una muestra:

Más de 18 millones de personas sufren diabetes, la sexta causa principal de muerte en los Estados Unidos. Millones más son prediabéticos y ni siquiera lo saben.

Casi 50 millones sufren enfermedades crónicas como asma o lupus.

Alrededor de 70 millones tiene artritis, la causa principal de discapacidad en los Estados Unidos.

Más de 80 millones de personas en los Estados Unidos sufren desórdenes digestivos como acidez gástrica, estreñimiento y síndrome de colón irritable, que es la segunda causa principal de ausentismo laboral (después del resfriado común).

Aquí hay un dato revelador: los estadounidenses se gastan más de 120 millardos de dólares al año en atención médica para problemas digestivos y se gastan casi la misma cifra en comidas rápidas. La mayoría de la gente no se da cuenta de que casi todas estas enfermedades digestivas son consecuencia de la inflamación del tracto digestivo, un tema importante que trataré más adelante. ¿Qué tiene que ver la fibra con esto?

La gente en los Estados Unidos se enteró del valor de una dieta rica en fibra en 1970 cuando el médico Dennis Burkett y sus asociados publicaron una investigación sobre los hábitos alimenticios del mundo que marcó un hito. El doctor Burkett observó que en las culturas autóctonas en las que la ingesta de fibra en la dieta era alta por naturaleza, las personas rara vez sufrían de obesidad, enfermedad cardíaca o tumores colorrectales. Desde entonces ha habido una avalancha de estudios para aclarar el rol de la fibra en la salud y la longevidad y para darle fundamentos a toda la evidencia anecdótica. A primera vista, puede parecer que la fibra no tiene una relación directa con enfermedades tales como diabetes, asma, artritis y desórdenes digestivos como acidez gástrica, pero hay una profunda relación entre el estado de la salud y la calidad de alimentos que se ingieren. Los alimentos ricos en fibra ofrecen una serie de beneficios para combatir la enfermedad que pueden tener un impacto sobre la cadena de eventos que se lleva a cabo en el cuerpo y que puede llevarlo a padecer cualquiera de las diversas enfermedades crónicas que aquejan a millones de personas.

Si quiere prevenir esas grandes enfermedades que acortan la vida, la fibra será su aliado de dos maneras. En primer lugar, cada gramo de fibra por sí solo tiene increíbles beneficios sobre la salud que van desde ayudar a disminuir el riesgo de cáncer hasta detener el riesgo de enfermedades cardiovasculares y diabetes. En segundo lugar, la fibra viene con una ventaja adicional increíble: viaja a todas partes acompañada de amigos que combaten la enfermedad. En una estación de gasolina se tienen diferentes opciones: gasolina regular, extra o premium. Mientras mejor sea la calidad del combustible mejor será el funcionamiento del motor y mayor la duración del automóvil. Los alimentos ricos en fibra son el combustible extra en el mundo de la nutrición, es decir, los alimentos ricos en fibra son el mejor combustible para recargar el cuerpo. ¿Por qué? Porque la Madre Naturaleza sabe cómo combinar los alimentos; allí donde hay fibra hay nutrientes que son ricos en energía, que previenen enfermedades y que el cuerpo está diseñado para absorber. Y allí donde *no* hay fibra (a excepción de la carne de res, las aves y el pescado) por lo general se encuentran los alimentos que fatigan, engordan y que no son saludables. Es así de sencillo y contundente.

Más adelante, se verá más en detalle el efecto de la fibra sobre la salud general. Lo llevaré tras bambalinas para que comprenda, por ejemplo, cómo se asocia la fibra con niveles bajos de colesterol, un mejor equilibrio del azúcar sanguíneo y una inmunidad mejorada. Por ahora, sólo quiero que sepa, como ya lo anoté, que la fibra le asesta una gran estocada doble a la enfermedad.

¡No puede ser mejor!

Resumen del capítulo 1

El ingrediente milagroso

- **La estocada doble de la fibra**

  La fibra es el supresor natural del apetito que permite reducir la ingesta de calorías; y la reducción de calorías es la única forma de perder peso.

  La fibra y los nutrientes amigos con los que viaja, combaten la enfermedad.

- **La fibra es milagrosa por lo menos de ocho maneras:**

  La fibra ayuda a perder peso.

  La fibra ayuda a mantener un peso ideal de por vida.

  La fibra disminuye el riesgo de infarto cardíaco.

  La fibra ayuda a mantener niveles saludables de colesterol.

  La fibra disminuye el riesgo de diabetes y ayuda a mantener niveles normales de azúcar sanguíneo.

  La fibra reduce el riesgo de cáncer.

  La fibra promueve la regularidad intestinal.

  La fibra ayuda a mejorar la inmunidad.

- **La fórmula de la dieta Fibra35 consiste en ingerir 35 gramos diarios de fibra. Esto ayuda a perder peso y a mejorar la salud porque:**

  La fibra controla el apetito al actuar como un supresor natural del apetito.

  La fibra elimina calorías que ya se han ingerido.

Los alimentos ricos en fibra son ricos en energía, ricos en antioxidantes y previenen enfermedades.

CAPÍTULO 2

FIBRA: LA ASOMBROSA SOLUCIÓN PARA PERDER PESO

Cuando conocí a Pete en una de mis clínicas pesaba 210 libras, medía 1,83 metros y quería perder 30 libras. Pete, al ser propietario de un restaurante y trabajar constantemente con comida, enfrentaba un reto diario para conservar su peso bajo control. Sabía que era el momento de encontrar una forma de comer que fuera satisfactoria y que lo mantuviera en forma de por vida. Me impresionó porque lo primero que preguntó fue: ¿Qué podré comer? Me gustó esta actitud porque cuando se trata de perder peso y manejar el peso de por vida, es fundamental enfocar la atención en lo que uno puede comer y no en lo que no puede. Le pregunté a Pete por qué quería perder peso. Dijo que para prevenir la enfermedades cardíacas. Me encantó esa respuesta porque aunque todos queremos vernos bien, la experiencia me ha demostrado que las personas que no recuperan el peso que perdieron son aquellas que lo hacen más por motivos de salud que por apariencia. Pete tenía cuarenta y cinco años de edad, era el padre de dos niños de nueve y seis años y afirmaba que era importante para él tener energía para seguirles el ritmo. También sentí que quería asegurarse de seguir con vida para ver a sus hijos convertirse en adultos.

Como él quería perder peso de manera rápida, lo puse de inmediato en la dieta Fibra35 y aceleré el proceso agregándole más ejercicio a la fase uno de su régimen. Durante seis semanas, siguiendo el plan y haciendo ejercicio todos los días, excepto el domingo, perdió 3 libras semanales, es decir, un total de 18 libras. Durante las seis semanas siguientes siguió perdiendo peso, perdió otras 12 libras y alcanzó su meta.

Dos años después Pete informó que conservaba un peso de más o menos 190 libras y que no sentía que se estuviera privando de nada. Mi plan le había cambiado la vida. También afirmó que ya no temía estar expuesto a la comida todo el día porque el asunto no era de fuerza de voluntad. Los alimentos ricos en fibra que estaba ingiriendo lo dejaban completamente satisfecho y le quitaban las ansias que de otro modo lo hubieran llevado a comer en exceso. Seguía consumiendo seis comidas pequeñas al día e incluso los domingos se permitía comer sus platos sureños preferidos. Y si se desviaba del camino durante varios días, como admitía que pasaba a veces cuando viajaba, volvía a encaminarse de inmediato y esas libras de más desaparecían. La mejor noticia para mí fue escuchar que el nivel de colesterol de Pete había bajado de modo significativo con la dieta y había permanecido así. Aparte de la apariencia, la mayor recompensa es desde la perspectiva médica por haber cambiado de estilo de vida. Cuando los amigos y familiares le preguntan a Pete cómo lo hace, comparte su secreto con alegría.

LAS MATEMÁTICAS DE LA PÉRDIDA DE PESO

La reducción de calorías —por ejemplo, hacer una dieta de restricción calórica— es la clave para perder peso; no hay pero que valga al respecto. A no ser que su ingesta esté por debajo del número de calorías diarias necesarias para mantener su peso actual, simplemente no podrá bajar de peso (sin un procedimiento quirúrgico tal como la sutura mecánica gástrica o la liposucción). Así que la clave para un programa exitoso de reducción de peso es disminuir las calorías durante la fase en que está tratando de perder peso, y una vez que haya alcanzado el peso ideal, comer sólo las calorías necesarias para mantener ese peso. Allí es donde entra en juego la fibra, porque le ayuda a reducir las calorías de cuatro maneras efectivas:

1. La fibra regula el apetito y, por ende, ayuda a disminuir la ingesta.

2. La fibra incluso ayuda a reducir la absorción de calorías de la comida que se ingiere.

3. Los alimentos ricos en fibra son alimentos de baja densidad energética. Es decir, pueden ingerirse en abundancia, sin ingerir muchas calorías.

4. La fibra hace más lenta la conversión corporal de carbohidratos en azúcar y de ese modo, mantiene la estabilidad del nivel de glucosa en la sangre para favorecer la pérdida de peso.

¡Esa es una gran combinación! Ahora entiende por qué considero que la fibra es un ingrediente milagroso cuando se trata de perder peso. Imagínese, un alimento que frena el apetito, que reduce la ingesta de calorías de las comidas que ya consumió, que le ayuda a estabilizar el nivel de glucosa sanguínea (y por lo tanto disminuye el comer en exceso) y que le permite ingerir una cantidad abundante de comida baja en calorías y con un alto contenido de nutrientes que combaten la enfermedad. A continuación se verá con más detalle cada uno de los poderosos factores de pérdida de peso de la fibra.

DATO: LAS PERSONAS DELGADAS COMEN MÁS FIBRA

En 1995, algunos investigadores canadienses llevaron a cabo un estudio clínico en el Hospital Universitario en London, Ontario y encontraron que la relación entre la falta de fibra en la dieta y el exceso de peso era obvia. En este estudio se examinó la ingesta de fibra de tres grupos de individuos con peso diferente: peso normal, obesidad moderada y obesidad severa. Cada grupo estaba integrado por cincuenta personas. Durante tres días los investigadores llevaron un registro detallado de la alimentación que incluía todo lo que la persona comía, y luego analizaron el contenido de fibra en la ingesta diaria. Los que estaban en el grupo normal consumían cantidades de fibra significativamente más elevadas, un promedio de 18.8 gramos diarios; mientras que el grupo de obesidad moderada consumía 13.3 gramos y el de obesidad severa 13.7 gramos. En la investigación se concluyó que los dietistas y los médicos necesitan enfatizarles a los pacientes obesos la importancia de una dieta rica en fibra.

EL LLAMADO AL ORDEN DE LA FIBRA

Recortar el consumo de calorías es más fácil en la teoría que en la práctica. Una cosa es comenzar a disminuir las calorías y otra mantenerse en el programa el tiempo suficiente para alcanzar la meta y después mantener el nuevo peso alcanzado. ¿Quién no ha experimentado el efecto del yoyo, perder 10 libras, por ejemplo, y recuperarlas de inmediato? ¿Por qué es tan difícil perder peso de manera permanente? ¿Es por falta de motivación? ¿Es por falta de voluntad? ¿Será por que realmente no se quiere perder peso? ¡Por supuesto que no! La razón, en la mayoría de los casos, es lo que yo llamo *el doble maleficio del hambre*.

El doble maleficio del hambre

El primer maleficio del hambre ocurre cuando se disminuye la ingesta de calorías, en especial si la disminución es considerable. A través del cuerpo comienzan a correr señales que dicen "coma ahora" y estas señales pueden romper con facilidad la fuerza de voluntad hasta del individuo más motivado y disciplinado.

En realidad, la cadena de hechos incluye unas pocas señales que pasan como una exhalación y que en última instancia crean un doble maleficio. La primera señal corre deprisa por el carril fisiológico de alta velocidad del cuerpo y le grita al cerebro que necesita más comida. ¡El cerebro responde tratando de proteger el cuerpo y manda la "alarma general" de que es hora de comer! Estas punzadas de hambre lo inducen a hacer precisamente lo que está tratando de evitar: comer.

El cerebro envía una segunda señal, aún más insidiosa ya que se ignora por completo la que se está dando, donde radica "el doble maleficio". El cerebro está preocupado porque no está recibiendo el alimento que necesita para mantenerse vivo, entonces comienza a funcionar bajo la modalidad de inanición y da la orden de desacelerar el metabolismo corporal o la velocidad a la que normalmente se queman calorías. Así que, aunque usted esté comiendo menos, comienza a quemar menos calorías porque el cuerpo está tratando de ahorrar energía. Quiere aferrarse durante el mayor tiempo posible a la comida en caso de que se presente una hambruna. El cerebro es un órgano que no resiste pasar mucho tiempo sin alimento, así que no está dispuesto a tomar ningún riesgo, está programado para reaccionar de manera rápida ante las señales de problemas, aunque en realidad, no haya ninguno. Apaga de inmediato las calderas que están ardiendo en su motor metabólico y lo deja a usted funcionando a baja velocidad y almacenando el alimento como grasa.

Si usted de hecho no pudiera encontrar comida, este doble maleficio fisiológico actuaría como un sistema para proteger la vida y le ayudaría a sobrevivir la crisis, pero cuando se está tratando de perder peso en un mundo en donde las calorías están en todas partes, esto hace que el reto sea mucho más complicado.

Así que hablemos sobre el hambre. Aparte de la sed, en el planeta no existe una fuerza natural más poderosa que el hambre. Cuando se está restringiendo el número de calorías para perder peso, eliminar el hambre es la clave número uno para tener éxito. Dicho de un modo más puntual: la clave es eliminar las ansias de comer cuando el cuerpo no necesita alimento. La dieta Fibra35 le ayudará a controlar el equilibrio entre comer para nutrirse y detenerse cuando el cuerpo esté satisfecho. Esta es su arma contra el doble maleficio del hambre.

Fibra: es hormonal

Desde el punto de vista fisiológico, las hormonas controlan en gran parte lo que usted siente: mal humor, cansancio, hambre, calor o frío. Las mujeres que están leyendo esto saben con exactitud de qué hablo, y en esta medida estoy segura de que los hombres que lo están leyendo también lo saben. Las hormonas son los mensajeros del cuerpo. Son producidas en algunas partes del cuerpo como la tiroides, la hipófisis o las glándulas adrenales, pasan al torrente sanguíneo y luego a los órganos y tejidos distantes en donde actúan para modificar estructuras y funciones. Las hormonas actúan como signos y señales de tránsito y le dicen al cuerpo qué hacer y cuándo para que pueda funcionar de manera fluida y eficiente. Hacen parte tanto del sistema reproductivo como del sistema urinario, respiratorio, cardiovascular, nervioso, muscular, esquelético, inmune y digestivo.

Cuando se trata del hambre hay una hormona potente que ayuda a regular la saciedad o la sensación de estar lleno. Usted sabe, por experiencia, que cuando come mucha fibra su apetito disminuye. Casi todo el mundo cree que es porque la fibra ocupa mucho volumen. Es común pensar que la expansión de la fibra en el estómago es la que da la sensación de saciedad. Pero esto es tan solo parte de la respuesta.

La fibra activa la hormona antiapetito

Lo que la mayoría de las personas ignora es que una parte del intestino delgado produce una hormona, la colecistoquinina (CCK), que genera la sensación de saciedad. Imagínese la colecistoquinina como un mensajero que le dice: "Bueno, ya estoy lleno. No tengo más hambre, así que baja el tenedor". Qué bueno que este gran mensajero hiciera parte de su equipo de pérdida de peso. Bueno, resulta que la fibra promueve y prolonga el incremento de CCK en la sangre, este incremento hace que usted se sienta lleno por más tiempo.

La colecistoquinina (CCK) es la hormona gastrointestinal encargada de estimular la digestión de las grasas y de las proteínas. Es secretada por el duodeno, el primer segmento del intestino delgado, luego provoca la liberación de enzimas del páncreas y de bilis de la vesícula biliar para ayudar a la digestión. De hecho, la CCK es la mediadora de varios procesos fisiológicos; la buena nueva es que esta hormona suprime el apetito. Es la que le ayuda a levantarse de la mesa sin sentir que se está privando de nada.

Entre los primeros científicos en descubrir los efectos de la CCK está un grupo de investigadores de la Universidad de California en Davis. Estos hallaron que las mujeres que ingerían una comida rica en fibra liberaban más colecistoquinina en el torrente sanguíneo que las mujeres que ingerían una comida con bajo contenido de fibra. Lo mismo sucedía con las que consumían una comida rica en grasa comparada con una baja en grasa. ¿Alguna vez ha notado que cuando come mucha grasa, por ejemplo un filete jugoso, se siente satisfecho? Bueno, la grasa libera la misma hormona. Las mujeres que consumieron comidas con un alto contenido de grasa o de fibra reportaron una mayor sensación de saciedad que se le atribuyó a niveles corporales más elevados de CCK.

Esto es bastante asombroso, pero usted puede estar pensando: "¿Y qué pasó con los hombres? Se obtuvieron los mismos resultados. En otro estudio conducido por la Universidad de California en Davis, los hombres fueron examinados utilizando una comida rica en fibra y una baja en fibra al azar. Tanto la comida de prueba como la de control incluía huevos, pan, jalea, jugo de naranja, leche y margarina. La comida rica en fibra contenía fríjoles blancos, mientras que la baja en fibra contenía arroz y leche en polvo. Los investigadores midieron los niveles de CCK de los sujetos antes de las comidas y seis horas después de estas. No fue de extrañar que los resultados mostraran una respuesta de CCK dos veces más alta después de la comida rica en fibra que después de la comida baja en fibra.

¿Quiere más? Escuche esto. Algunos investigadores belgas analizaron un tipo de fibra en particular, la oligofructosa (OFS), y descubrieron que podía ayudar a manejar la ingesta de alimento en pacientes con sobrepeso y en pacientes obesos. En este estudio, publicado en 2006, un número igual de hombres y de mujeres entre los veintiuno y los treinta y nueve años fueron asignados al azar a un grupo de prueba que recibía 16 gramos diarios de fibra suplementaria durante dos semanas o a un grupo de control que recibía un placebo. Primero, el estudio encontró que durante el desayuno la fibra aumentaba de modo significativo la sensación de saciedad en los individuos que recibían fibra en contraposición a los que recibían el placebo. Segundo, el número de calorías que los sujetos del grupo de prueba ingería al desayuno y al almuerzo era considerablemente más bajo después del suplemento de fibra. Y a la hora de la cena, el grupo de estudio también refería una mayor sensación de saciedad y menor apetito. Esto significaba que tampoco comían tanto. ¡Nada mal para un suplemento de sólo 16 gramos de fibra al día!

La oligofructosa es un subgrupo de la inulina que es una clase de fibra. Tiene un uso muy extendido como aditivo en el yogur y otros productos lácteos porque presenta una mayor solubilidad en relación con las inulinas en general.

Otros estudios han confirmado estos hallazgos. Por lo tanto, se puede concluir aquí que es conveniente *aumentar* los niveles de CCK, tanto como sea posible, a lo largo del día para *disminuir* la ingesta calórica total y sentirse satisfecho. Y todo esto es factible gracias a la fibra. Al consumir alimentos ricos en fibra o un suplemento de fibra usted obtiene los siguientes beneficios:

- Un aumento de volumen en el estómago que lo hace sentir lleno.

- Niveles más elevados de CCK que lo hacen sentir lleno.

Bajar el nivel del apetito es clave para controlar el número de calorías que usted incorpora en el cuerpo, esto es precisamente lo que los alimentos ricos en fibra le ayudan a hacer. De este modo, puede permanecer de buen grado en un régimen de bajo contenido calórico el tiempo suficiente para alcanzar su meta de pérdida de peso y después, en la fase tres de la dieta Fibra35, consumir una cantidad normal de calorías para conservar ese peso de por vida.

EL EFECTO DE VACIADO DE LA FIBRA

La fibra, además de tener el gran poder de ayudarle a controlar el apetito, también tiene otra propiedad especial que suena casi demasiado buena para ser verdad. La fibra, en efecto, ayuda a reducir la absorción de calorías provenientes de los alimentos que ya han sido consumidos. Permítame repetirlo: ¡la fibra en efecto reduce calorías que usted ya se comió! ¿Cómo puede ser posible esto? Bueno, parece que las personas que ingieren dietas ricas en fibra excretan más calorías en sus deposiciones. Sé que este no es un tema muy agradable de tratar, pero el término técnico para esto es *excreción fecal de energía*. Yo lo llamo *el efecto de vaciado de la fibra*. Me topé con esto por primera vez al comienzo de la década de 1980 en un libro titulado *The F-Plan Diet*, escrito por Audrey Eyton. Ella descubrió que el número de calorías que se excretaban en una dieta rica en fibra era del 10% o más de las calorías que se consumían en un día determinado. El gobierno de los Estados Unidos encontró el mismo efecto; otros estudios también han confirmado este fenómeno. Por ejemplo, el Departamento de agricultura de los Estados Unidos, comprobó que el consumo diario de 36 a 50 gramos de fibra deja 130 calorías sin usar en las deposiciones.

Sin embargo, de todos los estudios realizados para mostrar el efecto de "vaciado" de la fibra en las calorías consumidas, el que más dio qué pensar fue llevado a cabo por el Departamento de nutrición humana y ciencia de los alimentos en la Universidad de Kiel en Alemania. Este estableció que por cada gramo de fibra que se ingiere, se eliminan entre 8.46 y 12.84 calorías.

Tenga en cuenta que el número real de calorías no se sabe con exactitud; los diversos estudios han obtenido valores ligeramente diferentes.

Pero cuando se hace la cuenta y se saca un promedio de los cálculos de los diferentes laboratorios, es razonable afirmar que por cada gramo de fibra que se consuma se eliminan alrededor de 7 calorías en una deposición.

Repito: por cada gramo de fibra que consuma, es posible eliminar 7 calorías. Esto significa que si usted consume los 35 gramos de fibra diarios que el plan de la dieta Fibra35 recomienda, podrá eliminar potencialmente 245 calorías diarias.

Ahora observe qué significa esto para usted usando el cálculo promedio de que cada gramo de fibra eliminará 7 calorías diarias del número total de calorías que haya consumido. En un mes, si usted ingiere por lo menos 35 gramos diarios de fibra eliminará 7,595 calorías (245 calorías x 31 días). Cada libra de grasa equivale a 3,500 calorías, así que cada vez que ingiera 3,500 calorías *más* de las que quemaría en un momento dado, *gana* una libra; y cada vez que ingiera 3,500 calorías *menos* que las que quemaría, *pierde* una libra. Al comer 35 gramos diarios de fibra tiene el potencial de eliminar 245 calorías diarias en la deposición que sumarían 7,595 calorías en un mes. Esto equivale a 2.17 libras cada mes y a 26.04 libras al año. ¡Eso es bastante peso! ¿Podría existir algo mejor que comer una cosa que no tiene calorías —fibra— y que de hecho resta calorías de su cuerpo? ¡Creo que no!

En serio, ¿cómo funciona?

Puede que se esté preguntando cómo hace la fibra para tomar calorías y barrerlas fuera del cuerpo antes de que usted las incorpore. El mecanismo es en realidad muy sencillo. En este caso la fibra bloquea la absorción de las calorías consumidas. Imagínese la fibra como un escolta que conduce a las calorías fuera del cuerpo. ¿Entonces esto quiere decir que la fibra también toma otras cosas, como nutrientes benéficos y vitaminas? Por suerte, no se han encontrado evidencias de que la fibra simultáneamente impida que el cuerpo retenga los nutrientes que necesita. En realidad, se ha demostrado lo contrario: la fibra puede mejorar la absorción corporal de nutrientes.

En 1985, científicos británicos analizaron qué tan buena podría ser la absorción de hierro, zinc y calcio con una dieta que tuviera una mezcla de salvado, frutas y nueces sumamente rica en fibra, recomendada en *The F-Plan Diet* de Eyton. Observaron también la absorción de estos mismos minerales en una dieta baja en fibra. Este estudio no sólo acabó con la idea de que la fibra podría evitar la absorción de estos minerales específicos, sino que reveló la posibilidad de que la fibra podía aumentar la absorción de minerales en la dieta. La absorción de hierro y calcio en el grupo de alto contenido de fibra fue "significativamente mayor". Esto podría deberse a la habilidad de la fibra para hacer más lenta la digestión permitiéndole al cuerpo el tiempo que requiere para absorber los minerales de un modo adecuado.

MÁS CANTIDAD CON MENOS CALORÍAS

Los alimentos ricos en fibra son la mejor oferta para su presupuesto calórico. Los alimentos ricos en fibra por ser alimentos de baja densidad energética comprimen un gran volumen de contenido en un paquete con muy pocas calorías. Es decir, usted ingiere mucha comida sin ingerir muchas calorías.

Los distintos tipos de alimentos contienen diferentes cantidades de calorías. En lenguaje técnico, una caloría es la unidad utilizada para medir cuánta energía se produce cuando un alimento es quemado por el cuerpo. Imagine el cuerpo como una máquina que funciona con la energía que usted le suministra. Dije antes que el cuerpo es como un auto y que prefiere gasolina extra. Es posible darle demasiada energía para que funcione de modo eficiente, entonces, el exceso de energía es almacenado para ser usado más adelante, en caso de que, de pronto, el cuerpo tenga una entrada menor de energía porque haya una disminución en la ingesta calórica. Como puede imaginarlo, esas unidades innecesarias de energía —calorías— sencillamente se convierten en grasa. La definición de "densidad energética", para quien en realidad quiera saberlo es: "el número de kilojulios por unidad de peso del alimento, que va de 0 a 37 kj/g de comida". Los demás sencillamente pueden considerar la densidad energética como el número de calorías en un volumen o un peso específico de alimento. Los alimentos de alta densidad energética comprimen muchas calorías en un bocado; los alimentos de baja densidad energética contienen menos calorías por bocado.

Por ejemplo, un durazno tiene menos calorías que una chocolatina que pese lo mismo. Bocado por bocado u onza por onza, usted ganará más peso si come onzas de chocolate que onzas de duraznos. El chocolate tiene mayor densidad energética que los duraznos. De hecho, las comidas ricas en fibra son, por lo general, alimentos de baja densidad energética (menos calorías por bocado).

Densidad energética

Los componentes básicos de un alimento determinan su densidad energética (DE):

1. Agua

2. Grasa

3. Fibra

La mayoría de los alimentos vegetales tienen un alto contenido de agua y fibra y un bajo contenido de grasa y calorías. Pueden llenarlo sin engordarlo. Los alimentos ricos en grasa, que por lo general son bajos en fibra, son alimentos con una alta densidad energética, con muchas calorías por bocado. Tanto la grasa como la fibra llenan mucho porque aumentan la saciedad y disminuyen el apetito, pero hay una marcada diferencia en la forma como afectan el peso. Imagine una cabeza de brócoli, que es rica en fibra, en contraposición a un panecillo dulce del mismo peso. Parecen idénticos en la balanza en términos de onzas, pero obviamente no son lo mismo al medirles las calorías.

Gracias al volumen que la fibra le añade a una comida, los alimentos ricos en fibra (verduras) por lo general tienen una DE menor que los alimentos ricos en grasa. Esto es fácil de comprender cuando se tiene en cuenta que la grasa tiene 9 calorías por gramo, ¡mientras que la fibra tiene *cero* calorías! El dato crítico en el concepto de densidad energética es que "para un peso o volumen dado de alimento, la fibra puede ocupar el lugar de la energía de otros nutrientes". Por lo tanto, una comida rica en fibra que tenga el mismo peso que una comida baja en fibra lo hará sentir satisfecho con mayor rapidez y le suministrará menos calorías a la par que le dará muchos nutrientes. Una taza de avena cortada con linaza (rica en fibra) lo saciará más rápido que un bol de pasta blanca con el mismo peso. Y onza por onza, la avena tendrá menos calorías que la pasta.

Generadora de volumen

Usted sabe de manera intuitiva que, en términos generales, la sensación de saciedad se relaciona con la cantidad de alimento que ingiere, llamada también volumen. Piénselo. Si se comiera un galón de helado se sentiría mucho más lleno que si se hubiera comido sólo un poco, ¿cierto? El galón tiene más volumen. Como la fibra aumenta el volumen sin añadir calorías, usted puede perder peso sin disminuir el volumen de comida que suele consumir, sencillamente reemplazando los alimentos bajos en fibra por alimentos ricos en fibra. (Por desgracia el helado tiene muy poca o nada de fibra, pero el ejemplo esboza la idea). Por eso es que una taza de avena rica en fibra tendría menos calorías que una taza equivalente de pasta con poca fibra. Por el número de calorías (más o menos 270) que le aporta una barra clásica de caramelo podría comerse casi tres tazas y media de arándanos frescos.

Esto es importante porque, ¿a quién no le agrada comer? Para casi todas las personas el acto de comer es uno de los aspectos más placenteros de la vida. ¿A quién no le gusta sentarse frente al televisor mientras se come ruidosamente una bolsa de patatas fritas? Sé que a mí me encanta. El problema no es el ruido que se hace, sino la alta densidad energética de las patatas que termina por hacerle engordar. Así que, ¿más bien por qué no masticar con el mismo ruido un tazón de cerezas o de frambuesas? De ahí se podría derivar una deliciosa experiencia gastronómica y se obviaría la experiencia de agregar libras de más.

Poder comer y comer mucho es una de las claves para la dieta Fibra35, y es una de las razones por las que tantas personas han tenido éxito con una dieta rica en fibra cuando todas las demás han fallado. ¡Comer es divertido y con la dieta Fibra35 usted puede comer en abundancia!

Resumamos de nuevo lo que se ha aprendido hasta ahora:

• La fibra controla el apetito, y la supresión del apetito lo ayuda a reducir calorías. La fibra hace esto debido a su mismo volumen y porque estimula la hormona digestiva CCK que promueve la sensación de saciedad.

- La fibra, a través de la excreción fecal de energía (es decir, el efecto de vaciado de la fibra), elimina calorías de la comida que ingiera.

- Los alimentos ricos en fibra son alimentos de baja densidad energética: le permiten comer volúmenes grandes sin muchas calorías.

- La fibra hace más lenta la conversión corporal de los carbohidratos en azúcar y así mantiene la estabilidad de la glucosa sanguínea y lo ayuda a perder peso.

LA ESTABILIDAD DE LA QUÍMICA SANGUÍNEA

En los últimos años, la hormona que ha acaparado la atención dentro de los círculos de pérdida de peso ha sido la insulina. Cuando usted come azúcares y almidones (sobre todo refinados, como harina blanca y azúcar de mesa) el cuerpo los convierte en glucosa (azúcar sanguíneo) de manera muy rápida. La glucosa es la principal forma de combustible del organismo, en especial, del cerebro. Como respuesta a la presencia de glucosa en el torrente sanguíneo el páncreas secreta la hormona insulina cuyo trabajo es permeabilizar los tejidos y escoltar la glucosa que hay circulando en la sangre hacia el interior de las células tisulares. Una vez que la glucosa alcanza el nivel celular puede ocurrir una de estas tres cosas:

1. Puede ser movilizada para la obtención de energía inmediata.

2. Puede ser convertida en glucógeno (azúcar almacenada) para un uso posterior.

3. Puede ser almacenada como grasa. Es probable que este sea el resultado más familiar para usted.

Una vez que su cuerpo haya satisfecho las necesidades de energía inmediata, el exceso de glucosa se convierte en glucógeno en el hígado. El glucógeno es en realidad azúcar sanguínea almacenada, glucosa que se mete en el hígado y en los músculos hasta que los niveles corporales de azúcar empiezan a descender. Una vez que esto ocurre el glucógeno es liberado desde los sitios de almacenamiento al torrente sanguíneo, para suministrar la glucosa que subirá los niveles de azúcar sanguíneo. Cuando los sitios de almacenamiento de glucógeno están llenos, el hígado convierte cualquier glucosa sobrante en grasa para almacenar. Esta es la sustancia de la que está compuesta la "llanta" alrededor de la cintura, y la insulina es lo que facilita que se almacene.

Si usted se excede en azúcar o almidones en una comida, su nivel de glucosa se elevará de manera súbita, pero volverá a bajar pronto. Cuando esto ocurre, usted experimenta ansias de comer más carbohidratos para elevar el nivel de azúcar sanguíneo de nuevo (para compensar la sensación de tembladera, fatiga, mente nublada y mareo que acompañan un bajo nivel de azúcar sanguíneo o hipoglicemia). Un consumo habitual excesivo de carbohidratos desencadena un patrón repetitivo de subidas y caídas rápidas de los niveles de azúcar sanguíneo que hace que el páncreas trabaje horas extras liberando insulina.

Con el tiempo, a medida que este patrón se repite, la efectividad de la insulina finalmente comienza a disminuir. Se desarrolla un problema de *resistencia a la insulina* en el que las células se insensibilizan a la insulina y son incapaces de captar la glucosa. El resultado es la presencia de un exceso de insulina en la sangre. Sin embargo, esta insulina no está disponible para las células porque los receptores de insulina están bloqueados. La disminución de la sensibilidad hacia la insulina impide que una cantidad de glucosa apropiada llegue hasta las células y sea usada como energía. Como consecuencia, usted se siente cansado. El hígado reacciona ante esta situación convirtiendo una cantidad cada vez mayor de glucosa en grasa para almacenar. En poco tiempo estará cansado y gordo. La otra mala noticia es que tendrá un riesgo mayor de hipertensión, enfermedad coronaria, triglicéridos elevados (grasas sanguíneas), bajos niveles de colesterol "bueno", diabetes, derrames cerebrales, cáncer mamario, síndrome de ovarios poliquísticos y una ganancia de peso adicional.

La buena noticia es que la fibra ayuda a que la conversión de carbohidratos se vuelva lenta, por lo tanto, puede ayudar a revertir la resistencia a la insulina. Los alimentos ricos en fibra normalizan el nivel de glucosa sanguínea al desacelerar el tiempo que tarda el alimento en salir del estómago y al demorar la absorción de glucosa de una comida. La fibra también aumenta la sensibilidad a la insulina (la medida de qué tan buena es la respuesta celular a la insulina) y reduce el nivel de glucosa.

Más adelante, haré un análisis más detallado del equilibrio del azúcar sanguíneo, sobre todo en relación con la diabetes. Algunos de los hallazgos de las investigaciones son sorprendentes y prueban qué tan efectivo puede ser mantener un equilibrio saludable de azúcar sanguíneo en la prevención de la diabetes o hasta en la reversión de los efectos de esta. Y, como le seguiré demostrando, recibir una dosis saludable de fibra le puede ayudar a alcanzar ese equilibrio.

Resumen del capítulo 2

Fibra: la asombrosa solución para perder peso

- **La fibra controla su apetito:**

  35 gramos de fibra combaten el "doble maleficio del hambre".

  La fibra ocupa un gran volumen en el estómago.

  La fibra promueve y prolonga la colecistoquinina (CCK) para hacerlo sentir satisfecho durante más tiempo.

- **La fibra elimina calorías que ingiere:**

  35 gramos diarios de fibra le ayudan a eliminar calorías que ingiera.

  Por cada gramo de fibra que usted se coma puede eliminar hasta 7 calorías.

  Usted puede perder peso, ¡quizá hasta 26 libras al año! a través de lo que se llama la excreción fecal de energía (efecto de vaciado de la fibra).

- **La baja densidad energética de la fibra hace experimentar una sensación de saciedad llenando el estómago con alimentos más bajos en calorías. Los alimentos ricos en fibra tienen un mayor contenido de agua, mayor volumen y menos calorías que las patatas, el arroz blanco y otros alimentos refinados. Esto significa que puede comer más con menos calorías.**

- **La fibra hace más lenta la conversión de carbohidratos en azúcar. La fibra ayuda a enlentecer la conversión de carbohidratos en azúcar sanguíneo y este enlentecimiento permite que la glucosa sea quemada de un modo más eficiente en vez de ser almacenada rápidamente como grasa.**

CAPÍTULO 3

¿QUÉ ES LA FIBRA?

Es hora de conocer la fibra de cerca. Si usted tuviera que definir con exactitud qué es fibra, ¿qué diría? Estoy hablando de la fibra alimenticia que no tiene nada que ver con las fibras musculares, con las fibras de una camisa de algodón o con la fibra de vidrio.

La definición más básica que le puedo dar es esta: fibra es la parte del alimento que no puede ser digerida o descompuesta en una forma de energía para el cuerpo. Es por esto que no tiene calorías. Es considerada como un tipo de carbohidrato complejo, pero no puede ser absorbida para producir energía. Se obtiene sólo de las plantas: frutas, verduras, nueces, semillas y granos. Ningún producto animal contiene fibra. La fibra proviene específicamente de las paredes celulares de las plantas. De un modo más técnico, la fibra puede clasificarse en categorías como polisacáridos sin almidón y otros componentes de las plantas que incluyen oligosacáridos, ligninas, pectinas, celulosas, ceras, quitinas, betaglucanos e inulina. Pero no es importante que usted se sepa estos nombres científicos. Este libro se enfocará sólo en dos tipos de fibra alimenticia en la medida en que tienen relación con el cuerpo: soluble e insoluble.

El componente de fibra del alimento se conoce como *fibra alimenticia*. Estrictamente hablando la fibra no es un nutriente ya que el cuerpo humano no puede digerirla. Aunque la fibra en sí no contiene nutrientes, el alimento en el que se encuentra los contiene en abundancia, y esto constituye una fuerte conexión dietética. Mi meta, con la dieta Fibra35 es ayudarle a perder peso, pero mi objetivo número uno es compartir

41

con usted una dieta que lo llevará a alcanzar una salud perdurable y a sentirse lleno de energía todos los días.

La verdad es que donde haya fibra se encuentran los nutrientes con mayor poder para brindar salud que existen en el mundo. Es probable que con la dieta Fibra35 usted le esté dando a su cuerpo más nutrientes de los que nunca antes había tenido.

TIPOS Y FUENTES DE FIBRA

Existen dos tipos básicos de fibra, soluble e insoluble:

- Fibra soluble (llamada en lenguaje técnico pectina, goma y mucílago) se disuelve y se descompone en el agua; cuando esto ocurre forma un gel grueso.

- Fibra insoluble (llamada en lenguaje técnico celulosa, hemi-celulosa y lignina), no se disuelve ni se descompone en el sistema digestivo humano. La fibra insoluble pasa por el tracto gastrointestinal casi intacta.

Recuerde, la fibra soluble absorbe agua, mientras la fibra insoluble no la absorbe. Es bastante sencillo.

Fibra soluble

Funciones de la fibra soluble

Prolonga el vaciado del estómago para que el azúcar se libere y se absorba más despacio.

Se amarra a los ácidos grasos que son los componentes básicos de las grasas.

Algunos beneficios de la fibra soluble

Reduce el colesterol total y el colesterol LDL (colesterol malo), y por lo tanto reduce el riesgo de enfermedades cardíacas.

Regula el azúcar sanguíneo.

Algunas fuentes alimenticias de fibra soluble

Arándano rojo	Lentejas	Salvado de avena
Arvejas	Manzanas	Zanahorias
Cebada	Naranjas	
Duraznos	Remolachas	

Fibra insoluble

Funciones de la fibra insoluble

Mueve el bolo a través del intestino.

Controla y balancea el pH (grado de acidez o alcalinidad) en los intestinos.

Algunos beneficios de la fibra insoluble

Estimula los movimientos intestinales y previene el estreñimiento.

Remueve desechos tóxicos del colon.

Ayuda a prevenir el cáncer de colon al mantener un pH óptimo en el intestino para evitar que los microorganismos produzcan sustancias cancerígenas.

Algunas fuentes alimenticias de fibra insoluble

Avena integral	Ciruelas agrias	Panes integrales
Corteza de frutas	Coliflor	Pasta integral
Corteza de patatas	Fríjoles secos	Salvado de trigo
Corteza de tubérculos	Linaza	
Cereales de grano entero	Palomitas de maíz	

Se necesita un poco de ambas

Es importante consumir tanto fibra soluble como insoluble porque cada una proporciona beneficios únicos, estos se analizarán en detalle un poco más adelante. Cuando se obtiene la mayor parte de la fibra a través de la dieta, como lo hará en la última fase de este programa, tendrá un equilibrio entre la fibra soluble y la insoluble. Esa era la intención de la Madre Naturaleza.

Tal como lo explicaré en el capítulo 10, si va a usar un suplemento de fibra, busque una fibra balanceada como la que se encuentra en la linaza o una combinación de linaza, acacia y fibras de avena. No recomiendo la zaragatona (*psyllium*) porque muchos de mis clientes han presentado una gran cantidad de quejas como gases, distensión y estreñimiento al usarlo.

En la fase uno y la fase dos de la dieta Fibra35 usará principalmente fibra soluble en forma de suplemento. En la fase tres (de por vida) consumirá cantidades equilibradas de fibra insoluble y soluble.

La fibra funciona a través de dos mecanismos diferentes. La fibra soluble actúa como una esponja, de hecho, absorbe toxinas cuando va recorriendo el tracto gastrointestinal (GI). La fibra insoluble no se descompone en el sistema digestivo, más bien barre el tracto GI y se lleva las toxinas del intestino a medida que se las va encontrando. Puede imaginarse la fibra insoluble como un rastrillo o una escoba que va empujando toxinas. La fibra insoluble también tonifica el intestino al crear resistencia, les permite a los músculos del colon ejercitarse al ofrecer algo contra lo cual empujar. Esto aumenta las minúsculas contracciones musculares necesarias para una buena eliminación conocidas también como peristalsis. Por consiguiente, una mezcla tanto de fibra alimenticia soluble como insoluble contribuye a una buena organización: recoger toxinas y sacarlas cuando se evacua.

¿ES LA FIBRA UN LAXANTE?

La mayoría de las personas piensa que la fibra es un laxante porque la publicidad de muchos de los productos de fibra dice que ayuda a restaurar la regularidad del intestino. La verdad es que la fibra no es un laxante estimulante; más bien es un tipo de carbohidrato que pasa a través del intestino sin ser digerido. En el tránsito por el tracto gastrointestinal suministra masa adicional que le da a los músculos del sistema GI algo contra lo cual empujar. Este movimiento de rodar o empujar, llamado peristalsis, es el que facilita la eliminación a través del colon. Muchas personas preguntan, "¿Con la dieta Fibra35 iré al sanitario todo el día?" La respuesta es no. Pero casi todas las personas tienen que modificar sus hábitos de eliminación de uno a tres movimientos saludables diarios, que es mejor para una salud óptima.

No se preocupe por contar los gramos de fibra insoluble en comparación con la soluble. Al seguir la dieta Fibra35 tal como se recomienda obtendrá de manera natural la cantidad suficiente de ambos tipos de fibra durante cada fase.

Beneficios de la fibra soluble e insoluble para la salud

Fibra soluble

Ayuda a regular los niveles de azúcar sanguíneo, baja el colesterol y remueve toxinas.

Enlentece la absorción de los alimentos después de las comidas y, por lo tanto, es bueno para las personas diabéticas. También remueve metales y toxinas indeseados y reduce los efectos colaterales de las radioterapias, disminuye el colesterol y reduce el riesgo de enfermedades cardíacas y cálculos biliares.

Fibra insoluble

Ayuda a prevenir las hemorroides, las venas varicosas, la colitis y el estreñimiento y ayuda en la remoción de sustancias carcinógenas de las paredes del colon.

Promueve la pérdida de peso, alivia el estreñimiento, ayuda a prevenir el cáncer de colon y controla los carcinógenos en el tracto intestinal.

Ayuda a disminuir los niveles de colesterol. Ayuda a prevenir la formación de cálculos biliares al amarrar los ácidos biliares y remover el colesterol antes de que se formen los cálculos, y es beneficioso para las personas con diabetes o cáncer de colon.

LA HISTORIA DE LOS ALIMENTOS RICOS EN FIBRA

Hubo una época en la que la dieta humana tenía un alto contenido de fibra de modo natural. Esto era cuando se consumían productos de la propia granja o de las granjas vecinas. Pero a principios de 1900 el procesamiento y empacado de alimentos se convirtió en una enorme industria en expansión. Casi de la noche a la mañana se pasó de comer alimentos frescos a comer alimentos procesados. Y casi de la noche a la mañana se dispararon los índices de obesidad y enfermedades como las afecciones cardíacas, la diabetes y el cáncer. Hoy en día la comida procesada es la industria más grande del mundo y es, por desgracia, una industria que elimina de la dieta gran parte de la fibra y otros nutrientes de importancia. Por suerte, usted puede tomar buenas decisiones cuando se trata de redescubrir la fibra en su alimento sin tener que renunciar a un sabor delicioso para hacerlo.

TENDENCIAS DEL AZÚCAR

En los Estados Unidos entre 1950 y 1997, el consumo de azúcar y de otros edulcorantes calóricos se incrementó en un 41%, hasta 200 libras por persona en 1997.

Frutas y verduras

Es claro que no existe un grupo de alimentos que sea mejor para usted que las frutas y las verduras, y no es una coincidencia que este grupo de alimentos proporcione fibra en abundancia. Antes mencioné que la fibra viaja con amigos que combaten la enfermedad. Esto es especialmente cierto para las frutas y las verduras ricas en fibra. La ventaja adicional es que estos alimentos también son ricos en fitonutrientes. Por definición, un fitonutriente es simplemente cualquiera de los más de 1,000 químicos no nutritivos producidos por las plantas para su propia protección. Los fitonutrientes también le brindan protección al ser humano. *Phito* significa planta en griego. Hay miles de fitonutrientes y sólo ahora los investigadores están descubriendo lo que es cada uno y cuáles son sus beneficios individuales.

TENDENCIAS DE FRUTAS Y VERDURAS
Entre 1970 y 1997 los estadounidenses han aumentado el consumo de frutas y verduras en un 22%. ¡Hay productos agrícolas saludables en abundancia para todos!

Una ojeada rápida a los fitonutrientes

Como se analizará más adelante, los fitonutrientes son compuestos que tienen mucho poder para combatir las enfermedades y que son conocidos porque ayudan a prevenir el cáncer y muchas otras enfermedades. Algunas veces se les llama fitoquímicos porque desde el punto de vista biológico no son necesarios para la supervivencia. Un déficit de fitonutrientes (a diferencia de nutrientes vitales para la vida humana) no produciría necesariamente una enfermedad por deficiencia, pero, de todas formas, los fitonutrientes son esenciales para una salud óptima. Estas moléculas tienen muchas y diversas funciones que dan salud en el cuerpo y que juegan papeles importantes para mantenerlo equilibrado y sano. Por ejemplo, pueden promover una función saludable del sistema inmune, actuar de manera directa contra bacterias y virus nocivos, reducir la inflamación y estar asociados al tratamiento o la prevención de las enfermedades cardiovasculares, entre otras dolencias. De hecho, algunas personas creen que muchas de las enfermedades que aquejan a las poblaciones de los países industrializados se deben a la falta de fitonutrientes en la dieta. Parte del motivo por el que los alimentos procesados pueden ser tan poco benéficos para el cuerpo y para la salud general es, simplemente, porque al fabricarlos son despojados de los fitonutrientes que poseían de manera natural. El incremento en las causas de muerte tratables o que se pueden prevenir hoy en día, en especial en las culturas occidentales donde abundan los alimentos altamente procesados, puede estar relacionado con deficiencias fitoquímicas en la dieta.

Las frutas y las verduras deben gran parte de sus colores vibrantes a los fitonutrientes. La luteína, por ejemplo, hace que el maíz sea amarillo; el licopeno hace que los tomates sean rojos; el caroteno hace que las zanahorias sean anaranjadas y la antocianina hace que los arándanos sean azules. Las dos formas en que los fitonutrientes pueden ayudar son: (1) actúan como antioxidantes y (2) reducen la inflamación. Los que actúan como antioxidantes brindan protección contra los radicales libres (las moléculas reactivas que dañan las células, se acumulan en el cuerpo y pueden causar cáncer). Los indoles, un tipo de fitonutrientes que se encuentran en el repollo, estimulan enzimas que disminuyen la efectividad de los estrógenos, por lo cual, posiblemente reducen el riesgo de cáncer de seno. Las saponinas, presentes en los fríjoles, interfieren con la replicación del ADN celular, por lo tanto, previenen la multiplicación de las células del cáncer. La capsaicina, presente en los ajíes, ayuda a proteger el ADN contra carcinógenos. Y la alicina del ajo tiene propiedades antibacteriales. Estos son sólo algunos de los beneficios que los fitonutrientes pueden ofrecer.

Los peligros de la inflamación crónica

En la actualidad, *inflamación* es un término que cada vez se escucha más a menudo y que se ha relacionado con el aumento de peso y la obesidad. Todo el mundo está familiarizado con el tipo de inflamación que acompaña las heridas y moretones en la piel: dolor, hinchazón y rubor. Si usted sufre de alergias o artritis también está al tanto de cómo se siente la inflamación. Pero la inflamación va mucho más allá de esto y puede darse en los órganos y sistemas aun sin que se sepa y sin que se *sienta*. Y si se llega a sentir, es en la forma de una dolencia o una enfermedad que nunca se piensa que comenzó con una "inflamación" general.

Se supone que la inflamación es algo bueno como parte de los mecanismos naturales de defensa del cuerpo contra invasores externos como bacterias, virus y toxinas nocivos; pero, en exceso, la inflamación puede ser perjudicial. Cuando la inflamación desvía el curso o aumenta sin control puede perturbar el sistema inmune y generar problemas crónicos o enfermedades. Podría parecer que no tuviera ni la más remota relación con el aumento de peso y la obesidad, pero de hecho, la ciencia está empezando a comprobar qué tan insidiosa puede ser la inflamación crónica. Los investigadores están descubriendo conexiones entre ciertos tipos de inflamación y las enfermedades degenerativas más perniciosas en la actualidad, entre ellas, las enfermedades cardíacas, el mal de Alzheimer, el cáncer, las enfermedades autoinmunes, la diabetes y un proceso de envejecimiento acelerado en general. Para decirlo de una forma más sencilla: la inflamación crea un desequilibrio en el cuerpo que estimula efectos negativos sobre la salud y sobre la capacidad para perder peso.

Hacer un análisis detallado sobre la inflamación va más allá del alcance de este libro, pero quiero que sea consciente de que la comida que elige para nutrirse es un factor causante del nivel de inflamación que el cuerpo experimenta. Por ejemplo, los alimentos ricos en azúcares refinados y en grasas no saludables, pueden ayudar a exacerbar la inflamación. Esta, a su vez, antagoniza con la pérdida de peso y aumenta el riesgo de sufrir muchos otros problemas de salud. También pone en movimiento un círculo vicioso que genera cada vez más inflamación. La dieta Fibra35 lo encamina hacia alimentos que fortalecerán la estructura y funciones naturales del cuerpo para que este mantenga un equilibrio saludable, limitando la inflamación e iniciándolo en un bienestar óptimo.

El departamento de ciencias de la nutrición de la Universidad del Estado de Pennsylvania hizo la siguiente afirmación sobre las frutas y verduras ricas en fibra en relación con la pérdida de peso:

Debido al aumento reciente de la obesidad, se requieren estrategias efectivas en la dieta para manejar el peso. Como las frutas y las verduras tienen un alto contenido de agua y fibra, incorporarlas en la dieta puede reducir la densidad energética, promover la saciedad y reducir la ingesta de energía… Las evidencias sugieren que combinar la asesoría para aumentar la ingesta de estos alimentos con la asesoría para disminuir la ingesta energética es una estrategia particularmente efectiva para manejar el peso.

El mensaje aquí es que la ingestión de alimentos ricos en fibra ofrece, por naturaleza, nutrientes que pueden contribuir a la salud. En este sentido, tal vez la combinación más potente del planeta sea fibra y fitonutrientes.

La fibra, además de encontrarse en las frutas y verduras, también se encuentra en los granos enteros y en las legumbres (como fríjoles). Estos son fuentes excelentes y hacen parte de la dieta Fibra35 para ayudarle a alcanzar los 35 gramos diarios de fibra. Muchas personas tienen la idea de que es difícil obtener 35 gramos diarios de fibra de los alimentos, ¡esto sencillamente es falso! La razón para creer esto es que en la actualidad las personas no comen suficientes frutas, verduras, granos enteros y legumbres; en cambio sí comen demasiadas comidas procesadas que suministran poca o ninguna fibra o nutrientes. Si usted se come un bagel normal al desayuno, una hamburguesa con patatas fritas al almuerzo y una pizza para la cena, su conteo de fibra sería mínimo.

Los alimentos ricos en fibra también son bajos en grasa por naturaleza. Las frutas y las verduras están llenas de una variedad de vitaminas y minerales, especialmente vitaminas A y C, ácido fólico (la importante vitamina B) y el mineral potasio. Los granos enteros son ricos en vitamina E y en vitaminas del complejo B. Las legumbres son ricas por naturaleza en hierro y vitamina B, sobre todo B_6, al igual que son una fuente excelente de proteínas y de muchos tipos de aminoácidos.

¿CUÁNTA FIBRA SE NECESITA?

En los Estados Unidos la ingesta de fibra suele ser bastante baja, cerca de la mitad de lo que debería ser. El estadounidense promedio consume aproximadamente entre 10 y 15 gramos diarios, mientras que la cantidad recomendada por el Instituto nacional de cáncer, la oficina general de cirugía de los EE.UU. y otras muchas organizaciones de salud profesional es de 20 a 35 gramos diarios. ¿Es posible consumir demasiada fibra? ¿Cuánto es demasiada? Nadie lo sabe con certeza, pero algunas autoridades advierten que una cantidad excesiva entre 50 y 60 gramos podría limitar la absorción de vitaminas y minerales.

Yo recomiendo una ingesta mínima diaria de 35 gramos, que está por encima del rango menor de la cantidad que suele recomendarse, pero también muy por debajo del nivel que algunos consideran excesivo. Una dieta con 50 a 60 gramos de fibra no debe ser vista como no saludable; por lo general, la mayoría de las personas la encuentran benéfica y la toleran bien.

El agua y la fibra van de la mano

Una de las preguntas más comunes que escucho cuando recomiendo aumentar la ingesta de fibra a 35 gramos diarios es: "¿Experimentaré efectos colaterales?

Por lo general cuando las personas experimentan gases, distensión o estreñimiento, la razón es una ingesta insuficiente de agua. Para la mayoría, los que toman agua y los que no, un aumento en la ingesta de fibra alivia el estreñimiento. Esto ocurre porque la fibra aporta el volumen que se requiere para la peristalsis, el movimiento ondulado que mueve la comida a través de los intestinos. A medida que comience la dieta Fibra35, asegúrese de seguir las siguientes directrices:

- Divida su peso corporal (en libras) por dos y tómese esa cantidad de onzas de agua al día. Esto significa que si pesa 160 libras debe tomar 80 onzas de agua al día. Debe hacer esto incluso si no está consumiendo una dieta rica en fibra, pero es particularmente importante cuando se aumenta la ingesta de fibra.

- Si experimenta gases o distensión, tómese una enzima formulada específicamente para estos problemas y aumente la ingesta de fibra de manera gradual.

Vaya aumentando la fibra lentamente hasta alcanzar los 35 gramos. Si se estriñe tómese un suplemento para limpiar el colon antes de acostarse (las limpiezas se explicarán en el capítulo 9). También puede probar con un laxante a base de aceite mineral. Busque un laxante natural que contenga minerales como magnesio (un suavizante de las heces) y hierbas suaves como aloe del cabo y ruibarbo turco. Es muy importante aumentar la ingesta de agua a medida que va incorporando fibra en forma paulatina.

Ahora sabe lo que es la fibra y por qué le ayuda a perder peso. En el capítulo 4 se hablará sobre cómo funciona la restricción calórica, cuánto peso va a perder y qué tan rápido va a perderlo con la dieta Fibra35.

Resumen del capítulo 3

¿Qué es la fibra?

- La fibra alimenticia es la parte indigerible de las células de las plantas. La fibra se encuentra sólo en plantas, nunca en productos animales.

- Hay dos tipos de fibra: insoluble y soluble. Ambas son necesarias para la salud porque le brindan diferentes beneficios al cuerpo.

- Usar un suplemento de fibra soluble al inicio de un programa de disminución de peso puede mejorar los resultados.

- Los alimentos que contienen fibra son ricos en fitonutrientes: químicos generados por las plantas que tienen antioxidantes y propiedades para combatir enfermedades.

- Muchas agencias gubernamentales en los EE.UU. recomiendan el consumo de 20 a 35 gramos diarios de fibra.

CAPÍTULO 4

LAS FASES DEL PLAN DE LA DIETA FIBRA35

En los últimos veinte años, casi todos los planes para perder de peso exigen contar algo. Primero, fueron gramos de grasa, luego de proteína y luego de carbohidratos. Lo esencial es que para tener éxito con un programa de pérdida de peso el único método clínicamente comprobado es restringir las calorías. Aunque es importante comer los tipos adecuados de grasa, abundante proteína magra y carbohidratos saludables, al final del día, el que la balanza se incline a la derecha o a la izquierda, depende del número de calorías totales que se haya consumido. En la dieta Fibra35 no sólo cuentan las calorías, sino los gramos de fibra.

Hacer la cuenta de gramos de cualquier cosa puede sonar como a una cantidad de operaciones matemáticas tediosas, pero no lo es. Esto se debe a que he hecho que cada fase de la dieta Fibra35 sea fácil de seguir al proporcionarle a usted una variedad de alternativas de comidas que tienen el número apropiado de calorías y de gramos de fibra. Ya hice la cuenta por usted; un equipo de chefs creó recetas increíbles para que la comida fuera deliciosa y para que las pudiera utilizar en cualquiera de las fases. ¡Lo único que necesita es el deseo de triunfar!

Para conservar el peso la mayoría de las mujeres deben consumir entre 1,500 y 2,000 calorías diarias, y la mayoría de los hombres deben consumir entre 2,000 y 2,500 calorías. Esta es la cantidad de combustible necesaria para mantener el metabolismo. Cada libra de grasa equivale a

3,500 calorías, entonces si usted quiere perder una libra debe comer 3,500 calorías menos de lo que su cuerpo necesita durante un período dado de tiempo. Por ejemplo, si cada día usted se come 1 caloría menos de las que necesita, le tomará 3,500 días (9.58 años) perder una libra. Pero no se preocupe, con la dieta Fibra35 puede perder hasta 8 libras al mes.

¿Alguna vez ha notado que cuando tiene un resfriado fuerte pierde entre 3 y 5 libras? Esto ocurre porque usted come menos de lo normal durante la semana que tarda en mejorarse. Si necesita 2,000 calorías diarias para mantener su peso, entonces en una semana (siete días) usted necesitará 14,000 calorías (7 X 2000). Cuando está enfermo, puede que coma sólo un poco de sopa o un pedazo de tostada cada día y terminará consumiendo un total de 500 calorías diarias, ó 1,500 menos de las que necesita. Al cabo de una semana serían 10,500 calorías menos que las necesarias para mantener su peso, y antes de darse cuenta, habrá perdido 3 libras (10,500 ÷ 3,500 = 3). Por supuesto, nadie quiere enfermarse para perder peso, pero esta es una forma de entender las matemáticas de las calorías.

Quiero que mantenga estas cuentas en la cabeza. Por cada 3,500 calorías por debajo de su requerimiento diario que restrinja su ingesta, perderá una libra.

LA FÓRMULA DE LA META DE PÉRDIDA DE PESO DE LA DIETA FIBRA35

En la dieta Fibra35 existe algo que llamo *fórmula de la meta de pérdida de peso Fibra35*. Es sencilla. Usted elige cuántas libras quiere perder y multiplica ese número por 3,500; esto le da el número de calorías que necesita restringir en su ingesta durante un período dado de tiempo para perder el peso que desea. Abajo, ingrese el número de libras que quiere perder en la línea 1. Luego, multiplique ese número por 3,500 e ingrese la respuesta en la línea 2.

1. Ingrese la meta de pérdida de peso en libras: _____

2. Multiplique la meta de pérdida de peso en libras por 3,500: _____

¡Haga esto ahora! Eso es, levántese de la silla, tome una pluma, calcule su meta y escríbala en este libro ahora mismo. Usted ha empezado su programa. Este es un número mágico. Yo lo llamo *meta de reducción de calorías* MRC.

LAS FASES DE LA DIETA FIBRA35

La dieta Fibra35 tiene tres fases. Esta forma de aproximación gradual ayuda a garantizar que alcanzará su meta y que la mantendrá de por vida.

- Fase uno
  Pérdida de peso acelerada

- Fase dos
  Pérdida de peso moderada

- Fase tres
  Mantenimiento de peso de por vida

Fase uno de la dieta Fibra35
Pérdida de peso acelerada

En la fase uno usted reducirá hasta 1,000 calorías en un día. Por ejemplo, imagine el caso de un hombre promedio que necesita 2,200 calorías diarias para mantener su peso. Él restará 1,000 calorías y consumirá 1,200 calorías durante esta fase. Esto significa que en la fase uno usted reducirá hasta 7,000 calorías por semana (siete días x 1,000 calorías diarias reducidas). Como resultado perderá hasta 2 libras por semana (7,000 calorías ÷ 3,500 calorías = 2). Por favor observe que, independientemente de cuál sea su punto de partida, nunca deberá ser inferior a 1,200 calorías diarias. Por ejemplo, si usted comienza con 2,000 calorías reducirá su ingesta calórica sólo en 800 calorías diarias para no estar por debajo de 1,200.

Esta es la parte más restrictiva del programa. En esta fase perderá la mayor parte del peso; y como usted disminuirá de manera significativa la ingesta calórica, las libras desaparecerán al máximo de velocidad. ¿Cree que no puede hacerlo? ¿Ya está imaginando que asalta el refrigerador a media noche? No entre en pánico. Con los 35 gramos diarios de fibra que va a consumir será capaz de controlar el hambre. De hecho, usted comerá a menudo; la fase uno le exige comer entre cinco y seis veces al día. Y se quedará en la fase uno hasta por un mes. La mayoría de las personas pasan a la segunda fase aunque no hayan alcanzado la meta de pérdida de peso. Este programa está diseñado para acelerar la pérdida de peso en la fase uno y seguir perdiendo peso en la fase dos. Así que una vez que haya completado un mes en la fase uno pasará a la fase dos.

Si alcanza la meta de pérdida de peso durante el mes de la fase uno —¡hurra por usted!—. Puede continuar con la fase dos o pasar directamente a la fase tres, la dieta Fibra35 de por vida. Recuerde que no tiene que pasar todo un mes en la fase uno; sin embargo, recomiendo que se quede mínimo dos semanas en esta fase. Si prefiere pasar a la fase dos —comer algunas calorías más e ir logrando una pérdida de peso más moderada— puede hacerlo en la tercera o cuarta semana.

Fase dos de la dieta Fibra35
Pérdida de peso moderada

En la fase dos usted reducirá hasta 500 calorías diarias, seguirá comiendo entre cinco y seis veces al día, e incluirá los 35 gramos diarios de fibra requeridos. Por ejemplo, si usted necesita 2,000 calorías diarias para mantener su peso, entonces va a reducir este número en 500 para llegar a 1,500 calorías diarias en esta fase. Esto significa que en la fase dos reducirá hasta 3,500 calorías semanales (siete días x 500 calorías diarias reducidas). Perderá un poco más de 1 libra semanal o alrededor de 4 a 5 libras mensuales. ¡Nada mal! Al igual que en la fase uno no baje de 1,200 calorías diarias.

La fase dos no tiene un término definido. Puede quedarse en ella el tiempo que necesite para alcanzar el peso deseado.

¿Quiere perder incluso más? Si pone en práctica los activadores metabólicos de la dieta Fibra35 durante cada fase podrá perder 1 libra adicional cada catorce días o casi 2 libras adicionales por mes. Hablaré en detalle de los activadores en el capítulo 7.

Fase tres, la dieta Fibra35 de por vida
Mantenimiento de peso de por vida

¡Esta es su nueva dieta de por vida! No estará necesariamente reduciendo o contando calorías, pero seguirá comiendo entre cinco y seis veces al día. Cuando llegue a esta fase ya habrá alcanzado su meta de pérdida de peso. En la dieta Fibra35 de por vida, mantendrá el peso ideal y seguirá comiendo un mínimo de 35 gramos diarios de fibra.

APLICACIÓN DEL PLAN DE LA DIETA FIBRA35

¿Está preparado para poner a funcionar los números para usted? Para asegurarse de que entiende por completo lo fácil que es el plan de la dieta Fibra35, repase la fórmula de la meta de pérdida de peso.

Meta de pérdida de peso

Ingrese su meta de pérdida de peso en libras (MPP)

Meta de reducción de calorías

$$\boxed{} \quad X \quad 3{,}500 \quad = \quad \boxed{}$$

(MPP)   Meta de reducción
                          de calorías (MRC)

Multiplique el número de libras que quiere perder por 3,500.

Esta es su meta de reducción de calorías o MRC.

Número de días para alcanzar su meta de pérdida de peso

(MRC)	÷ 1,000 =	**35,000**
	Fase uno Reducción de calorías por día	Este es el número de días que tardará en alcanzar su meta utilizando sólo la fase uno.

Divida su MRC por mil

(número de reducción de calorías por día en la fase uno)

Ejemplo 1

10	X 3,500 =	**35,000**
(MPP)		(MRC)

35,000	÷ 1,000 =	**35**
(MRC)		Número de días

Suponga que quiere perder 10 libras.

Multiplique 10 x 3,500 calorías (el número de calorías en una libra de grasa). El resultado es 35,000 calorías. Así que la MRC es 35,000.

Divida 35,000 ÷ 1,000 (número de reducción de calorías por día en la fase uno), para obtener 35.

Esto significa que le tomará 35 días perder 10 libras usando sólo la fase uno.*

Ejemplo 2

30	X 3,500 =	105,000
(MPP)		(MRC)

105,000	÷ 1,000 =	105
(MRC)		Número de días

Suponga que quiere perder 30 libras.

Multiplique 30 x 3,500 calorías; el resultado es 105,000 calorías, así que la MRC es 105,000.

Divida 105,000 ÷ 1,000 (número de reducción de calorías por día en la fase uno) para obtener 105.

Esto significa que le tomará 105 días (3.5 meses) perder 30 libras usando sólo la fase uno[*]

A la mayoría de mis clientes les recomiendo las tres fases. Por supuesto, el primer comentario que recibo de ellos es: "Quiero hacer la fase uno hasta alcanzar mi meta". Entiendo esto. La pérdida de peso acelerada es atractiva, mientras más rápido mejor, ¿no es cierto? Pero mi punto de vista con la dieta Fibra35 es que si va a perder todas las libras que quiere y luego va a conservar su peso ideal de por vida, ¿cuál es la prisa? Le sugiero que se quede en la fase uno máximo un mes. Con base en los resultados que he visto a lo largo de los años, usar cada fase del programa es la mejor estrategia. Hay dos razones para ello:

---

[*] En estos dos ejemplos utilizo la fase uno para calcular cuánto tiempo tomaría perder 10 libras o 30 libras. Pero recuerde que la dieta Fibra35 está diseñada en tres fases y cada una de ellas es importante. No se quedará en la primera fase más de un mes, no importa cuánto peso quiera perder.

1. Comer es divertido y en la fase dos se puede comer más que en la fase uno.

2. Partir la meta de pérdida de peso entre la fase uno y la fase dos ayuda a avivar el fuego metabólico que a su vez ayuda a perder peso a corto plazo y a no recuperarlo a largo plazo.

Ahora que sabe cómo se aplica la fórmula de la meta de pérdida de peso de la dieta Fibra35 debe aprender más sobre las calorías, el metabolismo y cómo calcular con exactitud cuántas calorías diarias necesita para mantener su peso.

¿QUÉ SON LAS CALORÍAS?

La palabra *caloría* ha estado íntimamente relacionada con las dietas durante mucho tiempo. Antes de contar gramos de grasa, carbohidratos y proteínas las personas que estaban a dieta contaban calorías. Esta era y aún es, la única forma de perder peso. Ahora se verá qué es exactamente una caloría y cómo se relaciona con el peso corporal.

Como ya lo anoté en un capítulo anterior, las calorías son la forma como se mide el valor energético de los alimentos. El ser humano no podría sobrevivir sin las calorías que obtiene de la comida. Desde el punto de vista técnico una caloría es la cantidad de energía o calor que se requiere para subir la temperatura de un gramo de agua un grado Celsius (1.8 grados Fahrenheit). Imagínese una caloría como una unidad de energía. Cuando se piensa en una hamburguesa con queso como "600 calorías" esa es la medida de la energía potencial que contiene. Una hamburguesa contiene cada uno de los tres tipos de macronutrientes: proteína, grasa y carbohidratos. Cada tipo de macronutriente contiene un número específico de calorías.

Carbohidratos	Proteína	Grasa
1 gramo = 4 calorías	1 gramo = 4 calorías	1 gramo = 9 calorías

Todos los alimentos están compuestos de uno o más de estos tres macronutrientes que son nutrientes esenciales que el cuerpo necesita en cantidades relativamente grandes. Si usted está preparando una comida en casa y conoce la composición de macronutrientes de los alimentos que esta va a contener, puede calcular el número de calorías sumando las calorías presentes en el número total de grasas, carbohidratos y proteínas. ¿Pero quién tiene tiempo para eso? En este libro usted encontrará muchas recetas para uso cotidiano. Si usa estas recetas no tendrá que contar nada, ni calorías ni gramos de fibra, pues ya están especificados para cada una. Si quiere usar sus propias recetas incluí contadores visuales de calorías y de fibra para 100 alimentos diferentes, en tablas que le permitirán calcular gramos de fibra y calorías con sólo mirar la receta. Use la plantilla diaria de registro en el apéndice A para llevar sus propias cuentas a medida que planea sus comidas y refrigerios.

Muchas alternativas alimenticias, pero sólo tres componentes básicos de vida

Los ojos tienen diferentes maneras de mirar el alimento, pero el cuerpo sólo tiene una. Un filete, una pizza y una ensalada César son vistos como alimentos diferentes, pero el cuerpo los ve sólo como una amalgama de energía en forma de proteína, grasa y carbohidratos. Al comer, el cuerpo comienza a trabajar para descomponer las comidas en unidades más pequeñas de energía que son transportadas por el torrente sanguíneo para suministrar el combustible necesario. Desde el momento mismo en que se empieza a masticar se secretan enzimas digestivas para desintegrar el alimento en sus componentes:

- Los carbohidratos se descomponen en glucosa y otras moléculas de azúcares simples.
- Las grasas se descomponen en glicerol y moléculas de ácidos grasos.
- Las proteínas se descomponen en moléculas de aminoácidos.

Las moléculas que quedan, ya descompuestas, son transportadas hacia las células a través del torrente sanguíneo. Estas moléculas son absorbidas por las células para uso inmediato o almacenadas como grasa.

CÁLCULO DEL REQUERIMIENTO CALÓRICO

Cuando se habla del número de calorías diarias que se necesitan, en realidad, se está hablando de las calorías que necesitan las células para funcionar como deben. Aunque las necesidades calóricas de cada persona son ligeramente diferentes, los fabricantes de alimentos basan la información nutricional de las etiquetas (conocidas como porcentaje de valores diarios o % VD) en una dieta de 2,000 calorías que representa las necesidades calóricas de una persona "promedio".

¿Qué hace que una persona sea "promedio"? Bueno, para una mujer el promedio se define como alguien que necesita comer 2,000 calorías diarias para mantener su peso, mientras que un hombre promedio se define como alguien que necesita alrededor de 2,500 calorías. Durante los años que llevo trabajando con mis clientes para ayudarles a peder peso, he observado que este número es más o menos preciso; sin embargo, hay varios factores que determinan el número exacto para cada individuo.

Aunque voy a explicarle la forma técnica para determinar el requerimiento calórico diario (para conservar su peso), esto no va a influir en la forma como va a aplicar la dieta Fibra35. Si conoce o no la cifra exacta de su requerimiento calórico de todas maneras podrá seguir el programa de alimentación de la fase uno y de la fase dos como está descrito. Si desea conocer su número exacto debe seguir leyendo. (Si no, está bien, pase al capítulo 5).

Hay varias cosas que influyen en el número diario de calorías que necesita para conservar su peso:

- Estatura
- Peso
- Género
- Edad
- Nivel de actividad

La fórmula matemática que ayuda a determinar las necesidades calóricas diarias personales toma en cuenta casi todos los factores enumerados arriba y se calcula usando dos variables: el índice metabólico (IM) y la cantidad de energía gastada en actividad física.

El IM, que equivale a un 60 ó 70 % del gasto energético corporal diario (calorías quemadas), es la velocidad con que el cuerpo utiliza energía para conservar los procesos vitales básicos como el latido cardíaco, la temperatura corporal normal y la respiración. Las fórmulas usadas para calcular el IM son diferentes para las mujeres y los hombres porque los hombres tienen más masa muscular magra que las mujeres. En general, si usted es mujer, su metabolismo quema 10 calorías diarias por cada libra de peso corporal; si es hombre, su metabolismo quema 11 calorías diarias por cada libra de peso corporal. Esto significa que una mujer que pese 150 libras quemará 1,500 calorías (150 x 10) sólo para llevar a cabo las funciones esenciales de su cuerpo y un hombre con el mismo peso quemará 1,650 (150 x 11). Esta es una de las razones por las cuales a los hombres les queda más fácil perder peso, queman más calorías en forma natural, incluso cuando están inactivos.

La segunda variable para calcular las necesidades calóricas —la energía gastada durante la actividad física— idealmente tomaría en cuenta todas las actividades físicas que una persona lleva a cabo, incluso si parecen insignificantes como pescar y tocar piano. Para formarse una idea de sus necesidades calóricas diarias siga tres pasos sencillos.

Paso 1: Calcule su índice metabólico (expresado en "calorías en reposo" o IMR)

Para mujeres

Su peso en libras   (IMR)

Multiplique su peso en libras x 10 = IMR

(Una mujer de 140 libras tendrá un IMR de 140 x 10 ó 1,400)

Para hombres

$$\boxed{} \quad X\ \mathbf{11}\ = \quad \boxed{}$$

Su peso en libras   (IMR)

Multiplique su peso en libras x 11 = IMR

(Un hombre de 140 libras tendrá un IMR de 140 x 11 ó 1,540)

Paso 2: Calcule su gasto energético durante la actividad física (expresado en "calorías por actividad")

¿Cuánta energía utiliza a lo largo del día en diferentes actividades? Para calcular esto establezca si es usted sedentario, algo activo o moderadamente activo.

- Sedentario: rara vez se levanta de la silla en el día.

- Poco activo: lleva a cabo actividades como caminar de un lado a otro con frecuencia durante el día, jardinería suave, jugar con los niños, nadar un poco, etcétera.

- Moderadamente activo: lleva a cabo actividades como la caminata rápida varias veces a la semana, ejercicio suave, actividades deportivas, trabajo de jardinería pesado, nadar mucho, etcétera.

Multiplique el número de IM (del paso 1) por el porcentaje anexado a la descripción que mejor se ajuste a usted, de este modo:

Sedentario

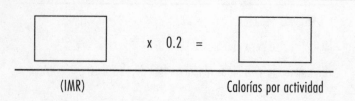

(IMR)   Calorías por actividad

(Por ejemplo, 1,500 x 0,2 = 300)

Poco activo

	x 0.3 =		
(IMR)			Calorías por actividad

Moderadamente activo

	x 0.4 =		
(IMR)			Calorías por actividad

Paso 3: Sume los resultados de los pasos 1 y 2

Sume los resultados del paso 1 y 2 para obtener el número total de calorías que posiblemente quema en un día para conservar su peso actual.

	+		=	
(IMR)	Calorías por actividad		IME (índice metabólico estimado)	

Por ejemplo, una mujer inactiva de 175 libras tendrá una IME de 2,100:

175	x 10 =		**1,750**
Peso en libras			(IMR)

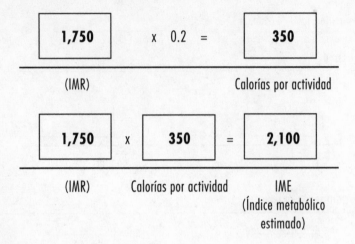

¡Ahora, con ese formato en la mano, usted está casi listo para comenzar la dieta Fibra35! Pero primero, debe conocer las opciones de
alimentos para una óptima nutrición de la Fibra35.

El metabolismo es la suma de todos los procesos bioquímicos del
organismo. El cuerpo humano tiene un funcionamiento increíblemente complejo. Casi todas las funciones que lo mantienen con
vida son de naturaleza microscópica, pero todas requieren energía
que se mide en calorías. Los primeros experimentos controlados
sobre el metabolismo humano fueron publicados en 1614 por
Santorio Santorio, un médico italiano, en el libro *De statica medicina* que lo hizo famoso en toda Europa.

Resumen del capítulo 4

Las fases del plan de la dieta Fibra35

- Cada libra de grasa equivale a 3,500 calorías.

- Para perder peso se debe reducir el número de calorías.

- La dieta Fibra35 tiene tres fases.

  Fase uno, pérdida de peso acelerada. Durante esta fase hará una reducción hasta de 1,000 calorías por día. Se quedará en esta fase hasta un mes.

  Fase dos, pérdida de peso moderada. Durante esta fase reducirá hasta 500 calorías por día. Permanecerá en ella hasta que alcance la meta de peso que se fijó.

  Fase tres, mantenimiento de peso. Durante esta fase mantendrá su peso consumiendo 35 gramos diarios de fibra. ¡Esta es su plan de por vida!

- Las calorías son los valores de energía en los alimentos. La fibra no contiene calorías.

- Usted puede hacer cálculos sencillos para establecer no sólo cuánto peso perderá en cada fase, ¡sino también cuánto tiempo le tomará perderlo!

CAPÍTULO 5

OPCIONES DE ALIMENTOS DE LA DIETA FIBRA35 PARA UNA ÓPTIMA NUTRICIÓN

Cuando Joy comenzó la dieta Fibra35 tenía veintisiete años de edad y pesaba 140 libras, más o menos 14 libras más del peso ideal que debía tener para su estatura y constitución. Ella pensaba que iba a sentir hambre todo el tiempo con mi plan porque así se había sentido con todas las otras dietas que había probado. Sin embargo, se sintió gratamente sorprendida y el plan pronto se convirtió en un estilo de vida fácil de conservar. Después de dos semanas de estar en el programa, refirió que se sentía mejor de lo que se había sentido en años y que su nivel de energía competía con el de sus dos perros Jack Russell terrier. Como perdía dos libras semanales, alcanzó un peso saludable de 126 libras en siete semanas y nunca sintió que estaba "a dieta". Joy dice: "Cuando comencé la dieta Fibra35 esperaba sentir hambre todo el tiempo, pero no fue así. La dieta satisfacía mi apetito y nunca me hizo sentir "repleta", lo que, de hecho, fue bastante agradable. Nunca volví a caer en mis malos hábitos alimenticios anteriores". Diez meses después, Joy se mantenía en su peso ideal. Su nivel de energía continuó elevándose y, con ello, su semana laboral de cincuenta horas se hizo mucho más fácil y placentera.

En última instancia, la clave para mantener el peso ideal de por vida es comer bastantes alimentos buenos y pocos alimentos malos. Joy aprendió que encontrar un sistema de alimentación gratificante y fácil de mantener es el secreto para tener una buena alimentación de por vida. En este capítulo resumo los principios de la dieta Fibra35 de por vida y le entrego el conocimiento básico para seleccionar bien los alimentos para usted y su familia. Si va al capítulo 14, verá que ofrezco muchas recetas. Cada mes también puede obtener nuevas recetas en línea en www. fiber35diet.com*. Usted puede utilizar estas recetas y disfrutar de una óptima nutrición, pero lo exhorto a que aprenda los principios que hay tras ellas y que presento aquí. Estas alternativas de alimentos lo deben conservar delgado y saludable a lo largo de su vida.

Algunos de los alimentos enumerados en este capítulo estarán restringidos durante la fase uno y la fase dos de la dieta. En el capítulo 6 obtendrá los detalles de las restricciones para cada fase. Por ahora, la única preocupación se debe centrar en los alimentos saludables.

PROTEÍNAS + GRASAS + CARBOHIDRATOS + FIBRA

Las opciones de alimentos para una óptima nutrición son sencillas. Usted básicamente come:

1. Proteína magra

2. Grasas:

   aceites saludables

   nueces y semillas

   productos lácteos (consumo moderado)

3. Carbohidratos/35 gramos de fibra de por vida

   frutas

   verduras

   legumbres/fríjoles

   granos (consumir con precaución)

   suplementos de fibra

---

* Este sitio sólo se encuentra disponible en inglés.

Cuando usted siga las opciones de alimentos para una óptima nutrición descritas arriba, su dieta diaria estará constituida de manera aproximada por:

- 25 % de proteína. Dos a tres raciones (3-4 onzas por ración) aves, pescados y carnes rojas (con moderación).

- 25 % de grasa. Dos a tres raciones de semillas y/o nueces, para sumar en total 1 onza diaria, aceites saludables (1-3 cucharadas diarias); ¼ de aguacate; proteínas magras (como se describen a continuación).

- 50 % de carbohidratos complejos. Seis a ocho raciones de frutas, verduras, legumbres; dos a tres raciones de granos enteros (½ taza = una ración).

Proteínas

Las proteínas son vitales para la buena salud. El cuerpo utiliza proteínas para cada uno de los procesos que lleva a cabo. El 20% de la estructura corporal está basado en proteínas. En realidad, cada parte del organismo como la sangre, las enzimas, los músculos, la piel, los órganos y los anticuerpos, al igual que el pelo y las uñas requiere proteínas, así que usted debe cerciorarse de recibir un suministro abundante en la dieta. De nuevo, la clave es obtener las proteínas de fuentes saludables.

Los pescados y las carnes son las fuentes más ricas en proteínas. En general, una ración de este tipo de alimentos debe tener más o menos el tamaño de una baraja. Los expertos coinciden en que se deben ingerir dos a tres raciones de alimentos ricos en proteínas cada día. Cada ración debe corresponder a 3 ó 4 onzas de carne cocinada.

Obtenga la proteína de fuentes magras como pescados o aves. Apártese de las carnes grasas. Esto incluye las carnes rojas y el queso que deben ser consumidos con poca frecuencia. Para la mayoría de estadounidenses la proteína constituye del 10 al 15 % de las calorías diarias. Yo recomiendo que el 25 % de las calorías que ingiera provenga de alimentos ricos en proteínas, sobre todo, si está siguiendo el programa de entrenamiento de fuerza de la dieta Fibra35. Los atletas que están tratando de fortalecer grandes cantidades de músculo pueden necesitar aún más.

Cuando comencé a recuperar peso a medida que envejecía, tuve que ajustar mis raciones de carne. Me di cuenta de que aunque estaba consumiendo carne de alta calidad, estaba comiendo demasiada.

La construcción de proteínas

Las proteínas pueden ser moléculas relativamente grandes e intrincadas. Sin embargo, sus componentes esenciales son compuestos naturales llamados aminoácidos. Las proteínas usadas por el cuerpo humano requieren veinte aminoácidos. El cuerpo puede producir once de estos aminoácidos; los nueve restantes, conocidos como aminoácidos esenciales, deben provenir de los alimentos.

Se dice que la carne y otros alimentos animales contienen proteína completa: esto significa que tienen todos los aminoácidos esenciales. Desde el punto de vista técnico, los alimentos vegetarianos aislados son incompletos porque les falta por lo menos un aminoácido esencial.

Por lo general, aunque las carnes contengan una proteína completa, no necesariamente son mejores para la salud que las proteínas que se encuentran en los alimentos vegetarianos. Muchos tipos de carne tienen un alto contenido de grasa saturada y todas carecen por completo de fibra. La mayoría de los alimentos de origen vegetal son ricos en fibra y contienen vitaminas y nutrientes antioxidantes que le faltan a la carne.

En el pasado, los expertos en nutrición recomendaban que los vegetarianos combinaran de manera cuidadosa diferentes tipos de alimentos para asegurarse de que comían proteínas completas. En tiempos más recientes, los investigadores han llegado a la conclusión de que si se consume una amplia variedad de frutas, verduras, fríjoles, nueces y semillas, se está garantizando la obtención de todos los aminoácidos. Usted puede tener un suministro adecuado de proteínas aunque no coma carne; si tampoco come pescado entonces sencillamente tiene que enfocarse en otras fuentes de proteína de calidad como huevos, proteína de suero y legumbres. Los amantes de la carne no suelen tener problemas para obtener proteínas; sin embargo, tampoco es tan difícil para los vegetarianos conseguirlas, sobre todo, porque hoy en día se tiene acceso a una multitud de alternativas de alimentos nutritivos.

Fuentes aceptables de proteína	Alimentos protéicos que se deben evitar
Pollo	Carnes frías procesadas
Carne de res, con moderación	Cortes grasos de carne
Cerdo, con moderación	Hígado
Huevos	Jamón dulce
Pavo	
Pescado, en especial salmón	
Suero	
Tofu, con moderación	

Recomiendo el salmón salvaje en vez del salmón criado en estanques ya que este último contiene cantidades excesivas de ácido araquidónico y de aceites omega-6, estos dos pueden asociarse con niveles elevados de inflamación. Obtenemos demasiado omega-6 en nuestra dieta tal y como es. Puede preguntar en el mercado si el salmón es salvaje.

Prefiera animales alimentados con pasto

Cuando usted ingiera carnes rojas, su salud se beneficiará más si elige carne de ganado alimentado con pasto y no con granos. Desde que se introdujo el levante industrial de ganado, las haciendas que levantan grandes cantidades de reses las alimentan básicamente con grano porque es más barato y hace que los animales sean más gordos y pesados. Esta práctica implica mayores ganancias para las empresas de alimentos. En consecuencia, la mayoría de los cortes de carne de los supermercados son de animales alimentados con granos.

Sin embargo, la carne de animales alimentados con pasto es más nutritiva que la de animales alimentados con grano. Contiene más ácido linoléico conjugado (un componente de la grasa que estimula la combustión de grasa y el desarrollo de masa muscular magra), más grasas omega-3 y vitamina A. Además, tiene menos grasa, menos co-lesterol y menos calorías. Las granjas que se especializan en ganado alimentado con pasto también son mejores para el medio ambiente. El ganado al que se le permite pastar en grandes extensiones de terreno es más amable con la tierra y contamina menos que los animales de haciendas industrializadas.

Cuando vaya a escoger pollo y otras aves es recomendable buscar carne (y huevos) de animales alimentados con pasto en vez de animales alimentados con granos; también es recomendable cerciorarse de que los animales sean de granja, es decir que se les permita andar libremente en el ambiente exterior en vez de estar encerrados en instalaciones industrializadas en condiciones de apiñamiento, a menudo crueles.

Cómo deben ser las porciones y los tamaños de las raciones de proteínas

Recomendamos entre dos y tres raciones de proteína diarias, pero los hombres y mujeres tienen necesidades ligeramente diferentes de proteína. Por lo tanto las recomendaciones con respecto al tamaño varían un poco, como se indica a continuación:

Tamaño de las raciones

	Carne de res:	Pollo/Aves:	Pescado:
Mujeres	2 ½ onzas	2 ½ onzas	2 ½ onzas
Hombres	3 ½ onzas	3 ½ onzas	3 ½ onzas

Nota: los huevos son una fuente recomendada de proteína. No hay necesidad de limitar la cantidad de huevos salvo si el médico lo ordena. La sección de recetas trae platos deliciosos a base de claras de huevo; podrá usar todo el huevo a medida que su peso se vaya estabilizando.

Cuando coma alimentos ricos en proteínas, es aconsejable combinarlos siempre con verduras ricas en fibra ya que la carne, como recordará, no tiene fibra. A medida que su peso comience a estabilizarse, puede empezar a añadir verduras con almidón como las batatas, o si desea, pan integral. Sin embargo, debe mantenerse alejado de los azúcares refinados y de los productos hechos a base de harinas blancas.

Grasas

Es bueno aclarar que la grasa en la dieta *no* es un impedimento para perder peso. Comer el tipo inadecuado de grasas y un exceso de grasa es lo que lleva a ganar peso. Así como hay carbohidratos buenos y malos también hay grasas buenas y malas. Y así como la moda de la dieta baja en carbohidratos predispuso a las personas en contra de todos los carbohidratos, la moda de la dieta baja en grasa influenció de manera negativa la visión general que se tiene de las grasas.

Durante las últimas décadas, la grasa ha recibido más publicidad negativa de la que merecía. A medida que los estadounidenses siguen ganando peso, se han escrito volúmenes sobre los perjuicios de las grasas. Pero para tener una buena salud es necesario conocer la verdad sobre este incomprendido nutriente. No todas las grasas se generan del mismo modo, así que permítame darle algunas directrices.

Evite las grasas trans (aceites hidrogenados)

Algunas grasas son bastante nocivas. No es de extrañar que los investigadores hayan encontrado que las grasas menos deseables son hechas por el hombre. Estas son las grasas trans, también conocidas como grasas hidrogenadas. Están hechas de grasas poliinsaturadas (que son grasas buenas) que sufren una transformación química en las fábricas de alimentos para que se mantengan sólidas a temperatura ambiente (piense en la margarina). Se les añaden a las galletas, a las rosquillas y a otros alimentos procesados y se utilizan para hacer que los postres queden más húmedos y las galletas más sabrosas. La grasa hidrogenada también alarga la vida útil de almacenamiento de los alimentos horneados como pasteles, galletas y galletas de sal que pueden permanecer más tiempo en las estanterías antes de ponerse rancios. Muchos alimentos fritos preparados comercialmente como papas fritas, papas a la francesa y anillos de cebolla también pueden contener grandes cantidades de grasas trans.

Los estudios demuestran, de manera concluyente, que las grasas trans aumentan el riesgo tanto de enfermedades cardíacas como de cáncer. Muchas investigaciones han encontrado que las grasas trans, inmediatamente después de ser consumidas, generan un aumento en las grasas sanguíneas y, de este modo, aumentan el riesgo de problemas cardíacos; y que los ácidos grasos trans también hacen que caiga el HLD, el colesterol bueno, que puede ayudar a proteger el corazón y las arterias.

Por fin, los gobiernos del mundo están empezando a reconocer los efectos negativos de las grasas trans. De hecho, Dinamarca declaró ilegales las grasas trans. Canadá está tratando de imponer una prohibición similar. Estados Unidos ahora exige que las etiquetas de los alimentos enumeren la cantidad de grasas trans y pronto también podría prohibir estas grasas.

EFECTOS DE LAS GRASAS TRANS EN EL HÍGADO

Los científicos creen que el consumo de grasas trans estimula el proceso que se lleva a cabo en el hígado para producir colesterol y triglicéridos, dos tipos de grasa. Además, los investigadores de la escuela de salud pública de Harvard encontraron que las personas que más comían grasas trans eran las que más inflamación corporal presentaban, al igual que presentaban vasos sanguíneos más estrechos. Estos dos factores pueden aumentar el riesgo de desarrollar una enfermedad cardíaca.

Limite las grasas saturadas

Las grasas saturadas son aquellas que se encuentran en carnes rojas, huevos y productos lácteos como leche, queso y mantequilla. Una señal que delata a las grasas saturadas es que se conservan sólidas a temperatura ambiente. Casi todos los investigadores creen que se debería limitar la cantidad total de grasas saturadas en la dieta y estoy absolutamente de acuerdo. La ingestión de grasas saturadas incrementa el nivel general de colesterol que, como ya sabe, está asociado con un mayor riesgo de enfermedades cardíacas.

Por otro lado, el efecto de las grasas saturadas en la salud también depende de los alimentos con los que se suelen consumir. Los investigadores de la Universidad de Stanford demostraron que consumir la típica dieta estadounidense tratando sólo de limitar la cantidad de grasa saturada, no era tan efectivo como agregarle una gran cantidad de alimentos vegetarianos ricos en fibra. En otras palabras, una dieta rica en fibra compensa algunos de los efectos negativos de la grasa saturada.

No voy a pedirle que suspenda por completo los alimentos con grasas saturadas como carnes rojas y queso. Sólo necesita reducir la cantidad que come. Si quiere comer queso amarillo y un filete jugoso limite las porciones de acuerdo con las directrices señaladas y asegúrese de acompañarlos con una cantidad abundante de verduras ricas en fibra o de tomar un suplemento de fibra con esa comida.

Disfrute las grasas buenas

Las grasas insaturadas son las grasas buenas, debe asegurarse de que estén presentes en su dieta diaria. Hay dos tipos de grasas insaturadas: las poliinsaturadas y las monoinsaturadas.

Las grasas poliinsaturadas se encuentran en estado líquido a temperatura ambiente y su uso reduce la cantidad total de colesterol (tanto LDL como HDL). Las mejores fuentes de grasas poliinsaturadas son el aceite de linaza, las semillas de ahuyama, el pescado oleoso, las nueces de nogal y el aceite de cáñamo. Estos aceites también contienen ácidos grasos omega-3. Otras fuentes de grasas poliinsaturadas son: la soya, el aceite de maíz, el aceite de cártamo y las semillas de girasol. Se ha demostrado que el consumo de alimentos con grasas poliinsaturadas, en especial pescado oleoso, baja la inflamación y les proporciona un beneficio real a las personas con desórdenes relacionados con la inflamación.

Recuerde: aunque la inflamación sea un mecanismo de supervivencia que el cuerpo usa para prevenir infecciones de invasores externos como bacterias, virus y toxinas nocivas, en el contexto del estilo de vida moderno tiende a salirse de control. Por ejemplo, una dieta de mala calidad y un estilo de vida sedentario pueden causar una inflamación crónica en los rincones más profundos del cuerpo. Esta puede pasar desapercibida y más tarde ser diagnosticada como enfermedad cardíaca, demencia, diabetes, obesidad u otra serie de problemas degenerativos que se pueden derivar de la inflamación. La inflamación crónica puede perturbar el estado natural del sistema inmune y crear un desequilibrio en el cuerpo que, a su vez, puede desencadenar una variedad de problemas de salud. La ciencia apenas está comenzando a revelar qué tan peligrosa puede ser la inflamación cuando no se controla. Cualquier cosa que ayude a disminuir los niveles de inflamación y quizá a prevenir inflamación adicional en el futuro es algo bueno.

Las grasas monoinsaturadas, al igual que las poliinsaturadas, son líquidas a temperatura ambiente. Son excelentes para cocinar porque pueden resistir el calor, mientras que los aceites poliinsaturados (como el de linaza) son sensibles al calor. Las mejores fuentes de grasas monoinsaturadas son el aceite de oliva, el aceite de canola y el aceite de maní. El aceite de oliva es la mejor alternativa para todo tipo de usos. Las grasas monoinsaturadas disminuyen el colesterol malo (LDL) y aumentan el colesterol bueno (HDL), por esto, reducen el riesgo de diabetes y de otras enfermedades crónicas.

Minimizar el consumo de las grasas saturadas (de la carne) e ingerir más aceites monoinsaturados (como el aceite de oliva) y grasas poliinsaturadas (como aceites de linaza y de pescado) reduce los factores de riesgo de una serie de enfermedades crónicas, ayuda a mantener un peso saludable y proporciona una ingesta más balanceada de ácidos grasos omega-3 y omega-6.

El aceite de pescado, compuesto de grasas poliinsaturadas conocidas como grasas omega-3, ha sido reconocido desde hace tiempo como una de las fuentes más importantes de grasas saludables. En efecto, en un estudio amplio se encontró que en personas que padecían enfermedad cardíaca que durante varios años tomaron un gramo de aceite de pescado como suplemento diario, se disminuía el riesgo de un ataque cardíaco fatal en un 25%.

Los estadounidenses comen más o menos 110 libras de carne per cápita al año; el doble que los europeos.

El aceite de pescado y la salud

Desde hace muchísimo tiempo, los habitantes de Escocia, Groenlandia y Escandinavia tomaban cucharadas de aceite de hígado de bacalao para permanecer saludables durante el crudo invierno. Los descendientes de estos escandinavos trajeron esta costumbre con ellos cuando se establecieron a lo largo de la costa atlántica de Norte América. Como sus ancestros, ellos sabían que una cucharada de aceite de hígado de bacalao tenía múltiples beneficios.

Los científicos ahora reconocen que el aceite de hígado de bacalao, al igual que el aceite de pescado, contiene ácido eicosapentanoico (EPA) y ácido docosahexanoico (DHA), ambos ácidos grasos omega-3. Los animales marinos de agua fría como la caballa, el salmón, el bacalao, el lenguado, el atún albacora, las sardinas y las anchoas son ricas fuentes de omega-3. Estos ácidos grasos también se encuentran en las algas y microalgas.

Otro tipo de omega-3, el ácido alfa linolénico (ALA), se origina en fuentes vegetarianas incluyendo el aceite de linaza, las semillas de chía y las hortalizas de hojas verdes como la col rizada y las hojas tiernas de nabo. Los estudios indican que, por lo general, el cuerpo puede convertir el ALA encontrado en las plantas en EPA. Sin embargo, algunas personas carecen de las enzimas (desaturasa y elongasa) necesarias para hacer esta conversión. Los aceites de pescado son mejor alternativa que otras fuentes de omega-3, ya que no requieren conversión.

INGIERA OMEGA-3 PARA QUEMAR GRASAS OMEGA-6 ALMACENADAS

La mejor forma de quemar grasa almacenada en el cuerpo es desplazándola con grasas buenas provenientes del pescado o de los suplementos de aceite de pescado. En otras palabras, la grasa nueva ayuda a desalojar la grasa "vieja", sobre todo del tipo que se esconde en los tejidos periféricos alrededor de la barriga, los muslos y las nalgas. Este fue un descubrimiento reciente y fascinante de los investigadores de la escuela de medicina de la Universidad de Washington en St. Louis. El aumento en omega-3 puede ayudarle al cuerpo a eliminar de un modo más eficiente el exceso de omega-6 almacenado y también a disminuir la nociva inflamación.

El cuerpo utiliza tanto el EPA como el DHA como componentes esenciales para construir prostaglandinas, sustancias parecidas a las hormonas que regulan la dilatación de los vasos sanguíneos, la inflamación y otros procesos importantes. Al reducir la inflamación, el EPA y el DHA ayudan a disminuir el riesgo de ataque cardíaco, de algunos tipos de cáncer y el dolor y la hinchazón de la artritis. El DHA también es esencial para el desarrollo normal del cerebro en los bebés.

En general, los estadounidenses no ingieren suficientes grasas omega-3; la abrumadora mayoría de la dieta que consumen contiene grasas omega-6. Las grasas omega-6 se encuentran principalmente en aceites vegetales y granos. Cuando se consume demasiado omega-6 en alimentos como aceite de maíz, el cuerpo puede liberar químicos que promueven la inflamación. (Una excepción es el ácido gama linolénico del aceite de borraja que puede reducir la inflamación.)

Un gran número de expertos cree que muchos de los problemas de salud de los estadounidenses están asociados a las grasas omega-6 en la dieta. En las última seis décadas se duplicó la ingestión de omega-6, mientras que el consumo de omega-3 decayó. Esta desproporción puede explicar, en forma parcial, el drástico incremento en las enfermedades crónicas en los últimos cincuenta años. La dependencia de la dieta en los alimentos omega-6 se ha asociado con hipertensión, retención de agua, depresión y con el aumento de la coagulación sanguínea.

La lección aquí es que se debe comer mucho pescado o tomar un suplemento de aceite de pescado para obtener grasas omega-3. Si va a tomar un suplemento de aceite de pescado asegúrese de que tenga la enzima lipasa para ayudarle a digerir el aceite. Si es posible, el suplemento también debe tener un recubrimiento entérico, es decir, estar recubierto con un material que le permita pasar a través del estómago sin que los ácidos de este lo destruyan y entrar al intestino delgado para ser liberado. Consuma también una buena cantidad de alimentos que contengan grasas insaturadas necesarias para la buena salud (ver la tabla más adelante).

SUSPENDA LAS GRASAS MALAS Y CONSUMA GRASAS BUENAS EN ABUNDANCIA

Detener el consumo de grasas sin tener en cuenta la calidad de estas no disminuye el riesgo de enfermedad cardíaca. En la prueba de iniciativa de salud para mujeres, cerca de 50,000 mujeres postmenopáusicas con sobrepeso, entre cincuenta y setenta y nueve años de edad fueron estudiadas durante ocho años. Los investigadores encontraron que la reducción total de las grasas en la dieta no redujo el riesgo de enfermedad cardíaca, accidentes cerebrovasculares o enfermedad coronaria. El estudio sí encontró una reducción en la enfermedad cardíaca en mujeres con una ingesta reducida de grasas saturadas y trans o con una ingesta aumentada de frutas y verduras.

Fuentes de grasas: lo bueno, lo malo y lo feo

(Tamaño de la ración = 1 a 3 cucharadas diarias)

La transición hacia los aceites buenos es muy fácil. Utilice el aceite de linaza como aderezo para ensaladas; el aceite de oliva para cocinar; y tome suplementos de aceite de pescado, 2 gramos diarios, para un beneficio adicional.

Aceites para usar con regularidad	Aceites para usar con moderación	Aceites y alimentos para evitar
Aceite de oliva*	Aceite de soya	Cualquier aceite hidrogenado
Aceite de canola	Mantequilla	Papas fritas
Aceite de linaza*	Aceite de coco	Alimentos fritos
Aceite de maní	Aceite de maíz	Margarina
	Aceite de semilla de algodón	Alimentos procesados
		Mantequilla

* No cocine con aceite de linaza, úselo sólo en ensaladas o alimentos después de cocinarlos. Cocine con aceite de oliva a fuego lento.
Nota. Se recomiendan mucho el aceite de linaza y el de oliva. Cuando sea posible, trate de usar aceite de canola en vez de aceite de maíz.

El aceite de coco es una grasa asombrosamente buena

No tema usar aceite de coco de vez en cuando. Durante mucho tiempo se asoció de un modo equivocado con muchas de las grasas saturadas "malas", y se le acusó de manera injusta de ser una posible causa del aumento de los niveles de colesterol y del riesgo de enfermedad cardíaca. Sin embargo, es todo lo contrario, se demostró que *baja* el colesterol y que favorece la salud cardíaca.

El aceite de coco ha sido consumido en los trópicos durante miles de años. En un tiempo, se extendió su uso en los países occidentales incluyendo los Estados Unidos; los libros de cocina más populares le hacían publicidad a finales del siglo diecinueve. Era uno de los favoritos de la industria panificadora y pastelera por tener una larga vida útil de almacenaje y un punto de fusión de 76 °F. Pero una campaña negativa contra las grasas saturadas en general, y los aceites tropicales en particular, llevó a casi todos los fabricantes de alimentos a abandonar el aceite de coco y a preferir aceites poliinsaturados que provenían de los principales cultivos comerciales de los Estados Unidos, sobre todo, de soya.

La actitud hacia el coco cambió ahora que las investigaciones han comprobado los beneficios de este aceite. Los estudios de dietas nativas muestran que las poblaciones indígenas, por lo general, se encuentran en buena salud y no padecen muchas de les enfermedades modernas que asedian a los países occidentales. De hecho, la gente que vive en climas tropicales y tiene una dieta rica en aceite de coco, presenta menos enfermedades cardíacas, cáncer y desórdenes de colon.

Los estudios actuales sobre este aceite demuestran que puede tener efectos anticancerígenos, antimicrobiales y antivirales. Puede reducir el colesterol y estimular la tiroides para optimizar los esfuerzos por perder peso. El secreto de las características antimicrobiales del aceite de coco es el ácido láurico, el ácido graso que predomina en este aceite. El ácido láurico también predomina en la grasa saturada de la leche materna humana y le otorga propiedades vitales para construir la inmunidad durante la etapa inicial de la vida de un niño. A excepción de la leche materna humana, la fuente natural más rica en ácido láurico es el aceite de coco.

En la década de 1940 los ganaderos usaban aceite de coco para engordar las reses, pero descubrieron que este hacía que los animales enflaquecieran, se volvieran más activos y con mayor apetito. Entonces ensayaron una droga antitiroidea que hacía que el ganado engordara con menos comida, pero se comprobó que era un agente carcinógeno. Para finales de la década de 1940 notaron que se podía alcanzar el mismo efecto antitiroideo simplemente alimentando los animales con fríjol de soya y maíz.

Nueces, semillas y aguacates

Las nueces, las semillas y los aguacates son fuentes excelentes de aceites saludables; pero por su alto contenido graso es preferible consumirlos con moderación, siguiendo las directrices sobre las raciones que aparecen en esta sección.

Si es posible, escoja nueces y semillas crudas, naturales u orgánicas (como ahuyama, ajonjolí y girasol) y remójelas durante una noche para desactivar los inhibidores de enzimas y hacerlas más digeribles.

Para comer con regularidad

Aguacate	Mantequilla de almendras crudas	Nueces de macadamia crudas
Mezclas de nueces y/o semillas	Almendras crudas	
Mantequilla de maní	Avellanas crudas	

Las mantequillas de nueces y las nueces están en la misma categoría, así que escoja una u otra. No coma de las dos en un mismo día.

Porciones y tamaños de las raciones de nueces, mantequilla de nueces y aguacate

Alimento	Ración	Tamaño
Aguacate	¼	
Semillas/nueces	1 onza	12 nueces de nogal o 24 almendras
Mantequillas de nueces	1 cucharadita	1 punta del pulgar
Mantequillas de nueces	1 cucharada	3 puntas del pulgar

TENDENCIAS DE LAS GRASAS Y ACEITES

El uso promedio de grasas y aceites adicionados en 1997 estaba 47% por encima de lo que había sido en la década de 1950.

Productos lácteos

Los productos lácteos caen tanto en la categoría de las proteínas como en la de las grasas. Aunque los productos lácteos enteros son más nutritivos que sus versiones bajas en grasa, no favorecen la pérdida de peso. Así que es aconsejable que escoja productos lácteos bajos en grasa o sin grasa mientras siga esta dieta. Siempre recomiendo productos lácteos orgánicos. Si utiliza productos lácteos enteros hágalo con moderación, como si se tratara de un condimento; por ejemplo, espolvoree queso parmesano sobre un plato.

Algunas personas no digieren los lácteos bien porque carecen de una enzima necesaria para descomponer la lactosa presente en estos alimentos. Si usted es una de estas personas y elige comer productos lácteos podrá beneficiarse si ingiere una enzima digestiva de lactosa natural cuando los consuma. Le recomiendo reemplazar la leche de vaca con leche de almendras o de arroz, sobre todo, si tiene intolerancia a la lactosa.

En los últimos años, la industria de productos lácteos en los Estados Unidos le ha hecho demasiada publicidad a la leche, anunciándola como beneficiosa para bajar de peso. Sin embargo, algunas investigaciones cuestionan esta afirmación. Entre los productos lácteos preferidos están los siguientes:

Cómo deben ser las porciones y los tamaños de las raciones de los productos lácteos

Alimento	Ración	Tamaño
Requesón	½ taza	½ bola de béisbol
Quesos duros	1½ a 2 onzas	6 – 8 dados
Kéfir	1 taza	1 bola de béisbol
Queso parmesano	3 a 4 cucharadas	½ a 2 nueces de nogal
Queso ricota	¼ taza	1 bola de golf
Leche de soya	1 taza	1 bola de béisbol
Yogur natural (sin endulzar)	1 recipiente de 8 onzas	

Es posible que en la fase uno sea necesario reducir las cantidades anteriores.

Carbohidratos/35 gramos de fibra

La proporción de carbohidratos en el programa (50%) puede parecer asombrosa debido al lavado cerebral en pro de una ingesta baja en carbohidratos que, por desgracia, se ha realizado en el mundo. Más que limitarlos, la clave radica en obtener los carbohidratos adecuados. Los carbohidratos adecuados, aquellos que se denominan complejos, son exactamente los alimentos que se necesitan para prevenir enfermedades y recibir 35 gramos diarios de fibra. Las frutas y verduras son las medicinas naturales de la Madre Naturaleza. Más atrás se mencionaron los beneficios de la fibra para controlar y conservar el peso. Si no hubiera carbohidratos en la dieta sería casi imposible obtener fibra adecuada. Haré un breve repaso de las cuatro formas básicas como la fibra puede ayudarle a perder peso y a no recuperarlo:

1. La fibra controla el apetito a través de la hormona CCK.

2. La fibra remueve calorías a través del movimiento intestinal. Esto se puede llamar el efecto de vaciado de la fibra.

3. Los alimentos fibrosos son densos en energía.

4. La fibra ayuda a regular el azúcar en la sangre.

La fibra se puede ingerir diariamente de cinco maneras:

1. Frutas

2. Verduras

3. Legumbres

4. Granos

5. Suplementos de fibra

Frutas

Las frutas son ricas en fibra y en agua. También están cargadas de fitonutrientes que combaten enfermedades. A continuación, hay una tabla con el contenido de fibra de las frutas que se consumen comúnmente.

Contenido de fibra de las frutas
(Tamaño de la ración = 1 pedazo mediano de fruta ó 1 taza de fruta)

Es aconsejable consumir dos a tres raciones de fruta al día. Una buena idea para un refrigerio es combinar yogur o mantequilla de nueces con fruta. Vea nuestras ideas de refrigerios en la sección de recetas.

En la siguiente tabla se puede observar que algunas frutas tienen un contenido de fibra mucho más elevado que otras. Esto es algo que necesita comprender para poder hacer buenas elecciones.

Fruta	Tamaño o cantidad en volumen	Fibra total
5 a 10 gramos de fibra		
Coco	¼ taza	10 gramos
Naranja	1 mediana	7 gramos
Toronja	½ grande	6 gramos
Pasas*	½ taza	6 gramos
Dátiles*	½ taza	6 gramos
Kiwis	2 medianos	5.2 gramos
Manzana	1 mediana	5 gramos
Moras	½ taza	5 gramos
Caqui	1 mediano	5 gramos
Bayas de saúco	½ taza	5 gramos
Melón (de pulpa verde dulce)	½ melón	5 gramos
2.5 a 4 gramos de fibra		
Banano	1 mediano	4 gramos
Papaya	½ grande	4 gramos
Pera	1 mediana	4 gramos
Frambuesas	½ taza	4 gramos
Melón	1 mediano	4 gramos
Carambolo	1 mediano	3.5 gramos
Grosellas	½ taza	3 gramos

Fruta	Tamaño o cantidad en volumen	Fibra total
Mandarina	1 mediana	3 gramos
Albaricoque	3 medianos	2.5 gramos
0 a 2 gramos de fibra		
Arándanos	½ taza	2 gramos
Arándanos rojos	½ taza	2 gramos
Mango	1 mediano	2 gramos
Nectarina	1 mediana	2 gramos
Durazno	1 mediano	2 gramos
Ciruelas	2 medianas	2 gramos
Fresas	½ taza	2 gramos
Tomate	1 mediano	2 gramos
Cerezas	½ taza	1.5 gramos
Piña	½ taza	1 gramo
Uvas	½ taza	< 1 gramo

Estos alimentos tienen un alto índice glicémico y, por lo tanto, deben ser consumidos con moderación. Por definición, un alimento con un alto índice glicémico se descompone en azúcares simples y se mueve rápidamente hacia el torrente sanguíneo. Este proceso, por lo general, supone un aumento repentino de insulina que sale deprisa del páncreas para hacerse cargo del carbohidrato de alto índice glicémico.

Verduras

Limite las verduras con almidón. Estas tienen más calorías y un índice glicémico más elevado, esto significa que son rápidamente absorbidas por el torrente sanguíneo y que producen un aumento repentino de la insulina. También tienden a tener menos fitonutrientes. Las verduras con almidón incluyen las patatas, las batatas, el maíz y la calabaza. Contienen cerca de 140 calorías por taza.

En la siguiente tabla aparece el valor del contenido de fibra de muchas verduras. Escójalas a su gusto y coma en abundancia una gran variedad de verduras ricas en fibra y déle prioridad a las verduras sin almidón.

Valor del contenido de fibra de las verduras
(Tamaño de la ración = 1 taza de verduras crudas o ½ taza de verduras cocidas)

Usted puede comer sin restricción cualquier verdura sin almidón, pero tendrá que ser moderado con las que tienen almidón si las va a consumir solas. Trate de comer entre cuatro y seis raciones de media taza de verduras diarias.

Verdura	Tamaño o cantidad en volumen	Fibra total
2 a 5 gramos de fibra		
Calabaza *	½ taza cocida	4.5 gramos
Chucrut	½ taza	4 gramos
Batata *	1 mediana	3.5 gramos
Papa*	1 mediana	3 gramos
Maíz*	½ taza desgranado	3 gramos
Remolachas	1 mediana	2.5 gramos
Brócoli	½ taza	2 gramos
Coles de bruselas	½ taza	2 gramos
Zanahorias*	½ taza	2 gramos
Coliflor	½ taza	2 gramos
Berenjena	½ taza	2 gramos
Nabo sueco	½ taza	2 gramos
Espinaca	½ taza	2 gramos
Hojas tiernas de nabo	½ taza	2 gramos
Menos de 2 gramos de fibra		
Hojas de col (berza)	½ taza	1.5 gramos
Calabacín amarillo	½ taza	1.5 gramos
Hojas de mostaza	½ taza	1.5 gramos
Repollo	½ taza	1 gramo
Apio	½ taza	1 gramo
Col rizada	½ taza	1 gramo
Puerro	½ taza	1 gramo

Verdura	Tamaño o cantidad en volumen	Fibra total
Palomitas de maíz*	1 taza ya reventadas	1 gramo
Zucchini	½ taza	1 gramo
Lechuga	½ taza	0.5 gramos
Mezclas de lechugas partidas y empacadas	½ taza	0.5 gramos

* Estos vegetales con almidón tienen un índice glicémico alto. Por consiguiente es aconsejable que los use con moderación, en especial cuando los ingiera solos. Comer vegetales con almidón acompañados de otros alimentos, sobre todo grasas y proteínas, les reducirá de manera sustancial el índice glicémico.

Legumbres

Las legumbres, como los granos, contienen sustancias llamadas fitatos que son consideradas antinutrientes. Los fitatos se amarran a las vitaminas y minerales como el hierro, el magnesio, la vitamina B y el calcio, y, por lo tanto, bloquean la absorción de estos. Para contrarrestar este efecto y poder sacar provecho del alto contenido de fibra que ofrecen las legumbres, se deben poner en remojo durante la noche. Esto removerá casi todos los fitatos.

Contenido de fibra en las legumbres
(Tamaño de la ración = ½ taza)

Los tamaños de las raciones de legumbres son muy importantes ya que tienen muchas calorías. Cuando coma fríjoles limite la ración a ½ taza.

Legumbres	Cantidad por volumen	Fibra total
Fríjol rojo	½ taza	9 gramos
Adzuki (fríjol diablito)	½ taza	8.5 gramos
Lenteja	½ taza	8 gramos
Fríjol caupí (de ojito negro)	½ taza	8 gramos
Fríjol mungo	½ taza	7.7 gramos
Fríjol negro	½ taza	7.5 gramos

Legumbres (fríjoles)	Cantidad por volumen	Fibra total
Fríjol pinto	½ taza	7.3 gramos
Fríjol chile	½ taza	7 gramos
Garbanzo	½ taza	7 gramos
Fríjol gran norteño	½ taza	7 gramos
Fríjol rojo arriñonado	½ taza	7 gramos
Fríjol lima	½ taza	7 gramos
Fríjol blanco pequeño (navy)	½ taza	6 gramos
Fríjol anasazi (jaspeado)	½ taza	4.5 gramos
Fríjol appaloosa	½ taza	4.5 gramos
Guisante forrajero	½ taza	4 gramos
Guisante verde	½ taza	4 gramos
Fríjol de soya	½ taza	3.8 gramos
Habichuela	½ taza	2 gramos

Una anotación sobre el índice glicémico

Cuando se habla de carbohidratos, por lo general, surge el término *índice glicémico*. ¿Qué significa? El índice glicémico mide la velocidad con la que los carbohidratos se descomponen en azúcares simples e ingresan al torrente sanguíneo. Los alimentos con los índices glicémicos más elevados son los azúcares simples y los productos de granos procesados tales como la pasta común y el arroz blanco. Estos alimentos generan un incremento rápido en el azúcar sanguíneo después de una comida; pueden también causar un cambio hormonal que estimula el apetito y lleva a comer en exceso. El incremento repentino de insulina por sí solo puede disparar unas ansias intensas de comer y hacer que sea muy difícil controlar el consumo de alimentos.

El concepto de índice glicémico no es tan exacto como parece. Por ejemplo, un panecillo normal sería considerado un alimento de índice glicémico alto. Pero cuando se le pone encima salmón ahumado o se le unta mantequilla de almendras, toda la química del alimento puede variar y puede convertirse en un alimento de menor índice glicémico. Por lo tanto, las valoraciones de los índices glicémicos sólo son exactas cuando no se combinan alimentos, así que el sistema no es muy práctico. Por esta razón, no se le va a prestar tanta atención al índice glicémico.

No es una guía dietética confiable y puede llevar a confusiones. De hecho, resulta bastante diciente que la Asociación americana de diabetes no reconozca el índice glicémico como una herramienta educativa en el tratamiento de la diabetes.

EVITE AZÚCARES ARTIFICALES

Intente evitar los edulcorantes artificiales. Aunque contienen cero calorías, tienen efectos colaterales ocultos. Los edulcorantes artificiales más comunes como el aspartame pueden causar sarpullido, dolores de cabeza, retortijones de estómago y alterar el funcionamiento del intestino. Además, también se sabe que los edulcorantes artificiales aumentan el apetito y desordenan la química del cerebro. Aunque los científicos siguen discutiendo este tema, un estudio hecho en Purdue sugirió que los edulcorantes artificiales pueden afectar la habilidad natural del cuerpo para "contar" calorías con base en la dulzura de un alimento, esto hace que sea más difícil juzgar cuántas calorías puede tener un alimento específico y también hace que sea más difícil ajustar la ingesta del modo correspondiente.

Granos

Los cereales, al igual que los productos lácteos, son alergenos para un buen número de personas. Muchos granos, entre ellos los panes, cereales y pastas, contienen gluten. La intolerancia al gluten es una de las alergias más comunes y no reportadas en su totalidad en los Estados Unidos. Sin embargo, su descubrimiento ha suscitado la producción de una serie de alimentos libres de gluten, lo que constituye una buena noticia para las personas alérgicas.

TENDENCIAS DEL GRANO Y DE LA HARINA

El consumo de productos de granos y harina aumentó de 155 libras al año por persona en 1950 a 200 libras al año por persona en 1997 en los Estados Unidos.

El otro problema con los alimentos a base de granos es que en su mayoría están hechos con harinas refinadas. Esto quiere decir que durante su procesamiento se les retiró la fibra beneficiosa y con ello se aumentó de modo significativo el valor del índice glicémico del alimento. Este tipo de alimentos disparan la cadena de azúcar-insulina-almacenamiento de grasa que afecta a casi todas las personas con sobrepeso. Si usted elige comer granos como pasta, cereal o pan, asegúrese de que estén hechos con granos enteros, preferiblemente, granos enteros germinados y úselos manteniéndose dentro de los límites de su requerimiento calórico diario.

Como ya se ha visto, cuando se trata de granos, es aconsejable que se limite a las opciones de granos enteros y evite por completo los productos que contengan harina blanca. Recuerde dejar en remojo los granos durante la noche antes de cocinarlos al día siguiente, del mismo modo que se hace con las legumbres, para desactivar los fitatos. El remojo también hace que sea más fácil cocinarlos en la mañana. Preparo avena cortada en las mañanas, después del remojo nocturno la cocción sólo tarda cinco minutos.

Contenido de fibra en los granos
(Tamaño de la ración = ½ taza)

Es aconsejable comer entre dos a tres raciones diarias de granos enteros. Recomiendo especialmente los granos sin gluten para las personas sensibles a este. Hay una gran cantidad de granos enteros sabrosos, nutritivos y ricos en fibra de dónde escoger, como indica la tabla a continuación.

Grano seco	Cantidad por volumen	Fibra total
Amaranto	½ taza	17.2 gramos
Cebada	½ taza	12 gramos
Teff	½ taza	16 gramos
Espelta	½ taza	16 gramos
Centeno	½ taza	12 gramos
Salvado de trigo	½ taza	12 gramos
Avena	½ taza	12 gramos
Mijo	½ taza	10 gramos
Bulgur (trigo integral)	½ taza	8 gramos

Grano seco	Cantidad por volumen	Fibra total
Quinua	½ taza	6 gramos
Arroz integral	½ taza	4 gramos

Además de las fuentes de fibra enumeradas arriba, los cereales fríos pueden ser una magnífica forma de empezar el día con una comida llena de fibra.

Suplementos de fibra

Es importante esforzarse por alcanzar 35 gramos diarios de fibra en la dieta no sólo para alcanzar un peso saludable, sino para prevenir enfermedades. Hoy en día, todo el mundo vive de prisa y no siempre se logran obtener los 35 gramos completos de fibra a partir de la dieta. Esto hace que se necesiten suplementos de fibra para compensar el déficit. Estas son las principales opciones:

- Tabletas de fibra
- Fibra para rociar
- Barras de fibra
- Batidos

Las primeras dos opciones están constituidas por fibra soluble empacada de un modo conveniente para aquellas personas que pasan mucho tiempo fuera de casa. Las barras y las batidos son refrigerios y sucedáneos de comidas con un alto contenido de fibra. Con la disponibilidad de estas opciones nadie debería quedarse corto en alcanzar la ingesta diaria recomendada de 35 gramos de fibra.

En el capítulo 10 analizaré más a fondo estos suplementos y otros más. Es fácil conseguir estos suplementos en casi todas las tiendas naturistas e incorporarlos a su régimen diario.

EJEMPLO DE OPCIONES DE INGESTA DIARIA DE FIBRA

Ahora que sabe dónde se encuentra la fibra, déjeme mostrarle qué fácil es obtener 35 gramos diarios de fibra a partir de sus comidas. Abajo aparece un ejemplo de alimentos ricos en fibra que podrían formar parte de un día de deliciosa alimentación. (Usted evitará verduras con almidón como la calabaza durante la fase uno, esta es más representativa de lo que podrá comer en la fase dos o en la fase Fibra35 de por vida.)

Alimentos ricos en fibra

Alimento	Porción	Fibra
Avena	3 onzas	9 gramos
Naranja	1 mediana	7 gramos
Manzana	1 mediana	5 gramos
Calabaza	½ taza cocida	4.5 gramos
Banano	1 mediano	4 gramos
Brócoli	1 taza	4 gramos
Fríjoles rojos	¼ taza	4 gramos
	Fibra total	37.5 gramos

En este ejemplo, el desayuno es una taza de avena y un banano. A la hora del refrigerio se come una manzana y después, un almuerzo que contenga una pechuga cubierta con queso provolone más un poco de calabaza al curry. Para el refrigerio se come una naranja y más tarde, para la cena, un filete de carne magro con brócoli acompañado de una ensalada de fríjoles rojos y aderezo del rancho. Un día de alimentación bastante agradable, ¡y en un abrir y cerrar de ojos obtuvo 37.5 gramos de fibra!

Le daré otro ejemplo.

Más alimentos ricos en fibra

Alimento	Porción	Fibra
Manzana	1 grande	7 gramos
Naranja	1 mediana	7 gramos
Maíz	1 mazorca	5 gramos
Frambuesas	½ taza	4 gramos

Alimento	Porción	Fibra
Batata	1 mediana	3.5 gramos
Tostada integral	1 rebanada	3 gramos
Kiwi	1 mediano	2.7 gramos
Remolachas	½ taza	2.5 gramos
Arándanos	½ taza	2 gramos
Brócoli	½ taza	2 gramos
Lechuga	2 tazas	2 gramos
Espinaca	½ taza	2 gramos
Repollo	½ taza	1 gramo
	Fibra total	43.7 gramos

En este día de la fase Fibra35 de por vida tendrá comida en abundancia: al levantarse lo espera un desayuno con una omelette de queso, tocino de pavo, una tostada integral y una ensalada de frutas. Para el refrigerio se come una manzana y luego, para el almuerzo, una gran ensalada arcoíris con pollo. A la hora del refrigerio se come una naranja y para la cena una hamburguesa de pavo con batatas a la francesa horneadas y una mazorca. El resultado: un día de alimentación delicioso y 43.7 gramos de fibra. ¡Sorprendente! Está bien que haya rebasado los 35 gramos de fibra en este día. Como lo anoté antes, tendría que ingerir entre 50 y 60 gramos de fibra para considerarla una cantidad excesiva. ¡Y sería todo un reto consumir todo eso en un día! Es mucho más sencillo consumir muy poca fibra que demasiada, y preferiría que comiera un poco más de 35 gramos diarios que un poco menos. Considere 35 gramos como el mínimo; si puede alcanzar los 40 ó 45 gramos sería ventajoso. Sin embargo, por lo general, no recomiendo rebasar los 60 gramos de fibra. Los planes para las comidas y recetas en este libro tienen todo esto calculado para usted, pero basta con decir que 35 gramos de fibra diarios son una forma deliciosa y nutritiva de comer.

Fibra y calorías

Apenas empiece éste plan, en forma automática, se convertirá en un as para leer las etiquetas de nutrición y distinguir lo que es bueno de lo que no es tan bueno. Cuídese de ingerir alimentos ricos en calorías disfrazados de "saludables" porque el empaque dice algo como "buena fuente de fibra". El criterio general es buscar alimentos que tengan, por lo menos, 2 gramos de fibra por cada 100 calorías. La siguiente tabla le servirá de guía.

Fibras y calorías

Si una cantidad de alimento contiene:	Y la cantidad de fibra es:	La calificación es:
100 calorías	4+ gramos	Óptimo
	3 gramos	Bueno
	2 gramos	Aceptable
	1 gramo	Malo

Tenga cuidado con la ingesta de sodio: ¡la DDR (dosis diaria recomendada) es 2,400 miligramos al día! Lea las etiquetas aun cuando en un empaque diga "bajo en sodio".

ADVERTENCIA: AZÚCAR Y REFRESCOS

Los refrescos contienen una cantidad brutal de calorías. Una sola porción de un refresco de 64 onzas, puede tener entre 900 y 1000 calorías. Es posible consumir más calorías en una gaseosa y otros refrescos dulces que en cualquier otro alimento. Las bebidas dietéticas, aunque son una mejor alternativa que las gaseosas normales, no necesariamente son una alternativa segura. Los azúcares artificiales utilizados comúnmente en las gaseosas dietéticas pueden disparar las ansias de comer azúcar y llevar a desequilibrios del azúcar sanguíneo. Las investigaciones también han demostrado que el riesgo de ganar peso en exceso se incrementa en un exorbitante 41% por cada lata de gaseosa dietética que se consuma al día.

Mientras se encuentre en la dieta Fibra35, es sumamente importante que disminuya con rigor los indeseables alimentos procesados ricos en carbohidratos. Estos incluyen pan blanco, arroz blanco, pasta no integral, cereales refinados para el desayuno, postres demasiado dulces, galletas de sal y cualquier otro alimento como gaseosas y golosinas que contengan azúcar y jarabe de maíz concentrados. Estos productos, a base de azúcar blanco y harina blanca, no sólo evitan que pierda peso sino que también le roban salud. Esto se debe a que su contenido natural de fibra y muchos otros nutrientes importantes han sido removidos durante el proceso de refinación. La consecuencia a nivel corporal es una incapacidad para metabolizar los carbohidratos en forma apropiada, lo que genera intoxicaciones y dificulta la pérdida de peso.

El alcohol tiene el mismo efecto perjudicial que los carbohidratos refinados sobre el azúcar sanguíneo. Sin embargo, una vez que usted haya alcanzado sus metas de pérdida de peso, podrá tolerar un consumo moderado de azúcar y de alcohol. Sólo usted es capaz de determinar si se encuentra entre esas personas que pueden tolerar estos productos en cantidades moderadas.

Hay estudios que han demostrado que el chocolate oscuro y el vino tinto (una copa diaria) tienen ciertos beneficios para la salud, así que su consumo moderado, en particular en ocasiones especiales, no debe ser dañino; y de hecho, el chocolate oscuro proporciona algo de fibra. Trate de consumir chocolate con un alto porcentaje de cacao. Una porción de chocolate oscuro fuerte (70% de cacao) tiene 4 gramos de fibra.

Identifique y elimine los alimentos a los que sea alérgico o sensible. Estos pueden contribuir a ganar peso y a causar problemas de salud.

En el capítulo 15 encontrará una lista detallada de compras que puede llevar a una tienda de alimentos u otro mercado. En ese capítulo también encontrará planes de menús para guiarlo en cada fase.

TENDENCIAS DE LAS PORCIONES

Obviamente, desde que las personas están ingiriendo más calorías de más alimentos, los tamaños de las porciones han aumentado. (¡También los tamaños de los platos!) El resultado es que hoy en día los tamaños de las porciones estándar son inmensamente diferentes a las de la década de 1950 como lo demuestran los siguientes datos:

Alimento	1950	Hoy
Hamburguesa promedio (comida rápida)	1 onza	6 onzas
Gaseosa promedio	8 onzas	32-64 onzas
Porción promedio de palomitas de maíz en un teatro	3 tazas	16 tazas
Muffin promedio	Menos de 1 onza	5-8 onzas

La hamburguesa, hoy en día, contiene alrededor de 546 calorías. Un acompañamiento de patatas fritas medianas tiene cerca de 413 calorías. Si a la orden de comida rápida se le suma una gaseosa, se estarán consumiendo otras 154 calorías para un recuento total de más de 1,100 calorías. Esto es más de la mitad del requerimiento calórico diario de muchas personas, especialmente de las que están inactivas.

Resumen del capítulo 5

Las opciones de alimentos de la dieta Fibra35 para una óptima nutrición

- Al comer de acuerdo con las opciones de alimentos de la dieta Fibra35 para una óptima nutrición, usted evitará los alimentos procesados, limitará el consumo de carnes, buscará alimentos de alta calidad y cosechará los beneficios de 35 gramos de fibra.

- Las opciones de alimentos para una óptima nutrición incluyen:

Proteína magra

Grasas:

- Aceites saludables
- Nueces y semillas
- Productos lácteos (consumo moderado)

Carbohidratos/35 gramos de fibra de por vida:

- Frutas
- Verduras
- Legumbres
- Granos (consumir con cautela)

Capítulo 6
COMENZAR LA DIETA FIBRA35

¡Felicitaciones! Usted está listo para comenzar la dieta Fibra35. En este capítulo resumiré las partes claves del programa y luego se pondrán en acción los conocimientos que ha adquirido.

Antes de proseguir, quiero hacer un comentario sobre la clave para tener éxito. Esa clave es *usted*. Ya lo sabía, por supuesto. Usted es el principio, la mitad y el final de la historia de triunfo que está a punto de escribir. Primero, quiero felicitarlo por tener el valor de retomar el control de su peso y de su salud.

En la actualidad estamos rodeados de productos "alimenticios" no saludables que primero seducen, luego crean adicción y, por último, matan. Esta es una época en la que cada uno tiene que proteger la salud resistiendo tentaciones tremendas —desde los supermercados y partidos de béisbol hasta los restaurantes de comidas rápidas en casi todas las esquinas. Elegir comer para tener un peso y una salud óptimos es básicamente como elegir no fumar cuando uno se cría en una casa llena de fumadores.

Pero usted puede hacerlo. Ya sabe cómo. La pregunta es: ¿por qué decidió perder peso? Todos los que están leyendo este libro tienen hábitos antiguos que tendrán que dejar atrás y hábitos nuevos que necesitan desarrollar. Esto requiere determinación, disciplina y la habilidad para superar la tentación a corto plazo. Para algunos, la comida es un sistema de apoyo emocional. Si usted cae dentro de esta categoría sé por experiencia propia cuánto valor se necesita para comenzar una nueva vida con una nueva relación con la comida. Voy a darles un consejo a todos. Para poder triunfar, es necesario definir su motivación. ¿Por qué quiere perder peso? Escríbala. Escríbala aquí. Tómese su tiempo para hacerlo. Esta es la declaración de su misión. Esta es una carta que se escribe a sí mismo y que releerá para ayudarse a superar momentos de duda.

LA DECLARACIÓN DE SU MISIÓN PERSONAL

En el apéndice A, al final del libro, encontrará una página donde copiará esta declaración. Sáquele copias. Ponga una en el refrigerador; lleve una en la billetera o en la cartera; ponga una al lado de su cama y léala antes de dormir y cuando se despierte.

En última instancia, con la dieta Fibra35 usted se está dando a sí mismo el regalo más grande que hay, la verdadera fortuna, es decir, salud. Esa es la forma como concibo mi propio estilo de vida Fibra35.

Es hora de comenzar.

Los tres factores de la dieta Fibra35 que usted va a poner en acción son:

1. Organización de un plan de comidas rico en fibra

    Fase uno: pérdida de peso acelerada

    Fase dos: pérdida de peso moderada

    Fase tres: mantenimiento del peso óptimo de por vida

2. Incorporación de activadores metabólicos

3. Incorporación de suplementos

ORGANIZACIÓN DE UN PLAN DE COMIDAS RICO EN FIBRA

Como ya sabe, este programa consta de tres fases. Durante las dos primeras fases usted va a reducir el número de calorías para lograr su meta de pérdida de peso. En la tercera fase va a ingerir una cantidad normal de calorías y va a mantener su peso óptimo. El siguiente es el resumen de su programa.

Resumen del programa

	Fase 1	Fase 2	Fase 3
Tiempo en la fase	2 a 4 semanas	Hasta que alcance su meta	En curso
Reducción de calorías	1,000 ó menos (no menos de 1,200/ día)	500 o menos (no menos de 1,200/día)	Cantidad para mantener el peso deseado
Activadores metabólicos	5 a 7 (cada día)	4 a 6 (cada día)	3 a 4 (cada día)
Fibra diaria	Por lo menos 35 gramos	Por lo menos 35 gramos	Por lo menos 35 gramos

A lo largo de cada fase, usted comerá para obtener una óptima nutrición escogiendo los alimentos descritos en el capítulo anterior. Esto significa ingerir bastantes carbohidratos buenos (frutas, verduras y granos enteros) y evitar carbohidratos malos (harinas y azúcares refinadas); ingerir bastantes aceites buenos y evitar los aceites malos; y comer bastante proteína sin grasa y evitar las carnes grasosas. No olvide que en el capítulo 15 encontrará ejemplos de planes semanales de comidas para cada una de las fases de la dieta Fibra35. Estos le servirán como guía para seleccionar un menú diario a medida que avanza en el programa. El capítulo 15 también incluye una lista de compras y notas sobre dónde encontrar productos especializados. En el apéndice B encontrará una página en blanco para llevar un registro diario, la puede copiar y usar para llevar la cuenta de su ingesta total de fibras y calorías en un día.

El paso inicial para organizar el plan de comidas para cada una de las fases es determinar su requerimiento calórico. Usted debió haber calculado este factor en el capítulo 4. (Si se saltó este tema y no quiere hacer la cuenta puede darle una ojeada a esa sección. Sin embargo, le recomiendo sobremanera que calcule su requerimiento calórico diario y que complete los ejercicios que aparecen aquí. El ver las cifras sobre el papel servirá para motivarlo y para que conserve el rumbo a través de las fases de la dieta.)

Utilicemos ahora esa información.

Meta de pérdida de peso

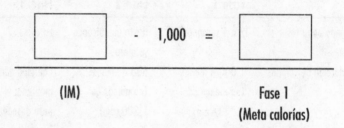

Ingrese el número de calorías predeterminado para mantener su peso actual (también llamado índice metabólico o IM).

*Reduzca este número en 1,000 calorías en la fase uno.

Fase uno: pérdida de peso acelerada

Recuerde: permanecerá en la fase uno hasta un mes. Sugiero que se quede en esta fase por lo menos durante dos semanas.

A continuación, doy un ejemplo de un plan de alimentación para un día en la fase uno. Observe que está basado en un requerimiento calórico inicial de 2,200 calorías. En la fase uno, su ingesta calórica estará basada en su requerimiento calórico predeterminado menos 1,000 calorías. Ejemplo: índice metabólico de 2,200 menos 1,000 es igual a 1,200 calorías por día.

Recuerde: no baje de 1,200 calorías diarias. Por ejemplo, si el requerimiento calórico inicial de una mujer es de 2,000 ella tendría que restar 800 calorías para la fase uno en vez de 1,000, para que su ingesta calórica no sea inferior a 1,200.

Es conveniente que tenga una idea de cuántas calorías va a destinar para cada comida. En el siguiente ejemplo, tengo 250 calorías para el desayuno y el almuerzo, 400 calorías para la cena, y 100 calorías para cada refrigerio, en total, suman 1,200 calorías en el día. Usted puede intercambiar las comidas que desee. Por ejemplo, está bien si se come al desayuno la comida destinada para el almuerzo o si se come la cena para el almuerzo.

Sólo asegúrese de llevar un registro diario de la cantidad total de calorías y de fibra. También está permitido comer fuera si así lo desea (al final del capítulo 6 se presentan algunas pautas para hacerlo). Trate de encontrar comidas que le permitan cumplir las metas de calorías y fibra del día.

Usted puede repartir su requerimiento de fibra a lo largo del día tal como lo hace con las calorías, sólo cerciórese de que obtiene 35 ó más gramos diarios de fibra. Puede aumentar el contenido de fibra de cualquier comida utilizando el rociador de fibra de mesa o los tabletas de fibra sugeridos en el capítulo 10. La cantidad mínima de fibra diaria es de 35 gramos, pero 40-45 gramos serían todavía mejores.

Un día en la fase uno

Alimento	Calorías	Fibra
Desayuno: batido de fibra/proteína* mezclado con agua y ½ taza de fruta congelada ó 4 onzas de leche de almendras más 4 onzas de agua.	250	10
Refrigerio: ½ barra de fibra/proteína o un refrigerio de fibra/proteína de la lista de refrigerios sugeridos.	100	5
Almuerzo: batido de fibra/proteína mezclado con agua y ½ taza de fruta congelada ó 4 onzas de leche de almendras más 4 onzas de agua o una comida que contenga fibra y proteína (ensalada con pollo).	250	10
Refrigerio: ½ barra de fibra/proteína o un refrigerio de fibra/proteína de la lista de refrigerios sugeridos.	100	5
Cena: una comida que contenga fibra y proteína (salmón y verduras).	400	10
Refrigerio: un refrigerio de fibra/proteína de la lista de refrigerios sugeridos.	100	5
Total:	1,200	45
Efecto de vaciado de la fibra (45 gramos de fibra x 7 calorías)**	-315	
Calorías netas	885	

Usted puede utilizar una mezcla para batidos o batidos listos para tomar. En el capítulo 14 encontrará recetas de batidos. Recomiendo licuar un batido en casa para el desayuno y llevar al trabajo un batido ya listo para el almuerzo, junto con los refrigerios. En la fase uno, por ejemplo, una mujer de 175 libras consumirá con frecuencia batidos de fibra/proteína para el desayuno y barras de fibra/proteína. Los batidos y las barras hacen que sea más fácil controlar las calorías y los tamaños de las porciones. Esto es más importante en la fase uno. Los batidos y las barras de refrigerio son fáciles de preparar y muy prácticas para llevar al trabajo.

**El efecto de vaciado: tenga presente que con el efecto de vaciado o excreción fecal de energía, en las heces se excretan 7 calorías por cada gramo de fibra que se consume. Teniendo esto en cuenta, al final del día podrá calcular sus calorías netas, es decir, las calorías que su cuerpo ha absorbido y que de hecho usará.

Programación de las comidas y refrigerios

Como puede observar en el ejemplo, comerá con frecuencia a lo largo del día. A continuación, está el plan de comidas que se recomienda.

Hora	Comida/ refrigerios
7:00 a.m.	Desayuno: batido o comida
10:00 a.m.	Refrigerio
12:00 a.m.	Almuerzo: batido o comida
3:00 p.m.	Refrigerio
6:00 p.m.	Cena
7:30 p.m.	Refrigerio

Hora de corte: 7:30 p.m

No coma después de las 7:30 de la noche pues esto puede hacer que la pérdida de peso sea lenta. Usted debe dejar pasar varias horas entre su última comida o refrigerio y la hora de acostarse.

Restricciones de alimentos en la fase uno

Durante la fase uno del plan Fibra35 necesita restringir los productos lácteos a bajos en grasa o sin grasa. A medida que avanza hacia la fase dos puede ir incorporando lácteos enteros. Evite el alcohol siempre que sea posible. Si asiste a un evento social o una ocasión especial y desea beber un poco de vino, debe calcularlo dentro de las calorías del día. Por ejemplo, una copa de 5 onzas de vino tinto tiene cerca de 100 calorías.

Durante la fase uno evite o limite las verduras con almidón como las patatas, el ñame y las zanahorias. Trate de limitar la cafeína puesto que se ha demostrado que esta eleva los niveles de azúcar sanguíneo. Si usted acostumbra tomar café trate de cambiarlo por té verde que contiene menos cafeína.

Comidas flotantes

Durante la semana usted puede reemplazar uno de los batidos por una comida, esta sería una comida flotante. En cualquier momento, en el que en realidad sienta que le es muy difícil consumir otro batido, cómase una comida. Un elemento clave en este programa es que si usted necesita una comida no debe sentir que está haciendo trampa o que está fallando si se la come "cuando no debía". La dieta Fibra35 es un plan de por vida para obtener un peso y una salud óptimos. Es posible que las comidas flotantes disminuyan el ritmo de la pérdida de peso, pero en verdad, esta disminución es desdeñable si analiza el hecho de que este es un plan de por vida. Si su meta es perder 50 libras ¿a quién le importa si tarda una semana más? ¡Recurra a las comidas flotantes cuando surja la necesidad!

Consejos para la fase uno

Nota recordatoria: remítase al capítulo 15 para ver la sugerencia de un plan de alimentación semanal para la fase uno.

- No consuma menos de 1,200 calorías cada día.

- Lleve un registro diario de todo lo que se come y bebe para asegurarse de que está permaneciendo dentro del número de calorías diarias que tiene como meta (use la plantilla de registro en el apéndice B).

- Coma entre cinco y seis veces al día.

- Use entre cinco y siete activadores metabólicos diarios (descritos a continuación y más detalladamente en el capítulo 7).

- Consuma un mínimo de 35 gramos diarios de fibra.

- Incremente el consumo de fibra hasta 45-50 gramos si así lo desea.

- Tome diariamente, por lo menos, la mitad de su peso corporal en onzas de agua. Ejemplo: si pesa 150 libras, tome 75 onzas de agua al día.

- Considere tomar un suplemento de fibra antes de las comidas para ayudar a aumentar la sensación de saciedad y evitar comer de más.

Fase dos: pérdida de peso moderada

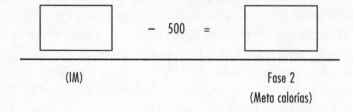

$$\boxed{} \quad - \quad 500 \quad = \quad \boxed{}$$

(IM)   Fase 2
                                                    (Meta calorías)

Recuerde: permanecerá en la fase dos hasta que alcance su meta de pérdida de peso.

A continuación, doy un ejemplo del plan de alimentación para la fase dos. Este está basado en el mismo requerimiento calórico inicial de la fase uno: 2,200 calorías. En la fase dos la ingesta calórica estará basada en el requerimiento calórico predeterminado menos 500 calorías. Por ejemplo, 2,200 menos 500 es igual a 1,700 calorías diarias. De nuevo, como se observó en la fase uno, no debe ser inferior a 1,200 calorías diarias. Para la fase dos se aplican las mismas directrices sobre intercambios de comidas y salidas a comer afuera.

En la fase dos, como en la fase uno, puede repartir su requerimiento calórico individual al igual que su requerimiento de fibra, a lo largo de las comidas y refrigerios del día. Para aumentar el contenido de fibra de cualquier comida recuerde usar tabletas de fibra o rociarle fibra de mesa por encima.

Su meta principal en la fase dos es obtener, por lo menos, 35 gramos diarios de fibra, pero 40-45 gramos serían incluso mejor y beneficiarían la pérdida de peso.

Un día en la fase dos

Alimento	Calorías	Fibra
Desayuno: batido de fibra/proteína* mezclado con agua o leche de almendras y ½ taza de fruta congelada.	250	10
Refrigerio: 1 barra de fibra/proteína o un refrigerio de fibra/proteína de la lista de refrigerios sugeridos.	200	5
Almuerzo: una comida que contenga fibra y proteína (ensalada con pollo).	500	10
Refrigerio: un refrigerio de fibra/proteína de la lista de refrigerios sugeridos.	150	5
Cena: una comida que contenga fibra y proteína (salmón y verduras).	500	10
Refrigerio: un refrigerio de fibra/proteína de la lista de refrigerios sugeridos.	100	5
Total:	1,700	45
Efecto de vaciado de la fibra (45 gramos de fibra x 7 calorías)**	-315	
Calorías netas	1,385	

Nota: comparada con la fase uno, sólo se reemplazará una comida diaria con un batido. Si usted prefiere puede seguir ingiriendo dos batidos diarios o usar un batido como refrigerio.
**El efecto de vaciado todavía es aplicable aquí y le permitirá restar 7 calorías por cada gramo de fibra consumido. Al final del día usted podrá calcular las calorías netas del día, es decir, las calorías que su cuerpo ha absorbido y que de hecho usará.*

Programación de las comidas y refrigerios

Seguirá repartiendo sus comidas y refrigerios a lo largo del día usando el mismo plan de alimentación de la fase uno y evitando comer después de las 7:30 p.m.

Restricciones de alimentos en la fase dos

Durante la fase dos del plan Fibra35 podrá incluir productos lácteos enteros y algunas verduras con almidón. Siga evitando el alcohol siempre que sea posible. De nuevo, si asiste a un evento social o a una ocasión especial y desea beber un poco de vino debe calcularlo dentro de las calorías para ese día. Use las mismas pautas para la cafeína que usó en la fase uno.

Comidas flotantes

Las comidas flotantes descritas en la fase uno no aplican en la fase dos porque ya está ingiriendo por lo menos dos comidas completas al día.

Consejos para la fase dos

Nota recordatoria: remítase al capítulo 15 para ver la sugerencia de un plan de alimentación semanal para la fase dos.

- No consuma menos de 1,200 calorías al día.

- Lleve un registro diario de todo lo que come y bebe como lo hizo en la fase uno utilizando una copia de la hoja de registro del apéndice B.

- Coma entre cinco y seis veces al día.

- Use entre cuatro y seis activadores metabólicos diarios.

- Consuma un mínimo de 35 gramos de fibra cada día.

- Incremente el consumo de fibra hasta 45 - 60 gramos si así lo desea.

- Tome diariamente, por lo menos, la mitad de su peso corporal en onzas de agua.

- Considere tomar un suplemento de fibra antes de cada comida para ayudar a aumentar la sensación de saciedad y evitar comer de más.

Fase tres: mantenimiento de peso

En la fase tres usted está en la Fibra35 de por vida. Aquí la dieta se convierte en un estilo de vida. Se ingieren tres comidas y tres refrigerios al día con base en el requerimiento calórico individual. Usted ya no va a seguir reduciendo su ingesta calórica, pero seguirá comiendo 35 a 45 gramos diarios de alimentos ricos en fibra basado en las opciones de alimentos para una óptima nutrición del capítulo 5. En esta fase usted consume comidas un poco más grandes que en las fases anteriores. Puede tomar menos batidos y consumir porciones más grandes de postres.

En la fase tres su meta es manejar su ingesta calórica diaria con el objetivo de conservar el peso ideal. Usted establecerá su meta personal diaria de calorías haciendo un nuevo cálculo de su índice metabólico estimado (IM) con base en su nuevo peso. Este cálculo se muestra a continuación.

Paso 1: calcular las calorías en reposo
Índice metabólico expresado como "calorías en reposo"

[ ]	x 10* =		[ ]
Nuevo peso corporal			Calorías en reposo
(en libras)			

Paso 2: calcular las calorías por actividad

[ ]	x 0.2** =	[ ]
Calorías en reposo		Calorías por actividad

Paso 3: sumar las calorías en reposo y las calorías por actividad

[ ]	+	[ ]	=	[ ]
Calorías en reposo		Calorías por actividad		IM (estimado)

Use 10 para las mujeres y 11 para los hombres.
**Use 0.2 si es inactivo, 0.3 si es poco activo y 0.4 si es moderadamente activo.*

Tomemos como ejemplo a una mujer de 175 libras que perdió 25 libras en las fases uno y dos. Tiene un índice metabólico inicial estimado de 2,100 calorías diarias (175 x 10 = 1,750; 1,750 x 0.2 = 350, 1,750 + 350 = 2,100 calorías diarias). En la fase tres, la nueva meta diaria de ella es consumir el número de calorías que sea necesario para ajustarse a su nuevo IM. Serían aproximadamente 1,800 calorías diarias (150 x 10 = 1,500; 1,500 x 0.2 = 300; 1500 + 300 = 1,800 calorías diarias). Ella puede permanecer en la fase tres siempre y cuando conserve el peso ideal que desea tener. Al continuar consumiendo 35 gramos diarios de fibra le será más fácil conservar ese peso. La fibra le ayudará a sentirse llena durante el día y el efecto de vaciado de la fibra hará que siga eliminando calorías adicionales.

Es conveniente que le haga un seguimiento cercano a su peso en los próximos meses. Le recomiendo sobremanera que siga llevando un registro diario de las calorías y de la fibra que ingiere. Utilice la plantilla de registro diario suministrada en el apéndice B, ¡haga copias y llene una todos los días! Al hacerlo, podrá observar si ha subido mucho las calorías o si ha bajado mucho la fibra y hacer los ajustes correspondientes en la dieta. No hay mejor forma de saber con exactitud cuánto está comiendo que llevar la cuenta de lo que se lleve a la boca. ¡Hay una tendencia general a subestimar lo que uno se come a no ser que se ponga por escrito!

El índice metabólico es sólo una estimación de las calorías y de la fibra que usted necesita. Si percibe un leve aumento de peso baje su ingesta calórica total, aumente los activadores metabólicos y aumente la ingesta diaria de fibra. Más adelante, se dará una descripción completa de los activadores metabólicos. Trate de usar al menos tres o cuatro activadores metabólicos diarios ya que estos le ayudarán a mantener un índice metabólico elevado y harán que sea más fácil conservar el peso ideal que ha alcanzado.

Si se sale del plan en cualquier momento y aumenta de peso, no se preocupe. Simplemente regrese a la fase uno o a la fase dos para recuperar su peso óptimo y luego pase a la fase 3.

Consejos para la fase tres

- Lleve un registro diario de todo lo que se come y bebe.

- Coma entre cinco y seis veces al día.

- Use entre tres y cuatro activadores metabólicos diarios.

- Consuma un mínimo de 35 gramos diarios de fibra.

- Incremente el consumo de fibra hasta 45-60 gramos si así lo desea.

- Tome diariamente por lo menos la mitad de su peso corporal en onzas de agua.

- Ingiera fibra antes de cada comida para ayudar a aumentar la sensación de saciedad.

Nota recordatoria: remítase al capítulo 15 para ver una sugerencia de un plan de alimentación semanal para la fase tres.

INCORPORACIÓN DE ACTIVADORES METABÓLICOS

Durante las tres fases del plan de la dieta Fibra35 es importante implementar tantos activadores metabólicos como sea posible. Soy consciente de que hay uno o dos que quizá no logrará usar de manera consistente y es por eso que ofrezco siete opciones. Cada individuo puede presentar diferencias con respecto a cuáles activadores metabólicos considera más fáciles de implementar con consistencia.

Hablaré en detalle de cada uno de los siete activadores metabólicos en el capítulo 7, pero permítame darle una introducción sobre ellos aquí.

Activador metabólico 1: comer con frecuencia

Adivine qué, este ya está incorporado en la forma de comer de la dieta Fibra35. Al seguir los planes de comidas tal como los esbocé anteriormente, comerá seis veces al día. ¡Cuente este como un regalo!

Activador metabólico 2: aumentar músculo

El capítulo 8 describe en detalle un sistema de entrenamiento de fuerza con base en la utilización de bandas de resistencia. Hay una rutina de veinte minutos y otra de cuarenta. Intente hacer la rutina de veinte minutos alternando la parte superior y la parte inferior del cuerpo, de cuatro a cinco veces por semana. Si elige la rutina de cuarenta minutos para todo el cuerpo trate de hacerla tres veces por semana.

Activador metabólico 3: ejercicio aeróbico

En el capítulo 8 también se analizan en profundidad los ejercicios cardiovasculares que se sugieren. Incorpore un ejercicio cardiovascular tal como la marcha atlética en un caminador estático tres veces por semana. Alterne los días con las rutinas de las bandas de resistencia o haga las rutinas el mismo día (la cardiovascular en la mañana y las bandas de resistencia en la tarde).

Para más información e imágenes sobre ejercicios con bandas de resistencia por favor remítase a www.fiber35diet.com*.

Activador metabólico 4: agua, agua, agua

A lo largo del día, preferiblemente entre comidas, beba la mitad de su peso corporal en onzas de agua purificada y limpia. (La cantidad se establece dividiendo por dos su peso corporal —en libras mejor que en kilogramos.) Por ejemplo, una persona de 160 libras necesitará tomar 80 onzas diarias de agua. Si no le agrada tomar agua, en el capítulo sobre menús aparecen sugerencias sobre cómo obtener agua con otras bebidas sabrosas. Las bebidas con cafeína no cuentan como parte de la ingesta diaria de agua. Cuando se incrementa la fibra es importante también aumentar la ingesta de agua.

Activador metabólico 5: dormir

Sé lo difícil que puede ser a veces, pero intente dormir ocho horas completas cada noche. La falta de sueño se acumula. Si una o más noches a la semana no logra dormir ochos horas, trate de compensar el déficit durante el fin se semana. Recurra a un inductor natural del sueño cuando sea necesario (véase la página 135).

---

* Este sitio sólo está disponible en inglés.

Activador metabólico 6: sauna

Intente disfrutar de una sauna dos a tres veces por semana en la intimidad de su hogar usando una sauna infrarroja personal. En el capítulo 7 aprenderá que treinta minutos de sauna equivalen a correr 5 millas.

Activador metabólico 7: desintoxicación

El capítulo 9 profundiza en los efectos que tienen las toxinas sobre los esfuerzos por perder peso. Le explicaré cómo puede utilizar un programa de desintoxicación herbal al principio del plan de la dieta Fibra35. Usted puede seguir desintoxicándose dos a tres veces al año. El sauna también le ayudará a desintoxicar el cuerpo.

INCORPORACIÓN DE SUPLEMENTOS

En el capítulo 10 se darán detalles de suplementos específicos que pueden ser de ayuda en el plan de la dieta Fibra35. No es necesario usar cada uno de los suplementos. Muchos de estos son opcionales de acuerdo con la situación de cada individuo.

Todo el mundo, sin importar el peso, debe tomar diariamente suplementos para el mantenimiento de la salud como ácidos grasos omega-3 y fórmulas de multivitaminas/minerales.

Los suplementos de fibra pueden ser usados en la medida en que sean necesarios para obtener de 35 a 45 gramos diarios de fibra. Si al final del día ve que se quedó corto en la ingesta de fibra entonces tómese una cucharada de suplemento de fibra que dé volumen o cómase una tableta masticable de fibra.

Mastique un suplemento de fibra antes de una comida.

CÓMO EVITAR PROBLEMAS CUANDO SE AUMENTA LA INGESTA DE FIBRA

Cuando esté incrementando la ingesta diaria de fibra alimenticia, recuerde consumir una variedad de alimentos con fibra soluble e insoluble como frutas, verduras y panes y cereales integrales. Cuando se aumenta la cantidad de fibra en la dieta demasiado rápido se puede experimentar, por un tiempo, algo de gases o distensión. Esto es cierto, sobre todo, cuando se trata de aumentar la fibra en la dieta con base en sólo unos pocos tipos de alimentos. Por ejemplo, si usted aumenta el consumo de cereales o de panes de una forma radical, puede sentir algún grado de incomodidad intestinal. Es mejor comer una variedad de alimentos ricos en fibra de diversas fuentes naturales. Si experimenta demasiados gases o distensión puede disminuir durante algunos días la cantidad de fibra que está consumiendo y luego seguir aumentando la ingesta en forma gradual hasta alcanzar sus metas.

Vale la pena repetir que debe asegurarse de consumir agua y líquidos en abundancia todos los días. Si está tomando suplementos de fibra en polvo tenga cuidado de que no se vuelvan demasiado espesos y difíciles de tragar. Asegúrese de mezclarlos en abundante agua, jugo o el líquido que prefiera y de tomárselos pronto después de mezclarlos. Muchos de los nuevos suplementos de fibra se disuelven por completo en agua. Estas son en su mayoría fibras en polvo solubles, fáciles de mezclar y de tomar. La meta es aumentar el nivel de fibra en su dieta de un modo gradual y conservar ese nivel por el resto de vida.

CONSEJOS PARA COMER FUERA DE CASA

Usted no tiene que encerrarse en casa hasta que haya alcanzado su meta de pérdida de peso. No hay ningún problema en que coma por fuera en cada una de las fases de la dieta Fibra35. Si está en la primera o segunda fase sólo asegúrese de contar esa comida como una de sus comidas completas para ese día. No importa en cual fase se encuentre, tenga cuidado de seleccionar alimentos que sean consistentes con las directrices de la dieta. Después de haber aclarado esto, algunas pautas adicionales son:

- Escoja una proteína y una guarnición de verduras o una ensalada.

- Escoja una proteína asada a la parrilla y no frita; manténgase alejado de las salsas de carne grasosas.

- Pídale al camarero que no lleve pan a la mesa.

- Elija aceite de oliva extra virgen.

- Cómase un refrigerio pequeño de proteína antes de salir a comer o de ir a una fiesta. Por ejemplo, pruebe con unas tajadas de pavo sobre pan integral con una tajada de queso amarillo bajo en grasa. O si no tiene problemas con los lácteos, pruebe con una ración de requesón bajo en grasa.

- Ordene una taza de caldo de pollo sin grasa como entrada pues esto lo llenará antes del plato fuerte.

- No tema hacer preguntas específicas sobre el menú.

- No tema hacer una orden especial de una comida cocinada de un modo diferente.

- Manténgase alejado de las patatas y del arroz blanco.

- Pida los aderezos y salsas aparte. Utilice un tenedor para echar una brizna sobre la comida, en vez de vaciarlos sobre esta.

- Si va a ir a un restaurante de comidas rápidas ordene un sándwich de pechuga de pollo a la brasa o una ensalada con pollo. Omita el aderezo u ordene uno bajo en calorías.

- Si le encanta comer postre siga la regla de los tres bocados: cómase tres bocados y luego pídale al camarero que retire el plato.

Resumen del capítulo 6

Comenzar la dieta Fibra35

- Estos planes de comidas, junto con los activadores metabólicos y los suplementos sugeridos, le permitirán perder la cantidad de peso deseada de un modo continuo y mantenerse así de por vida.

- Los tres factores de la dieta Fibra35 que usted va a poner en acción son:

Organización de un plan de comidas rico en fibra

- Fase uno —pérdida de peso acelerada
- Fase dos —pérdida de peso moderada
- Fase tres —mantenimiento del peso

Incorporación de activadores metabólicos

Incorporación de suplementos

CAPÍTULO 7

LOS ACTIVADORES METABÓLICOS DE LA DIETA FIBRA35

Recortar el número de calorías de sus necesidades diarias lo ayudará en gran medida a cumplir la meta de pérdida de peso, pero eso es sólo la mitad del programa. La otra mitad, conocida como los activadores metabólicos de la dieta Fibra35, le ayudará a asegurarse de potenciar al máximo la pérdida de peso ya que aumentará su metabolismo durante y después de cada fase de pérdida de peso.

LOS SIETE COMPONENTES

Puede parecer que hacerle un seguimiento a siete componentes es demasiado, pero no se asuste; en realidad es bastante sencillo incorporarlos a su plan. Voy a repasar con usted cuáles son los siete activadores metabólicos:

1. Comer con frecuencia (5 a 6 veces al día)

2. Aumentar músculo

3. El ejercicio aeróbico

4. Agua, agua, agua

5. Ocho horas de sueño cada noche

6. Sauna

7. Desintoxicación

No puedo dejar de recalcar la importancia de estos activadores para tener éxito al perder peso. Cuando se combinan con la dieta Fibra35 contrarrestan la razón por la cual fallan casi todas las dietas.

El secreto de la infalibilidad de la dieta Fibra35

Ya se había visto el concepto de metabolismo y de doble maleficio fisiológico, el proceso que se genera cuando el número de calorías se reduce y el cuerpo empieza a trabajar en contra del esfuerzo por alcanzar una meta de pérdida de peso. Me gusta referirme a este fenómeno también como "el doble maleficio del hambre". Mientras usted ve la restricción de calorías como la forma de perder peso, su cuerpo la interpreta como una amenaza de inanición. Como repuesta, una ráfaga de señales de hambre lo inducen a comer más, y al mismo tiempo, el metabolismo se vuelve lento para conservar el número menor de calorías que está ingiriendo. Esto lo pone a usted en una situación muy difícil. De repente, siente un hambre voraz y es muy probable que todo lo que se lleve a la boca, incluso la comida saludable, sea almacenada como grasa, como si usted estuviera en la edad de piedra y su cuerpo no supiera cuándo podrá comer otra vez.

Estos son dos mecanismos fisiológicos de defensa necesarios para sobrevivir, pero obviamente no para perder peso. Y esta es la razón principal por la cual casi todas las dietas basadas en una restricción rigurosa de calorías fallan.

Digamos que usted decide que quiere perder peso. Se fija la meta de perder 10 libras reduciendo las calorías que ingiere. Se salta el desayuno, se toma un batido al almuerzo, masca apio en la tarde y se come una cena pequeña en la noche. Los primeros días son duros, pero usted tiene la firme intención de perseverar. Después de una semana ha perdido 3 libras. Tiene hambre permanentemente, fantasea con comida; la segunda semana es una batalla aún más difícil. Usted lucha contra las señales de hambre todo el día, se dice a sí mismo que si puede salir triunfante de la dieta se va a sentir y a ver formidable. Al final de la segunda semana ha perdido un total de 5 libras. Todavía siente hambre todo el día, su fuerza de voluntad está siendo sometida a prueba más y más, pero sigue empeñado en su plan; dos semanas más tarde alcanza la meta de perder 10 libras. ¡Fantástico! Luego, treinta días más tarde, ¡quién lo iba a decir!, no sólo recupera las 10 libras que había perdido, sino que gana 5 más. ¿Por qué?

Durante el mes en que perdió peso, sin que usted lo supiera, su metabolismo se volvió lento de un modo considerable. Como estaba comiendo menos indujo a su cuerpo a pensar que necesitaba menos combustible para funcionar. No sólo eso, sino que como usted no estaba consumiendo suficiente agua, vitaminas, minerales, aminoácidos y carbohidratos complejos, su cuerpo comenzó a quemar proteínas para obtener energía y mucha parte del peso que perdió terminó siendo agua y músculo (masa corporal magra) en vez de su objetivo, grasa. Así que perdió 10 libras, pero al hacerlo, sin darse cuenta se montó en el efecto del yoyo.

He aquí lo que pasó desde el punto de vista metabólico. Después de perder 10 libras usted paró la dieta y sintió más hambre que nunca. Entonces empezó a comer y comió más de lo que normalmente comía antes de ponerse a dieta. ¿Por qué? Porque su cuerpo envió señales de hambre muy potentes para "detener la inanición". Peor además, como no estaba usando los activadores metabólicos que estoy a punto de enseñarle, su metabolismo comenzó a funcionar a paso de tortuga durante los treinta días de la dieta de impacto. ¿El resultado? Usted salió de la dieta quemando menos calorías de las que quemaba antes de empezarla. Si hace las cuentas —ahora está comiendo más y quemando menos— puede entender por qué recuperó con tanta rapidez las libras perdidas. Y puede culpar a su metabolismo por las 5 libras de más, porque este tuvo que bajar la velocidad cuando usted puso a funcionar su cuerpo en la modalidad de inanición. Apenas comenzó a comer de nuevo, un mayor número de calorías fueron convertidas en grasa.

Créame, todos hemos pasado por esto. Pero no se preocupe. Esto no va a pasar con la dieta Fibra35 por varias razones. Primero, este programa le enseña una fórmula de por vida que le permite comer todo el día sin excederse, cuando ha completado las fases de pérdida de peso. La fibra en la dieta le ayudará a controlar las ansias de comer de modo que cuando hayan pasado las fases de pérdida de peso no sentirá un aumento repentino del apetito. Segundo, la fórmula de la dieta Fibra35 para reducir en forma exitosa las calorías sin sabotear el metabolismo, no es complicada. Y tercero, los activadores metabólicos de la dieta Fibra35 le ayudarán a mantener encendido el fuego que quema calorías aunque usted esté comiendo menos. Además perderá principalmente grasa, no agua ni músculo.

Más aún, cuando salga de la fase dos, no regresará a los hábitos poco saludables de alimentación. Usará el plan de por vida de la dieta Fibra35 y continuará nutriendo su cuerpo con mis opciones de alimentos para una óptima nutrición. ¿Qué tan difícil parece? Espere hasta que vea lo *bien* que se sentirá. No deseará regresar nunca a su antigua forma de comer.

NO OLVIDE EL EFECTO METABÓLICO DE LA FIBRA

Una dieta rica en fibra tiene una influencia positiva sobre el índice metabólico. En un gran estudio conjunto que duró más de dos años, algunos investigadores encontraron que una dieta muy baja en grasas y calorías hacía que las personas se sintieran cansadas, hambrientas y con frío. Sin embargo, una dieta rica en fibra las hacía sentir renovadas y con más energía, a la par que protegía sus sistemas cardiovasculares. Según estos científicos, las calorías extras quemadas por el efecto metabólico de una dieta rica en fibra, podía dar como resultado la eliminación de varias libras de más al año. Calculaban que el efecto del alto contenido de fibra igualaba las calorías usadas al caminar dos kilómetros al día, es decir, 80 calorías diarias. La dieta también hizo que la sensibilidad a la insulina fuera dos veces mejor en el grupo experimental que en el grupo que sólo ingería una dieta baja en grasa.

CONOCER LOS ACTIVADORES METABÓLICOS

Desde el principio del libro se ha hablado del metabolismo. En resumen, el metabolismo, también conocido como índice metabólico, es la velocidad con la cual se queman calorías para llevar a cabo todas las funciones corporales. Cuando usted piensa, camina, digiere alimentos, o bombea sangre alrededor del cuerpo, está quemando calorías. Incluso cuando duerme, está quemando calorías. Mientras más rápido sea su metabolismo más calorías quemará de forma natural.

En realidad, cada célula del cuerpo requiere energía para cumplir su labor específica. Algunas áreas del cuerpo queman más calorías para su propio mantenimiento y funcionamiento que otras. Por ejemplo, el tejido muscular requiere mucha energía para mantenerse a sí mismo, por lo tanto, mientras más masa muscular se tenga, el metabolismo tendrá que ser más alto para poder mantener el buen estado de funcionamiento de los músculos, y quemará más calorías de modo natural.

Es fácil de entender que mientras más rápido sea el metabolismo más calorías quemará y más comida habrá que ingerir para mantener el peso. Es posible que tenga algún amigo flaco que come como un caballo y no aumenta de peso. Probablemente la razón sea que tiene un índice metabólico alto. Si usted intentó perder peso antes y a pesar de haber disminuido las calorías que consumía tuvo dificultad para hacerlo, probablemente la razón también sea su índice metabólico. Hay múltiples factores que afectan el índice metabólico, entre ellos están: la edad, el género, la estatura y la parte genética. Algunas personas, como ese amigo flaco que come tanto, poseen genéticamente poseen un metabolismo más rápido, pero muchos otros no son tan afortunados.

Por suerte, usted puede darle un vuelco total a su metabolismo con los activadores metabólicos de la dieta Fibra35. Conozcamos más a fondo estos siete componentes.

Activador metabólico 1: comer con frecuencia

Usted apenas debe estar reaccionando. ¿Cómo puedo sugerir que para perder peso necesita comer con frecuencia? Bueno, leyó bien. Cuando digo con frecuencia me refiero a cinco o seis veces al día. ¿Por qué?

El concepto se llama termogénesis alimentaria, la energía que el cuerpo necesita para digerir el alimento. La digestión es un proceso que consume mucha energía. Por ejemplo, se necesita mucho trabajo para convertir un pollo a la brasa en macronutrientes (proteínas, carbohidratos, grasas) y micronutrientes que el cuerpo pueda utilizar de modo concreto como energía. Puede imaginarse esto como un proceso, como refinar petróleo hasta obtener gasolina utilizable para hacer funcionar su auto. La refinería debe quemar energía para convertir el petróleo en el combustible que usted bombea dentro del auto en la estación de gasolina.

Cada vez que usted come, tiene que quemar calorías para poder digerir el alimento y liberar la energía que hay dentro de una comida. ¿Y sabe qué? Comer aumenta el índice metabólico. De hecho, hay estudios que han demostrado que durante el acto de comer, el metabolismo aumenta hasta en un 30% y que este efecto dura hasta tres horas más después de que se ha terminado de comer. El ayuno, de otro lado, baja el índice metabólico. La razón por la cual muchas dietas fallan es porque eliminan comidas o porque dejan transcurrir mucho tiempo entre una y otra, esto hace lento al metabolismo y disminuye la velocidad a la que se queman calorías.

La clave para maximizar la pérdida de peso cuando se reduce la ingesta calórica es encender continuamente el metabolismo a través de la termogénesis alimentaria. ¿Cómo? Comiendo porciones más pequeñas cada dos o tres horas para aumentar la frecuencia con la que el metabolismo se enciende para darle combustible al proceso digestivo. Si su metabolismo se aumenta hasta por un lapso de tres horas después de comer y usted come cada dos o tres horas, estará poniendo a funcionar el proceso de termogénesis alimentaria en forma consistente. La respuesta de la termogénesis alimentaria se desencadena con todo tipo de nutrientes: grasas, carbohidratos y proteínas. Por lo tanto, un factor muy importante en todas las fases de la dieta Fibra35 es comer cada dos o tres horas. Puede estar pensando que esto exige mucho trabajo, pero en realidad no es así. El día tiene veinticuatro horas y usted repartirá sus comidas y refrigerios en el transcurso de unas doce horas más o menos. Si desayuna a las 7:00 a.m. y a partir de esa hora come cada dos o tres horas terminará a las 7:30 p.m., con su último refrigerio. Entonces habrá comido cinco o seis veces durante el día, habrá mantenido activa la termogénesis alimentaria y, por lo tanto, habrá incrementado su metabolismo. Esto exige muy poca preparación de alimentos.

Activador metabólico 2: aumentar músculo

La masa muscular magra es en gran medida responsable de la velocidad de su metabolismo. Las células musculares son alrededor de ocho veces más exigentes desde el punto de vista metabólico que las células grasas. El músculo tiene un metabolismo más activo que la grasa porque el tejido muscular es muy activo incluso cuando se está en reposo. Por ejemplo, cuando usted está navegando en la red probablemente cree que está descansando, pero hasta los movimientos musculares más pequeños requieren gasto energético corporal. La grasa, en comparación, es más bien inactiva desde la perspectiva metabólica, sólo se queda ahí, quieta.

Mientras mayor sea la relación de masa corporal magra con respecto a la grasa, más rápido funcionará su metabolismo y más calorías quemará usted. Si quiere tener un índice metabólico más alto tiene que aumentar la masa corporal magra. Y si quiere conservar su índice metabólico mientras está reduciendo la ingesta calórica y perdiendo peso, tiene que mantener la masa muscular magra. De los siete activadores metabólicos, aumentar músculo es el más importante.

¿Cómo se construye y se mantiene la masa corporal magra? ¡Con el entrenamiento de fuerza! El entrenamiento de fuerza puede aumentar el índice metabólico hasta en un 15%. Este incremento es de gran ayuda para perder peso y para controlar el peso a largo plazo. Ahora debe estar pensando: nunca he hecho ningún tipo de entrenamiento de fuerza y no sé cómo hacerlo. No se preocupe, es fácil de aprender. Todo lo que necesita es seguir las dos rutinas de ejercicios de veinte minutos que aparecen en el capítulo 8. Denomino esto el sistema de entrenamiento de fuerza de la dieta Fibra35 (usa bandas de resistencia) y recomiendo mucho que lleve a cabo una rutina dos a cuatro veces por semana. Si usted es mujer, al leer esto puede pensar que no quiere tener un aspecto musculoso. No será así, tendrá un aspecto tonificado y para adquirirlo probablemente quemará más calorías que las que nunca antes había quemado. El entrenamiento de fuerza tiene además muchos otros beneficios. Ayuda a mantener huesos fuertes, previene la osteoporosis y se ha demostrado que reduce los signos y síntomas de ciertas enfermedades y afecciones crónicas como artritis, diabetes, obesidad, dolor de espalda y depresión.

El sistema de entrenamiento de fuerza de la dieta Fibra35 le ayudará a mantener y a ganar masa corporal magra. No hay una mejor forma de fortalecer los músculos y conseguir un mayor volumen de masa muscular magra quemadora de calorías. Este sistema, combinado con los carbohidratos adecuados, puede estimular sus músculos y mantener la masa corporal magra a cualquier edad.

Consejo sobre un suplemento nutricional: fórmula para masa muscular magra

Para reforzar el aumento de la masa muscular magra que usted construirá con mi programa de entrenamiento de fuerza puede utilizar un suplemento nutricional que contenga ingredientes naturales no estimulantes que le darán un apoyo adicional. Visite una tienda naturista cercana y pida asesoría para elegir la fórmula apropiada. Busque tres ingredientes claves: extracto de banaba, ácido linoléico conjugado (CLA) y triglicéridos de cadena media (MCT). La banaba, un extracto de una hierba filipina, afecta la masa muscular magra de manera indirecta al aumentar la sensibilidad a la insulina. Al incrementar la sensibilidad a la insulina la grasa se quema de un modo más eficiente y se crea una relación favorable grasa-músculo magro.

El ácido linoléico conjugado es una forma del ácido linoléico, un ácido graso esencial que se encuentra fundamentalmente en alimentos de origen animal. Numerosos estudios en humanos y animales han confirmado que el CLA disminuye la grasa abdominal y aumenta el crecimiento muscular. Tiene el beneficio adicional de incrementar el índice metabólico y, al igual que la banaba, puede aumentar en forma prolongada la sensibilidad a la insulina y el control glicémico, por consiguiente ayuda a controlar el peso. Es importante darse cuenta de que el CLA promueve la pérdida de grasa y no necesariamente la pérdida de peso. En un estudio se encontró que cuando las personas que estaban a dieta retomaban una alimentación normal y recuperaban el peso perdido, los que estaban ingiriendo CLA tendían a ganar músculo en vez de grasa. Se ha establecido además, que la efectividad del CLA para reducir masa de grasa y aumentar músculo magro mejora con el ejercicio regular.

Las investigaciones han demostrado que una dieta rica en triglicéridos de cadena media (MCT) que son una clase de ácidos grasos en su mayoría derivados de los aceites láuricos (por ejemplo los aceites de coco y de palma), da como resultado una pérdida mayor de tejido graso que una dieta compuesta en su mayoría por ácidos grasos de cadena larga que son los que se consumen más comúnmente. Comparados con otras grasas los MCT, por tener una cadena más corta, son más fáciles de digerir, tienen un contenido calórico algo menor y pueden aumentar la combustión de calorías. Adicionalmente, estimulan el metabolismo, aumentan la acción de la insulina y hacen que la sensación de saciedad aparezca más rápido.

Activador metabólico 3: ejercicio aeróbico

El ejercicio aeróbico eleva el metabolismo de un modo considerable. Aunque es posible perder peso sin hacer ejercicio, una rutina regular de ejercicios, tres veces por semana, por lo menos treinta minutos por sesión, acelera en gran medida la pérdida de peso. Más importante aún, al ejercitarse, usted recibe todos los beneficios para la salud asociados con el ejercicio. Pero por encima de todo, el ejercicio es una bendición para el sistema cardiovascular.

El ejercicio aeróbico ayuda a perder peso y estimula el metabolismo de tres maneras. Primero, eleva el metabolismo durante el periodo de ejercicios y quema un número significativo de calorías extras. Una rutina estándar de ejercicio aeróbico de cuarenta y cinco minutos quema 350 calorías extras. Si usted se ejercita tres veces a la semana durante cuarenta y cinco minutos, quemará 1,050 calorías durante las sesiones. Al cabo de un mes esto suma 4,200 calorías o más de una libra. Al cabo de un año son 12 libras.

Segundo, si el ejercicio es de alta intensidad (es decir que provoca un aumento significativo del ritmo cardíaco y respiratorio) el metabolismo se mantendrá elevado por un periodo extendido de tiempo, es decir, usted seguirá quemando calorías a una velocidad acelerada incluso después de finalizar el ejercicio.

Tercero, el ejercicio aeróbico conserva la masa muscular magra que es de gran importancia durante la fase de pérdida de peso. Su objetivo es perder grasa, no músculo. Algunos ejercicios aeróbicos aumentan la masa muscular magra, pero muchos no lo hacen. Por esta razón, el ejercicio aeróbico se debe combinar con el entrenamiento de fuerza para aumentar la masa muscular magra y, a la vez, obtener el beneficio de la combustión inmediata de calorías del ejercicio aeróbico.

Aunque el entrenamiento de fuerza, sin duda alguna, puede ser realizado a un ritmo que se considere aeróbico, en casi todos los casos es anaeróbico. El entrenamiento de fuerza con toda certeza puede elevar el ritmo cardíaco y ayudar a quemar algunas calorías extras, pero lo más importante es que aumenta la masa muscular magra que a su vez aumenta el índice metabólico para ayudar a quemar más calorías veinticuatro horas al día. Al conjugar la actividad aeróbica con el entrenamiento de fuerza usted recibirá el máximo beneficio.

La clave para el programa de ejercicio aeróbico es encontrar uno o dos ejercicios que usted disfrute porque así tendrá una mejor disposición para hacerlos. Deberá ejercitarse tres veces por semana en sesiones de por lo menos treinta minutos. A continuación hay una tabla que muestra diversos ejercicios y el número de calorías que se queman en una sesión de una hora.

Calorías quemadas en 1 hora de ejercicio

Ejercicio	Calorías quemadas
Aeróbicos, general	422
Aeróbicos, bajo impacto	352
Aeróbicos, alto impacto	493
Baile, aeróbico, general	422
Bicicleta ritmo pausado, < 10mph (millas por hora)	281
Bicicleta ritmo moderado, 10 -14 mph	563
Bicicleta ritmo vigoroso, 14-16 mph	704
Caminar, 2 mph, paso lento	176
Caminar, 3 mph, paso moderado	246
Caminar, 4 mph, paso muy ligero	281
Correr 7 mph (8.5- minutos milla)	809
Correr 8.6 mph (7-minutos milla)	985
Correr, a toda marcha 10 mph (6-minutos milla)	1126
Ejercicio en un gimnasio, general	387
Escalera/caminador, general	422
Golf, caminada (sin carro de golf)	281
Jardinería, actividad moderada	352
Levantamiento de pesas, leve/moderado	211
Levantamiento de pesas, pesado	422
Máquina de remar, esfuerzo leve	493
Máquina de remar, esfuerzo moderado	598

Máquina de remar, esfuerzo vigoroso	844
Natación, piscinas estilo libre, moderado	563
Natación, piscinas estilo libre, rápido	704
Patinaje en el hielo, general	387
Estiramiento, hatha yoga	281
Tai-chi	281
Trote 5 mph (12- minutos milla) o menos	493

Consejo sobre un suplemento nutricional: fórmula termogénica

El ejercicio por sí solo puede elevar el metabolismo al aumentar la termogénesis (producción de calor en el cuerpo), un suplemento nutricional termogénico bien formulado puede reforzar este efecto. La composición ideal de una fórmula que aumente la energía debe incluir una variedad de sustancias naturales que optimicen la actividad de la glándula tiroides (que regula el metabolismo), incrementen la combustión de grasa, regulen los niveles de azúcar sanguíneo y de insulina y supriman el apetito. En una tienda naturista especializada en suplementos podrán asesorarlo para encontrar uno que sea adecuado. Es pertinente también que antes de comenzar el programa de ejercicios consulte con su médico y estudie con él estos suplementos. Los ingredientes que debe buscar en una fórmula termogénica incluyen iodina, tirosina, extracto de té verde, banaba y extracto de corteza de naranja agria.

El mineral iodina y el aminoácido tirosina son importantes reguladores de la tiroides. Las anomalías en el metabolismo de la iodina, que pueden generar una enfermedad de la tiroides y obesidad, pueden ser prevenidas a través de la ingestión de algas marinas. Este es un suplemento natural que proporciona iodina para regular el funcionamiento de la glándula tiroides y balancear el metabolismo. La tirosina, como precursor directo de la hormona tiroidea, es un ingrediente importante en la pérdida de peso, también ayuda a regular el apetito.

El extracto de té verde ha sido muy aclamado en los últimos años a raíz de algunos estudios que demuestran su efecto potencial para elevar el metabolismo y ayudar en la oxidación de grasas. Se ha demostrado también que puede servir para controlar el peso corporal porque ayuda a reducir las grasas sanguíneas o colesterol y a equilibrar el azúcar en la sangre.

La banaba, además de estar presente en las fórmulas para masa muscular magra, también puede contribuir a regular los niveles de azúcar sanguíneo. Por esta razón es frecuente encontrarlo en las fórmulas termogénicas.

El extracto de corteza de naranja agria contiene compuestos que ayudan a estimular el metabolismo como lo hace la yerba mate de Suramérica, que también suprime el apetito. Otros ingredientes naturales que pueden prestar ayuda para bajar de peso incluyen el extracto de hojas de bambú y el DMAE (dimetil amino etanol), un químico natural del cerebro.

Nota: usted va a recibir mucha información sobre suplementos en el capítulo 10. Sin embargo, no encontrará instrucciones específicas sobre la cantidad que debe ingerir y con qué frecuencia debe hacerlo. Antes de comenzar un régimen de suplementos debe discutirlo con su médico; también le recomiendo buscar una persona educada e informada que le brinde asesoría para elegir una fórmula apropiada. No todas las fórmulas son iguales y no todas contienen los mismos ingredientes. Siga siempre las recomendaciones y las instrucciones de las etiquetas.

Activador metabólico 4: agua, agua, agua

Para usted no es ningún secreto que necesita beber ocho o más vasos de agua al día; después de todo, el agua es esencial para cada función del organismo. ¿Pero sabía usted que el agua ayuda a perder peso? Algunos investigadores en Alemania midieron el índice metabólico en reposo de catorce hombres y mujeres antes y después de que se tomaran 16 onzas de agua. Después de diez minutos el metabolismo comenzó a aumentar y después de cuarenta minutos el índice metabólico en reposo se había incrementado hasta en un 30%. Este aumento se mantuvo hasta por una hora. Sin embargo, aún no se sabe con exactitud por qué sucede esto.

Mientras esté limitando la ingesta de calorías (e incluso cuando no lo esté haciendo), debe asegurarse de tomar un vaso de agua cada hora o cada dos horas, es decir, un total de ocho a doce vasos de agua al día. Una pauta general, que ya había mencionado, es tomar una cantidad diaria equivalente a la mitad de su peso en onzas. Si pesa 150 libras, debe tomar 75 onzas de agua al día. Esto garantiza que se le está suministrando más combustible al fuego metabólico para que la maquinaria de combustión de calorías siga funcionando. Tenga siempre presente que tomar agua fría puede aumentar el metabolismo aún más que tomar agua a temperatura ambiente porque el cuerpo tendrá que gastar más energía para calentarla hasta la temperatura corporal.

Hay algo más que debe saber sobre el agua. Muchas personas confunden el hambre con la sed. En vez de tomar agua suficiente, responden a la sed como si fuera una punzada de hambre y comen. En esencia, tomar agua en abundancia ayuda a reducir la percepción equivocada del hambre, y ayuda a comer menos. Además, como el agua ocupa tanto volumen en el estómago, es una buena idea tomarse un vaso grande de agua antes de comer; esto puede contribuir a disminuir la cantidad de alimento que se ingiere en la comida. Le recomiendo que se tome un vaso de agua treinta minutos antes de una comida para preparar el estómago para el alimento. Luego, durante la comida, tome sorbitos de agua mientras disfruta de su alimento. No tome demasiada agua mientras come porque esta podría diluir los ácidos gástricos y ocasionar problemas digestivos.

AGUA CON LAS COMIDAS

Tómese un vaso de agua más o menos treinta minutos antes de comer para preparar el estómago; luego, de vez en cuando, tome sorbitos de agua durante la comida. Pero no tome demasiada agua mientras come porque podría diluir los ácidos gástricos y entorpecer la digestión.

Activador metabólico 5: ocho horas de sueño

Si duerme más, ¿pesará menos? El conjunto de pruebas que apunta al *sí* continúa creciendo, demostrando que el sueño podría ser tan importante para conservar el peso ideal como la comida que se ingiera y la cantidad de ejercicio que se haga.

El conocimiento sobre el poder del sueño se ha esclarecido en los últimos años. A finales de 2004, comenzaron a salir a la luz estudios que demostraban una estrecha conexión entre los patrones de sueño del sujeto y su capacidad para perder peso, esto despertó un nuevo interés público por el sueño. Dos estudios reveladores, uno de la Universidad de Chicago y el otro de la Universidad de Stanford, demostraron los efectos del sueño en el equilibrio de dos hormonas importantes encargadas de informarle al cuerpo si está lleno o hambriento.

Una de estas hormonas, la leptina, es liberada por las células grasas para indicar el nivel de reservas de grasa disponible en el cuerpo. La otra hormona, la grelina, es liberada por el estómago para dar la señal de hambre. La leptina dice: "Para de comer", mientras la grelina dice: "Aliméntame". Cuando usted tiene un déficit de sueño, los niveles de leptina se disminuyen y los niveles de grelina se aumentan. Un nivel más bajo de leptina le dice al cuerpo que no hay suficiente grasa almacenada y un nivel más elevado de grelina le dice al cuerpo que usted tiene hambre. Juntas, le envían señales al cerebro de que el cuerpo necesita más energía y entonces este emite señales que suelen dar como resultado un asalto a la cocina para atiborrarse de comida. A partir de estos primeros estudios se publicaron muchos otros que comprueban los efectos perjudiciales que la falta de sueño puede tener en el metabolismo y en la capacidad que se tiene para controlar las ansias de comer. Si alguna vez ha tenido dificultades para controlar las ansias de comer refrigerios dulces o carbohidratos después de pasar una mala noche, puede culpar a la falta de sueño y al consecuente desequilibrio de las hormonas del apetito que recorren su cuerpo.

Sin embargo, aparte de estos factores hormonales, hay una relación práctica entre el sueño y la pérdida de peso que vale la pena anotar. Enfréntelo: cuando usted no duerme lo suficiente, al día siguiente, tiene menos energía. Esto puede tener una influencia negativa sobre dos factores: el consumo de alimentos y la actividad física. Cuando el cuerpo se siente cansado por falta de sueño, trata de aumentar la energía consumiendo alimentos. Es en ese momento que las ansias de comer sal, grasas y azúcar atacan con fuerza. Y cuando usted está cansado es probable que haga menos actividad física y, con ello, ralentiza aún más su metabolismo.

La idea fundamental es que recibir ocho horas completas de sueño es vital para mantener el metabolismo, no importa en qué fase de la dieta se encuentre. Si es posible, aumente el sueño a nueve horas en la fase uno y en la fase dos. Sé que es difícil contar con todo este tiempo, pero si en estas fases usted elige el sueño en vez de la televisión o la lectura, su metabolismo se lo agradecerá y su pérdida de peso mejorará.

CONSEJO SOBRE UN SUPLEMENTO NUTRICIONAL: AYUDAS NATURALES PARA EL SUEÑO

En la actualidad muchas personas presentan dificultades para conciliar el sueño o para dormir toda la noche. Algunas optan por píldoras para dormir que pueden ayudar a corto plazo pero que a largo plazo pueden presentar muchos riesgos, entre ellos la dependencia química o psicológica. Es interesante anotar, que una de las principales conclusiones a la que llegan todos los estudios sobre insomnes es que estos están en mejores condiciones sin las píldoras para dormir que con ellas.

Sin embargo, en lugar de las píldoras para dormir hay alternativas seguras. Se puede mejorar la capacidad para conciliar el sueño o dormir toda la noche usando un suplemento nutricional bien formulado que ofrezca una combinación de vitaminas, minerales, hierbas y otros ingredientes naturales comprobados, para regular el ciclo de sueño de una forma natural y segura. Busque una fórmula que contenga los ingredientes descritos más adelante. (Recuerde que es importante consultar con su médico antes de comenzar un régimen con cualquier suplemento, sobre todo, si usted toma alguna medicina recetada que pudiera presentar posibles incompatibilidades con los componentes del suplemento.)

Una fórmula de estas contiene minerales como calcio y magnesio porque ambos tienen un efecto tranquilizante sobre el cerebro. Se ha demostrado que la deficiencia de magnesio produce insomnio porque altera la actividad eléctrica del cerebro. El calcio ayuda a convertir el aminoácido triptofano en melatonina, una hormona natural que puede producir somnolencia. Una fórmula que tenga también una pequeña cantidad de melatonina, que es secretada en forma natural por la glándula pineal en la noche para ayudar a inducir el sueño, puede ser particularmente efectiva en la regulación de los ciclos de vigilia y sueño. La adición de 5-HTP, un precursor directo de la serotonina, el químico cerebral que da la sensación de bienestar, también puede contribuir. La serotonina no sólo se conoce porque mejora el sueño sino también porque ayuda a combatir la depresión, a bajar de peso y a regular el apetito.

Dos vitaminas del complejo B, la niacina y el inositol, juegan un papel importante en la inducción del sueño. Al igual que otros miembros de la familia B, estas vitaminas ayudan a reducir la ansiedad que puede ser un motivo de desvelo. La niacina también favorece el sueño porque participa en la síntesis de serotonina. El inositol también ayuda a regular este importante neurotransmisor.

Hay una serie de hierbas en el mercado que por su efecto moderado como sedantes se pueden emplear en forma segura para mejorar la calidad del sueño. Entre estas están la raíz de valeriana, la pasionaria, el lúpulo, el toronjil, la camomila y la escutelaria.

Activador metabólico 6: sauna

Este puede parecer un componente extraño en la lista de activadores metabólicos, pero tomar un baño sauna eleva el índice metabólico. Así es. Usted puede quemar calorías extras relajándose con un buen libro o simplemente en el calor. Funciona de la siguiente manera.

Sudoración y calorías

Usted sabe, por experiencia, que cuando el cuerpo se calienta, trata de enfriarse sudando. El calor que provoca la transpiración puede ser generado internamente a partir del ejercicio y otras actividades, o puede ser estimulado por una fuente externa de calor, como el sol o una sauna. La evaporación del sudor provoca una pérdida de calor desde el cuerpo.

A medida que la piel se moja con el sudor, el calor es transferido al líquido en la superficie. Cuando el sudor se calienta lo suficiente se convierte en vapor (se vuelve gas). Al irse moviendo de la piel al aire se lleva calor de la superficie de la piel, y en este proceso va enfriando el cuerpo. El cuerpo emplea 0.568 calorías para evaporar 1 gramo de sudor. Esto significa que mientras más sude más calorías quemará. El único límite de esto es la velocidad a la que se puede evaporar el sudor. El sudor se produce a partir del líquido linfático y a medida que este circula fuera del cuerpo se van eliminando toxinas.

Saunas

Los baños sauna son perfectos para las personas que no pueden o no desean hacer ejercicio, o como un activador para quienes sí se ejercitan. La sauna no sólo hace sudar, sino que el calor que produce también incrementa el índice metabólico que, a su vez, hace que se quemen más calorías. A medida que el cuerpo se calienta, se enfría a sí mismo enviando sangre de los órganos internos hacia las extremidades y más cerca de la superficie de la piel. Esto, a su vez, calienta la piel y ese calor es extraído y alejado del cuerpo cuando se evapora como sudor. Todo este proceso aumenta el ritmo cardíaco, el gasto cardíaco y el índice metabólico tanto como lo hace el ejercicio. ¿Esto significa que debe usar una sauna en vez de hacer ejercicio? De ningún modo, porque no obtendría los beneficios asociados al aumento del ritmo cardíaco y al fortalecimiento de los músculos. Pero es una forma magnífica de mejorar su programa metabólico.

Las saunas más comunes se clasifican como de calor radiante o de calor radiante por infrarrojos lejanos. Las saunas de calor radiante, por lo general, son cajas o cuartos de madera o de azulejos con rocas que pueden ser calentadas con agua caliente o electricidad. Este tipo de sauna funciona de manera indirecta. Calienta el aire y luego el aire calienta a la persona; se necesitan temperaturas entre 160 y 180° F para inducir una sudoración profusa. Este aire caliente es incómodo para la piel y los pulmones y exige salir y entrar con frecuencia para conseguir los beneficios cardiovasculares y de transpiración sin recalentarse, puesto que esto podría provocar dolores de cabeza o problemas más serios.

La sauna de calor radiante por infrarrojos lejanos utiliza un cuarto de madera dura blanca y corriente eléctrica para calentar las varillas o los paneles que emiten rayos invisibles infrarrojos lejanos que tienen amplitudes de onda que son absorbidas de manera más profunda por el cuerpo. Estos rayos infrarrojos lejanos (FIR) no calientan el aire, sino que son absorbidos *directamente* por la persona que está dentro de la sauna. Esto la hace sudar copiosamente en una temperatura entre 100 y 140° F. Los rayos infrarrojos lejanos son utilizados en los hospitales para calentar a los bebés prematuros en las incubadoras, son producidos de manera natural por el sol y, sin embargo, son lo suficientemente fuertes y efectivos para ayudar a aliviar dolores y rigideces musculares, eliminar toxinas del cuerpo y suministrar una sesión de ejercicio cardiovascular seguro.

En efecto, ambos tipos de sauna tienden a parecerse al ejercicio porque elevan el ritmo y el gasto cardíaco y producen sudoración profusa. El resultado es un incremento en la actividad metabólica general, con eliminación de toxinas fuera del cuerpo por el sudor y por excreción vía hepática, renal e intestinal. Además, el sauna aumenta la producción de óxido nítrico sintetasa arterial (NOS) de la misma manera que lo hace el ejercicio. El NOS es una enzima que convierte la arginina en óxido nítrico en las arterias. Esto promueve un mejor flujo sanguíneo a través del sistema vascular. Hace poco se comprobó que la terapia con sauna es útil en el tratamiento de la insuficiencia cardíaca congestiva.

Es importante aumentar en forma gradual el tiempo en la sauna y tomar suficiente agua para mantener la sudoración. Una pauta sencilla es consumir agua suficiente como para tener que usar el baño al salir de la sauna. Permanecer en la sauna (especialmente el FIR) de 30 minutos a una hora varias veces a la semana, puede ser muy beneficioso en un programa de mantenimiento de peso. Hoy en día, hay saunas portátiles de infrarrojos lejanos en el comercio. Las unidades portátiles son mucho más asequibles y más fáciles de manejar para uso individual.

Activador metabólico 7: desintoxicación

Como hemos visto, hay muchos factores que juegan un papel importante en la pérdida y en el manejo del peso. Los estudios clínicos han comenzado a demostrar que las toxinas químicas son uno de estos factores.

Varios estudios han demostrado que las toxinas vuelven lento el índice metabólico del cuerpo; disminuyen la saciedad con el consecuente aumento en la ingesta calórica y limitan la capacidad para quemar grasa. El resultado es que estas toxinas no sólo llevan a ganar peso sino que pueden reducir en forma considerable la capacidad para perder peso.

Le dediqué un capítulo completo a los efectos de las toxinas en la ganancia y pérdida de peso (capítulo 9). En ese capítulo aprenderá sobre estos efectos y los métodos de desintoxicación.

Resumen del capítulo 7

Los activadores metabólicos de la dieta Fibra35

- La fórmula metabólica de la dieta Fibra35 tiene siete componentes:

  Comer con frecuencia

  Aumentar músculo

  Ejercicio aeróbico

  Agua, agua, agua

  Ocho horas de sueño

  Sauna

  Desintoxicación

- **Cada componente es importante para maximizar la cantidad de peso que se pierde, evitar el tan temido efecto del yoyo, y mantener un peso óptimo de por vida.**

CAPÍTULO 8

El PROGRAMA DE ENTRENAMIENTO CARDIOVASCULAR Y DE FUERZA DE LA DIETA FIBRA35

Cuando usted piensa en entrenamiento de fuerza se imagina pesas pesadas y voluminosas, ¿no es cierto? Se imagina barras de pesas engorrosas y a Mr. Universo. Bueno, ese es el enfoque tradicional. Pero hay una alternativa más atractiva que ofrece los mismos beneficios al igual que varias ventajas únicas. Implica usar tubos elásticos y estirar bandas elásticas flexibles, que le proporcionan un estímulo progresivo a los músculos para ayudar a construir masa magra y aumentar la fuerza. Este enfoque, usado inicialmente en contextos de rehabilitación, está en boga en diversos escenarios deportivos y de entrenamiento físico. Uso las bandas en mi rutina diaria de ejercicios; estas se acomodan a la perfección con mi estilo de vida agitado puesto que me permiten ejercitarme cuando viajo sin tener que buscar un gimnasio o cargar pesas en mi equipaje. Además, al contrario de lo que me ocurre con algunas otras formas de ejercicio, ejercitarme con bandas no agrava mis problemas crónicos de cuello. Las personas con afecciones dolorosas pueden trabajar de varias maneras efectivas con las bandas de resistencia, en forma cómoda y segura.

En este capítulo compartiré con usted mi sencillo protocolo de veinte minutos con bandas elásticas de resistencia, está conformado por veintiséis ejercicios diferentes que puede hacer en cualquier momento y en cualquier lugar. También ofrezco una versión más larga, de cuarenta minutos, para aquellos que quieran potenciar al máximo los beneficios de esta sencilla y emocionante forma de abordar el entrenamiento de fuerza. En el directorio de recursos encontrará una lista de lugares en donde puede adquirir las bandas. Para información adicional sobre el programa de entrenamiento cardiovascular y de fuerza de la dieta Fibra35 visite www.fiber35diet.com.

ANTES DE COMENZAR

Comenzar un programa de ejercicios es emocionante y no puedo expresar con palabras cuántos beneficios obtendrá una vez que haya comenzado a poner su cuerpo en movimiento y en camino hacia un mejor estado físico. Pero también debo advertirle algunas cosas. Veo con mucha frecuencia que la gente se lanza de repente a hacer rutinas rigurosas de ejercicio que los dejan cansados, con los músculos tirantes y a veces hasta lesionados; se queman físicamente debido a la fatiga muscular y al agotamiento y pierden la motivación para seguir adelante. Se detienen en ese momento y pocos meses después miran atrás y se preguntan qué fue lo que falló.

Practicar un programa de ejercicios no debe ser así. Usted debe lograr un buen equilibrio entre la exigencia física que le hace a su cuerpo y escuchar lo que este necesita (o no necesita) a medida que va avanzando. Si hace mucho que no hace ejercicio, le recomiendo encarecidamente que hable primero con su médico. Él le ayudará a evaluar el nivel de su condición física para que no se ejercite en exceso y termine por aumentar el riesgo de lesionarse o enfermarse. Usted puede también tener limitaciones físicas que debe tener en cuenta y el médico puede asesorarlo al respecto. El ejercicio debe ser divertido, algo que usted espera con entusiasmo cada día.

Una pregunta que surge con frecuencia es: ¿cuál es la mejor hora para hacer ejercicio? Respondo: cuando pueda. Hoy en día todo el mundo tiene una vida muy agitada y horarios diferentes. Para algunos es casi imposible levantarse más temprano en la mañana para acomodar una rutina de ejercicios y para otros, sólo es posible acomodarla antes de las 8:00 a.m. Desde el punto de vista fisiológico, no hay una respuesta definitiva sobre cuál es la hora exacta ideal. Hay argumentos a favor tanto de las rutinas matutinas como de las vespertinas, por varias razones. A esto también hay que sumarle el hecho de que el cuerpo de cada uno es diferente del de los demás. El ejercicio puede estimular a una persona y hacerla sentir despierta durante horas, mientras que puede no tener un efecto tan fuerte sobre otro individuo. El mayor reto para casi todas las personas es sacar tiempo para hacer ejercicio, independientemente de la hora del día. Recomiendo que haga la prueba a diferentes horas y observe cómo se siente y qué se acomoda mejor a su horario personal. Escoja lo que le dé resultado, es tan simple como eso. Sin embargo, trate de programar las sesiones antes de las comidas para que su organismo pueda hacer una digestión adecuada. Si escoge ejercitarse después de una comida trate de esperar al menos dos horas, sobre todo si va a hacer una actividad cardiovascular intensa y si consumió una comida completa.

Tenga en mente también que los beneficios del ejercicio son acumulativos. Así que no tiene que invertir una hora completa en una sesión. Puede dividir a lo largo del día el tiempo que le dedique al ejercicio. Un poco allá, un poco acá. ¡Todo eso se suma!

Qué ponerse

Consiga ropa deportiva cómoda. Por suerte, en la actualidad se cuenta con numerosas opciones de ropa para hacer ejercicio, o lo que los comerciantes llaman ropa deportiva. Me encantan las telas respirables que eliminan el sudor de la piel y lo mantienen a uno seco y cómodo. No hay problema en empezar con una vieja camiseta y unos pantalones cortos; después puede aventurarse a ir a un almacén para ver otras opciones. Aparte de tiendas independientes especializadas en ropa deportiva, casi todas las tiendas por departamento tienen secciones completas dedicadas a este tipo de prendas. A las mujeres les sugiero que inviertan en un sostén deportivo que les brinde soporte adicional. Use zapatos cómodos. Los tenis clásicos o los zapatos diseñados para correr son una buena opción. Evite cualquier cosa que tenga suela dura. Es aconsejable buscar unos zapatos que sean flexibles y que le permitan moverse con soltura y comodidad.

BANDAS DE RESISTENCIA

A diferencia de las máquinas para hacer ejercicio y las pesas, las bandas no dependen de la fuerza de gravedad para ofrecer resistencia. Es el estiramiento de las bandas el que crea la resistencia: mientras más la estire, mayor es la resistencia. ¡Es así de sencillo!

Una sola banda basta para llevar a cabo una cantidad de ejercicios que van a fortalecer cada uno de los principales grupos musculares de su cuerpo. Incluso puede trabajar sobre algunos músculos específicos como el manguito rotador de la articulación del hombro que las máquinas no alcanzan a mover. Las bandas no sólo aumentan la fuerza, sino que ayudan a construir flexibilidad, potencia, equilibrio y velocidad. El resultado es que estas bandas de resistencia de goma elástica sencillas, livianas y económicas, pueden ayudarle a quemar grasa y simultáneamente a aumentar su masa muscular magra y a mejorar su estado físico general.

La ventaja del entrenamiento de fuerza y de las bandas de resistencia

Independientemente de si usa las bandas o elige un enfoque más tradicional para el entrenamiento de fuerza, usted puede esperar experimentar una serie de beneficios como:

- Prevención de lesiones a través de la corrección de desequilibrios musculares.

- Demora (o incluso inversión) de la pérdida de masa muscular que se genera con el envejecimiento.

- Disminución del colesterol total y mejoramiento de la relación colesterol bueno-colesterol malo (reduciendo el riesgo de enfermedad cardíaca).

- Aumento en la densidad ósea.

El uso de bandas de resistencia ofrece todos los beneficios anteriores y además:

- Son portátiles

- Son económicas

- Permiten libertad de movimiento

La facilidad para transportar las bandas se debe a que de hecho sólo pesan unas pocas onzas y no ocupan mucho espacio, se acomodan con facilidad en cualquier maletín o cartera. Usted puede hacer todo un programa de ejercicios usando sólo un par de bandas con diferentes grados de resistencia. También puede integrar artículos domésticos comunes como palos de escoba, sillas pequeñas y bancos para mejorar el efecto. No necesita demasiado espacio para hacer la rutina.

Con la ayuda de las bandas de resistencia, su casa se convierte en un gimnasio sin necesidad de realizar grandes modificaciones ni de sumarle cosas. Montar un gimnasio de este tipo con tubos elásticos tiene un costo asombrosamente bajo: menos de 75 dólares. ¡Incluso puede hacerlo con mucho menos porque puede sacarle muchas millas a una sola banda, con una inversión de menos de cinco dólares!

La libertad de movimiento que estas bandas ofrecen es inherente al hecho de que pueden ser ajustadas para que se acomoden al tamaño y forma del cuerpo y ser usadas en casi cualquier posición. Con la ayuda de bandas de resistencia usted podrá ejercitar casi todos los grupos musculares, incluso los más pequeños. El fortalecimiento de estos puede ayudarle a prevenir lesiones.

Términos básicos

Antes de pasar a los detalles de mi rutina con las bandas de resistencia quiero que se familiarice con algunos términos y conceptos básicos como *repeticiones* y *series*. Una repetición (o rep.) es simplemente el número de veces que se lleva a cabo un movimiento dado. Cuando usted hace varias repeticiones de un mismo movimiento, una tras otra, está haciendo una serie. La rutina básica con bandas (de veinte minutos) consiste en hacer una serie de quince a veinte repeticiones para cada ejercicio individual.

El número de series y de repeticiones ayuda a establecer la intensidad —o cantidad de estrés— sobre un músculo. El tiempo que se descansa entre las serie también va a influir en la intensidad. Sin embargo, el factor que más influye en la intensidad es la resistencia del tubo elástico. Esto es en gran parte una medida subjetiva que varía de un individuo a otro.

El último término que necesita conocer es *recuperación*. El periodo de recuperación es la cantidad de tiempo que se deja entre rutinas que involucran los mismos grupos musculares. Con base en el objetivo de este programa se ha dividido el cuerpo en dos grandes grupos musculares: el cuerpo superior y el inferior. Si usted hace una rutina completa que involucre ambos grupos musculares, debe dejar pasar al menos un día entre las rutinas. Esto significa ejercitarse tres días no consecutivos a la semana. Otra opción es dedicarle un día a un grupo de músculos y al día siguiente hacer una rutina para el otro grupo. Por ejemplo, el lunes y el miércoles puede trabajar la parte superior del cuerpo y el martes y jueves la parte inferior. En este caso usted puede aumentar el número de series para completar el tiempo o mantenerlas constantes si está escaso de tiempo. Es fundamental que recuerde que *no* debe ejercitar un mismo grupo muscular dos días seguidos: siempre sáltese un día después de hacer una rutina para todo el cuerpo.

Ajustar las bandas

El grosor de las bandas determina la cantidad de resistencia. La intensidad de una sesión de ejercicios aumenta con el grosor de las bandas. Así que al variar el grosor usted puede controlar la cantidad de resistencia y adaptar un programa con base en sus necesidades individuales. En términos generales es aconsejable que empiece con bandas más delgadas y avance hacia bandas más gruesas a medida que se fortalezca. Algunos ejercicios exigirán más resistencia que otros y, por lo tanto, lo inducirán a cambiar de banda. Un buen juego de bandas de resistencia para un principiante puede constar de dos o tres tamaños diferentes.

Una banda y ¡listo!

Un factor muy importante que se debe tener en cuenta para trabajar con las bandas, sobre todo cuando se viaja, es que un extremo de la banda debe estar anclado a algo sólido para poder usarla en forma efectiva y segura. Cualquier objeto sólido funciona. Si está afuera puede ser un árbol y si está adentro, puede ser una puerta. Recomiendo usar un "ancla de puerta". Esta es una tira de lona de nylon muy resistente que se dobla a la mitad para formar un ojal y se pone en la bisagra, a un lado, o encima de una puerta. Al cerrar la puerta el ancla queda fijada firmemente en posición y allí se ensarta la banda elástica para mantenerla fija de un modo seguro. Cuando haya invertido en un ancla de puerta estará listo para empezar. ¡Mientras haya una puerta cercana usted podrá montar su "gimnasio"!

Estiramiento y enfriamiento

Hace mucho tiempo el estiramiento se solía hacer antes del ejercicio como un calentamiento. Esta ya no es la idea. Los expertos están de acuerdo ahora en que el estiramiento debe realizarse sólo después de que se haya trabajado un músculo. Esto se debe a que una vez que se ha usado el músculo es mucho más fácil estirarlo ya que tiene una temperatura basal más elevada y, por ende, un mayor flujo sanguíneo. Al estirar un músculo fatigado se previenen las contracturas, se aumenta la flexibilidad y se le ayuda a recuperarse más rápidamente. Obtendrá un mayor beneficio de cada estiramiento si lo sostiene entre treinta y sesenta segundos.

Es recomendable que incorpore los estiramientos en el periodo de enfriamiento a continuación de la sesión de ejercicios. Es entonces cuando las funciones corporales se están estabilizando, el ritmo cardíaco previamente elevado se está normalizando de nuevo, y se deja de transpirar. Durante este periodo, es aconsejable que tome agua y que se relaje en un ambiente silencioso, mientras estira con suavidad sus músculos fatigados, un grupo a la vez.

Precaución: si algunos de estos ejercicios le producen dolor o son incómodos para usted, no los haga. Antes de comenzar un programa de ejercicios siempre consulte con su médico. Usted fácilmente puede llevarle esta rutina a su médico para someterla a aprobación.

RUTINA DE EJERCICIOS

Mi rutina para la parte superior del cuerpo incluye tres ejercicios para la espalda y el pecho, cuatro para los hombros, dos para los bíceps y tres para los tríceps. Estos ejercicios y los principales músculos que participan en ellos están enumerados a continuación:

Ejercicios y músculos que participan: parte superior del cuerpo

Espalda

Jalón frontal	Dorsal ancho (latissimus dorsi)
Remo bajo	Músculo redondo mayor
Jalón con brazo recto	Trapecio, romboides mayor, deltoides posterior, tríceps braquial

Pecho

Flexiones de pecho	Pectoral mayor
Prensa de pecho	Deltoides anterior
Apertura de pecho	Tríceps braquial

Hombros

Prensa de hombros	Deltoides anterior, medio y posterior
Elevación lateral	Músculo redondo mayor y menor
Encogimiento de hombros (opcional)	Trapecio
Apertura inversa	Músculo infraespinoso

Bíceps

Flexión de bíceps	Braquial anterior
Flexión alterna de bíceps	Bíceps braquial

Tríceps

Jalón de tríceps	Vasto medial del tríceps
Extensión de tríceps, manos por detrás de la cabeza	Vasto largo del tríceps
Patada de tríceps	Vasto lateral del tríceps

Mi rutina para la parte inferior del cuerpo incluye ocho ejercicios diseñados para trabajar los músculos de las piernas y tres para trabajar los músculos abdominales como se indica a continuación.

Ejercicios y músculos involucrados: parte inferior del cuerpo

Piernas

Sentadilla	Recto anterior, vasto externo, vasto intermedio, glúteo medio, glúteo mayor
Zancada inversa	Recto anterior, vasto externo, vasto intermedio, glúteo mayor
Sentadilla más amplia	Vasto externo, recto anterior, vasto interno, aductor, recto interno, glúteo mayor
Peso muerto	Semitendinoso, bíceps femoral, semimembranoso, glúteo mayor
Abducción de cadera y parte externa del muslo	Glúteo medio, glúteo mayor, tensor de la fascia lata
Extensión de cadera en el piso	Glúteo mayor, bíceps femoral
Abducción parte interna del muslo	Aductor mediano, aductor mayor, recto interno, pectíneo
Elevación de la pantorrilla	Cabeza lateral y medial de los gemelos, sóleo

Abdominales

Flexión abdominal, manos por detrás de la cabeza	Recto abdominal, oblicuos
Cortar leña	Recto abdominal
Inclinaciones laterales	Oblicuos

Si usted elige trabajar el tren superior y el tren inferior en la misma sesión es recomendable que haga ya sea una serie de cada uno de los ejercicios descritos arriba (de quince a veinte repeticiones cada una), para una sesión de veinte minutos o dos series de cada uno, para una sesión de cuarenta minutos. Asegúrese de descansar por lo menos un día entre las rutinas, y de hacer al menos tres rutinas semanales. Si desea trabajar con más frecuencia entonces alterne las rutinas del tren superior con las rutinas del tren inferior. Si hace esto puede trabajar de un modo seguro todos los días si así lo decide. Sin embargo, tres veces por semana es suficiente.

PROGRAMA PARA LA PARTE SUPERIOR DEL CUERPO

Para la espalda

Jalón frontal

Ancle la mitad de la banda en la parte de arriba de la puerta. Párese o arrodíllese en el piso de frente al ancla y tome ambas agarraderas de la banda con las manos en pronación y las palmas mirando hacia el suelo. Las manos deben estar ligeramente más separadas que el ancho de los hombros y los brazos extendidos al frente (no más arriba de la cabeza). Inclínese un poco hacia atrás (cerca de 10 grados) y hale la banda hacia los lados del pecho. Exhale a medida que hala hacia abajo. Devuelva el movimiento despacio a medida que inhala manteniendo el cuerpo quieto. Repita de quince a veinte veces seguidas. Si va a hacer dos series no descanse más de treinta segundos entre una y otra.

Remo bajo

Ancle la banda en la puerta a nivel de la cintura. Mirando la puerta de frente tome ambos extremos de la banda con un agarre en pronación y las palmas mirándose entre sí. Dé unos pasos hacia atrás para tensar la banda. Doble un poco las rodillas, enderece la espalda, apriete los músculos abdominales y hale la banda hacia usted tanto como pueda, manteniendo los brazos pegados a los lados. Exhale mientras hace esto; inhale mientras va regresando la banda a la posición inicial. Repita de quince a veinte veces seguidas. Si va a hacer dos series no descanse más de treinta segundos entre una y otra.

Jalón con brazo recto

Ancle la banda en la parte superior de la puerta. Párese a un brazo de distancia de la puerta con los brazos extendidos frente a usted. Tome los extremos de la banda con un agarre en pronación y separe los brazos un poco más que el ancho de los hombros. Exhale y mantenga los brazos tan rectos como pueda mientras hala ambos extremos de la banda hacia abajo, deteniéndose en las caderas. Inhale a medida que devuelve la banda a la posición original. Repita de quince a veinte veces seguidas. Si va a hacer dos series no descanse más de treinta segundos entre una y otra.

Para el pecho

Flexiones de pecho

Tome la posición tradicional para hacer flexiones en el piso: las palmas de las manos sobre el piso, separadas un poco más que el ancho de los hombros, piernas rectas con el peso en la parte anterior de la planta del pie; pies separados por unas pocas pulgadas. Si le es difícil hacer este ejercicio modifique la posición básica, apoyando las rodillas en el suelo y no la parte anterior de la plantas del pie. Inhale cuando baje el cuerpo hacia el piso; exhale a medida que lo levanta. Repita de quince a veinte veces seguidas. Si va a hacer dos series no descanse más de treinta segundos entre ellas. Nota: con este ejercicio no se usan bandas.

Prensa de pecho

Ancle la banda en una puerta a la altura del pecho. Párese de espaldas a la puerta con los pies separados al ancho de los hombros y un pie un poco más adelante que el otro, sostenga un extremo de la banda en cada mano. Empuje los brazos hacia el frente, extendiéndolos en toda su longitud a medida que exhala. Inhale mientras los brazos regresan a la posición inicial. Repita de quince a veinte veces seguidas. Si va a hacer dos series no descanse más de treinta segundos entre una y otra.

Apertura

Ancle la banda a un lado de la puerta, más o menos, a la altura de los hombros. Párese con un pie delante del otro, de espaldas a la puerta. Tome un extremo de la banda en cada mano con un agarre en pronación, inclínese hacia delante cerca de 30 grados. Doble los codos ligeramente mientras hala las agarraderas llevándolas hacia el centro y al frente suyo describiendo un movimiento circular. Exhale mientras lleva a cabo este movimiento; inhale a medida que los brazos van regresando a la posición inicial. Repita de quince a veinte veces seguidas. Si va a hacer dos series no descanse más de treinta segundos entre ellas.

Para los hombros

Prensa de hombros

Párese en la mitad de una banda, sostenga un extremo en cada mano a nivel de la cintura. Tome las agarraderas con un agarre en pronación, levantándolas hasta la altura de los hombros mientras exhala. Las palmas deben estar mirando hacia el frente; los pies deben estar separados al ancho de los hombros y la espalda ligeramente arqueada. Continúe el movimiento y levante los extremos de la banda por encima de la cabeza extendiendo los brazos por completo mientras sigue exhalando. Inhale a medida que doble los codos y regrese la banda a la posición inicial. Repita de quince a veinte veces seguidas. Si va a hacer dos series no descanse más de treinta segundos entre una y otra.

Elevación lateral

Párese en la mitad de una banda, sostenga un extremo en cada mano a nivel de la cintura. Cuando tome las agarraderas haga que sus palmas se miren entre sí. Con los codos ligeramente doblados levante los brazos a los lados mientras exhala, deténgase a nivel de los hombros cuando estén paralelos al piso. Haga una pausa, luego inhale mientras va bajando los brazos despacio a la posición inicial. Repita de quince a veinte veces seguidas. Si va a hacer dos series no descanse más de treinta segundos entre una y otra.

Encogimiento de hombros (opcional)

Párese en la mitad de una banda con los pies separados al ancho de los hombros, con las rodillas ligeramente dobladas y sostenga un extremo de la banda en cada mano (agarre en pronación) a nivel de las caderas, con las palmas mirando hacia el piso. Ahora eleve los hombros (encójalos) tan alto como sea posible hacia la parte posterior de las orejas mientras exhala. Haga una pausa breve y luego regrese lentamente los hombros a la posición inicial mientras inhala. Repita de quince a veinte veces seguidas. Si va a hacer dos series no descanse más de treinta segundos entre una y otra.

Apertura inversa

Ancle la mitad de la banda a la puerta, a nivel de los hombros. Párese frente a la puerta, con una pierna un poco más adelante que la otra, tome las agarraderas. Con los codos ligeramente doblados hale la banda hacia fuera y hacia atrás mientras exhala. Inhale al ir regresando la banda a la posición inicial. Repita de quince a veinte veces seguidas. Si va a hacer dos series no descanse más de treinta segundos entre ellas.

Para los bíceps

Flexiones de bíceps

Párese en la mitad de una banda, tome los extremos con agarre en supinación. Comience con las manos a nivel de las caderas, las palmas hacia arriba y los codos a los lados. Exhale al enrollar los extremos de la banda hacia su cuerpo. Inhale cuando vaya regresando las manos a la posición inicial. Repita de quince a veinte veces seguidas. Si va a hacer dos series no descanse más de treinta segundos entre estas. Nota: si separa más los pies aumentará la tensión en la banda y, por consiguiente, la dificultad del ejercicio.

Flexión alterna de bíceps

Párese en la mitad de una banda, tome los extremos con agarre en supinación. Comience con las manos a nivel de las caderas, las palmas hacia arriba y los codos a los lados. Exhale mientras enrolla el extremo de *una* banda hacia su cuerpo. Inhale cuando vaya regresando la mano a la posición inicial. Repita el mismo movimiento con la otra mano. Al ir bajando una mano comience a levantar la otra. Repita de quince a veinte veces seguidas. Si va a hacer dos series no descanse más de treinta segundos entre estas.

Nota: si separa más los pies aumentará la tensión en la banda y, por consiguiente, aumentará la dificultad del ejercicio.

Para los tríceps

Jalón de tríceps

Ancle la mitad de la banda en la parte superior de una puerta. Tome las agarraderas manteniendo los codos doblados y a los lados. Exhale a medida que extiende los brazos hacia abajo y a los lados. Haga una pausa breve. Inhale. Lleve las bandas a la posición inicial (a la altura del pecho). Repita de quince a veinte veces seguidas. Si va a hacer dos series no descanse más de treinta segundos entre ellas.

Extensión de tríceps, manos por detrás de la cabeza

Párese con un pie en la mitad de la banda. Tome las agarraderas. Ponga el otro pie por delante de la banda. Lleve las manos por detrás de la cabeza, los codos deben apuntar hacia el techo. Extienda los brazos a medida que sube. Exhale y repita. Repita de quince a veinte veces seguidas. Si va a hacer dos series no descanse más de treinta segundos entre ellas.

Patada de tríceps

Ancle la banda a una puerta, a la altura de la cintura. Tome las agarraderas con las manos en pronación, los brazos pegados a los lados y los codos doblados a 90 grados. Doble la cintura con las rodillas un poco flexionadas. Mantenga los brazos cerca de los lados y paralelos al piso. Mientras exhala vaya extendiéndolos. Reverse lentamente el movimiento mientras inhala. Repita de quince a veinte veces seguidas. Si va a hacer dos series no descanse más de treinta segundos entre ellas.

POGRAMA PARA LA PARTE INFERIOR DEL CUERPO

Para las piernas

Sentadillas

Párese en la mitad de una banda con los pies separados al ancho de los hombros, tome un extremo de la banda en cada mano. Suba las agarraderas hasta los hombros y sosténgalas justo a los lados de estos. Párese derecho, con la cabeza y el pecho erguidos y los hombros tirados hacia atrás. La espalda debe estar ligeramente arqueada en la base y los dedos de los pies deben estar apuntando hacia afuera en un ángulo de 30-35 grados. Inhale cuando esté bajando las nalgas hacia el piso a la par que va apretando los músculos del torso. Deténgase cuando la parte superior de los muslos esté paralela al piso. Mantenga la cabeza alta y los músculos del torso apretados al volver a ponerse de pie. Exhale cuando suba; inhale cuando baje. Repita de quince a veinte veces seguidas. Si va a hacer dos series no descanse más de treinta segundos entre ellas.

Zancadas a la inversa

Párese en la mitad de una banda. Tome un extremo de la banda en cada mano, levántelas a la altura de los hombros. Dé un paso atrás con una pierna y flexione la de adelante a 90 grados. La pierna de atrás también debe estar ligeramente flexionada. Mientras mantiene el torso derecho, extienda la pierna de adelante apoyándose sobre el talón. Ahora descienda de nuevo a la posición anterior y repita el movimiento de quince a veinte veces seguidas. Luego vuelva a erguirse. Cambie de pierna y repita el mismo número de veces. Si va a hacer dos series no descanse más de treinta segundos entre una y otra.

Sentadilla más amplia

Párese en una banda con las piernas bien separadas y los dedos de los pies apuntando hacia fuera. Tome las agarraderas. Tome aire mientras baja el torso hasta que la parte superior de sus muslos quede paralela al piso. Mantenga la espalda plana y los glúteos hacia atrás. Exhale y párese. Repita. Mantenga la tensión en la banda. Repita de quince a veinte veces seguidas. Si va a hacer dos series no descanse más de treinta segundos entre ellas.

Peso muerto

Párese con ambos pies sobre la banda con los pies separados al ancho de la cadera. Tome las agarraderas con las manos en pronación, las palmas mirando hacia el cuerpo, sostenga las bandas cerca de las espinillas. Inclínese hacia delante desde la cadera con las rodillas ligeramente dobladas (cerca de 10 grados). Mantenga la espalda casi plana, la cabeza erguida, el pecho levantado y los hombros hacia atrás. Sostenga la banda tan cerca del cuerpo como sea posible, vaya irguiéndose lentamente mientras conserva los brazos flexionados y la espalda plana. Exhale mientras lo hace. Mantenga los músculos del torso contraídos, apriete los glúteos a medida que se levanta. Reverse los movimientos, inhale mientras baja las agarraderas despacio hasta la posición inicial. Repita de quince a veinte veces seguidas. Si va a hacer dos series no descanse más de treinta segundos entre una y otra.

Abducción de cadera y parte externa del muslo

Fije la banda a una puerta a la altura del tobillo. Mire hacia un lado e introduzca un pie en la agarradera. Párese con los pies separados al ancho de los hombros. Apóyese en un objeto firme cercano. Mientras mantiene su postura erguida, exhale y mueva hacia un lado la pierna que tiene la banda, tan lejos como pueda. Haga una pausa y regrese a la posición inicial mientras inhala. Repita de quince a veinte veces seguidas. Luego haga lo mismo con la otra pierna. Si va a hacer dos series no descanse más de treinta segundos entre una y otra.

Extensión de cadera en el piso

Póngase de rodillas y apoye las manos en el suelo, sostenga un extremo de la banda debajo de la mano derecha. Introduzca el pie derecho en la agarradera de la banda de modo que la punta del pie descanse contra esta. Levante esa pierna y estírela derecho, que quede justo por encima del piso y paralela a este. Exhale mientras lo hace. Ahora, mientras inhala traiga la rodilla tan cerca del pecho como pueda. Repita de quince a veinte veces y luego haga lo mismo con la otra pierna. Si va a hacer dos series no descanse más de treinta segundos entre una y otra.

Aducción de la parte interna del muslo

Ancle la banda a una puerta a la altura del tobillo. Mire de lado y meta un pie a través de la agarradera. Párese con los pies separados al ancho de los hombros. Apóyese en un objeto firme cercano. Separe del cuerpo la pierna que va a trabajar y extiéndala hacia el lado unas 18 a 24 pulgadas. Luego cruce esa pierna frente al cuerpo y llévela tan lejos como pueda mientras exhala y se mantiene erguido. Regrese despacio a la posición inicial mientras inhala. Evite doblar la cintura. Repita de quince a veinte veces y luego haga lo mismo con la otra pierna. Si va a hacer dos series no descanse más de treinta segundos entre ellas.

Elevación de la pantorrilla

Párese sobre la banda con los pies separados al ancho de los hombros. Levante las agarraderas de las bandas un poco por encima de los hombros por detrás de la cabeza. Ahora levántese apoyándose sobre los dedos de los pies tan alto como pueda, mientras exhala. Haga una pausa breve antes de inhalar mientras va bajando los talones al piso. Mantenga las piernas estiradas durante el ejercicio, sin bloquearlas. Repita de quince a veinte veces. Si va a hacer dos series no descanse más de treinta segundos entre ellas.

Para el abdomen

Flexión abdominal, manos por detrás de la cabeza

Ancle una banda a la parte de arriba de la puerta y arrodíllese de espaldas a esta mientras sostiene las agarraderas con ambas manos. A medida que exhala hale la agarradera hacia abajo hasta que las manos queden al mismo nivel de su cabeza. Ahora inclínese hasta que los codos entren en contacto con las rodillas. Regrese a la posición original mientras inhala. Repita de quince a veinte veces. Si va a hacer dos series no descanse más de treinta segundos entre una y otra.

Cortar leña

Asegure la banda en la parte superior de una puerta. Dé un paso hacia atrás para que la banda quede tensada. Párese frente a esta, tome las agarraderas con ambas manos. Mantenga los brazos extendidos y hale la banda hacia abajo mientras exhala inclinando la cintura como si cortara leña. Repita de quince a veinte veces seguidas. Si va a hacer dos series no descanse más de treinta segundos entre una y otra.

Inclinaciones laterales

Párese en la mitad de una banda con las agarraderas a los lados, la banda tensada con firmeza. Los pies deben estar separados al ancho de los hombros. Inclínese hacia un lado lentamente mientras exhala y baje la mano por el lado de la pierna hasta donde le sea posible sin incomodarse. El brazo contrario irá halando simultáneamente el otro lado de la banda. Mantenga ese brazo pegado al cuerpo. Inhale mientras va regresando a la posición recta original y luego inclínese hacia el lado contrario en la misma forma. Mantenga las manos pegadas a los lados del cuerpo durante todo el ejercicio para cerciorarse de que se inclina de un modo adecuado. Repita de quince a veinte veces. Si va a hacer dos series no descanse más de treinta segundos entre ellas.

¡NO OLVIDE EL EJERCICIO CARDIOVASCULAR!

Ahora que ha definido su régimen de bandas de resistencia es el momento de incorporar el ejercicio cardiovascular. Definir con exactitud qué ejercicio cardiovascular hacer y con qué frecuencia, es más bien una cuestión de elección personal. Es probable que yo haga más ejercicio cardiovascular que la mayoría de las personas porque lo encuentro sumamente placentero y benéfico; pero no es necesario hacer más de tres rutinas de treinta minutos de ejercicio cardiovascular semanales para cosechar los beneficios de esta potente y vigorizante actividad.

Si eligió hacer el programa de bandas de resistencia para todo el cuerpo en una sola sesión, le recomiendo que simplemente le añada un ejercicio cardiovascular en días alternos. Podría ser caminar en tierra o en un caminador (o cualquier deporte de tipo aeróbico, como nadar). Si usted no está acostumbrado a hacer ningún tipo de actividad física comience caminando a un ritmo normal e incremente la velocidad de modo gradual. (¡No olvide inhalar y exhalar de modo profundo mientras se mueve!) Si usted ya es un caminante experimentado sólo continúe haciendo lo que ha hecho hasta ahora o si se anima únase al mundo de la marcha atlética. El tipo de ejercicio o actividad cardiovascular que haga no es en realidad tan importante como la forma en que la haga, con cuánta frecuencia y por cuánto tiempo. Con respecto a la primera inquietud, recuerde que con el ejercicio cardiovascular en esencia se trata de incrementar el volumen de trabajo de sus pulmones y de su corazón. Las caminatas a paso lento y pausado no logran hacer esto, sin embargo, son un buen punto de partida.

Si usted ya se está ejercitando seis días a la semana con rutinas alternadas de bandas de resistencia para el tren superior y el inferior, simplemente súmele a tres de estos días una sesión cardiovascular. La tabla a continuación muestra dos horarios opcionales de ejercicios. Use estos, o cree su propio horario siempre y cuando incluya el entrenamiento con bandas de resistencia para todo el cuerpo tres veces semanales, y treinta minutos de ejercicio cardiovascular otras tres.

Horario 1

Lunes	Martes	Miércoles	Jueves	Viernes	Sábado	Domingo
bandas: todo el cuerpo 20-40 minutos	caminar 30 minutos	bandas: todo el cuerpo 20-40 minutos	caminar 30 minutos	bandas: todo el cuerpo 20-40 minutos	caminar 30 minutos	descanso

Horario 2

Lunes	Martes	Miércoles	Jueves	Viernes	Sábado	Domingo
bandas:	bandas:	bandas:	bandas:	descanso	bandas:	bandas:
tren	tren	tren	tren		tren	tren
superior	inferior	superior	inferior		superior	inferior
20	20	20	20		20	20
minutos	minutos	minutos	minutos	descanso	minutos	minutos
caminar	caminar o	caminar	caminar		caminar	caminar o
30	descansar	30	30		30	descansar
minutos		minutos	minutos			minutos

El día de descanso es opcional, sin embargo, es aconsejable.

CAPÍTULO 9

EL FACTOR DE DESINTOXICACIÓN DE LA DIETA FIBRA35

El manejo del peso no se limita sólo a una lista simplista de cosas que se deben hacer (o no hacer). Si ese fuera el caso, todo lo que habría que hacer sería ir marcando cada elemento de la lista y seguir felices y delgados por el camino. Por desgracia, muchos factores juegan un papel en el manejo del peso y la ciencia sigue revelando nuevos misterios con respecto a la pérdida de peso.

Hasta ahora, se ha visto que para poder perder peso se tienen que controlar los factores principales que incluyen disminuir la ingesta calórica; aumentar el metabolismo; y comer la combinación y tipo adecuado de proteínas, carbohidratos, grasas y por supuesto, fibra. También se sabe que el éxito de las estrategias para perder peso varía de manera considerable entre un individuo y otro. Es decir, que hay otros factores que entran en juego y que exigen atención. Uno de ellos son las toxinas químicas que se infiltran en nuestras vidas cotidianas. Algunos estudios clínicos han comenzado a demostrar el efecto profundo de estas en la salud de los seres humanos y en su capacidad de mantenerse delgados.

Diversas investigaciones han demostrado que las toxinas vuelven lento el índice metabólico del cuerpo; disminuyen la sensación de saciedad y, por ello, inducen a ingerir más y más calorías; y limitan la habilidad para quemar grasa. Las toxinas no sólo pueden llevar a ganar peso sino también a sabotear la habilidad para perderlo.

¿QUÉ SON LAS TOXINAS?

Hoy en día el término *toxina* se utiliza para describir cualquier cosa que sea extraña o venenosa para el organismo. Aunque con toda seguridad se pueden tener parientes tóxicos, pensamientos tóxicos o relaciones tóxicas, generalmente empleo el término *toxina* para referirme a dos clases amplias de toxinas: las ambientales y las internas. Las toxinas ambientales incluyen químicos domésticos, contaminantes industriales, aditivos alimenticios y pesticidas. Las toxinas internas son los productos de desecho generados por los procesos metabólicos normales dentro del cuerpo. Dichas toxinas metabólicas son el resultado de la descomposición de proteínas, almidones y grasas.

Toxinas ambientales

Desde la revolución industrial, el ser humano ha vivido con el concepto de toxinas ambientales. En los últimos cien años se han introducido por lo menos 75,000 nuevos químicos en el ambiente. La mayoría de ellos no han sido sometidos a estudios prolongados que comprueben si son seguros para el consumo o contacto humano. De hecho, se sabe que casi todos son peligrosos, en cierto nivel, para los humanos.

Entre las clases más estudiadas de toxinas ambientales están las organoclorinas (OC). Estas fueron toxinas industriales de uso muy extendido y que se encontraban en insecticidas, plásticos y aceites industriales. Una de las OC más conocidas es el DDT, cuyo uso ha sido prohibido en los Estados Unidos por su toxicidad pero aún está presente en el ambiente. La razón por la que las OC atraen tanta atención es porque se quedan almacenadas en las células grasas durante mucho tiempo. En uno de los estudios se afirmaba: "Las OC se encuentran en casi todas las personas del planeta". Múltiples estudios sostienen la idea de que el hombre vive en un mundo lleno de toxinas.

En una gran investigación conjunta organizada por la escuela de medicina del Monte Sinaí en Nueva York, los científicos encontraron un promedio de noventa y un compuestos industriales, contaminantes y otros químicos tóxicos en la orina y en la sangre de nueve sujetos voluntarios de estudio. Los voluntarios fueron sometidos a pruebas de toxinas precisamente porque tenían un estado normal de salud y no tenían empleos donde estuvieran expuestos a químicos industriales. Ninguno vivía en un área contaminada por instalaciones industriales cercanas.

A pesar de llevar un estilo de vida aparentemente descontaminado, cada una de las personas examinadas dio positivo para setenta y siete químicos tóxicos o más. (Estas toxinas encontradas en el cuerpo se denominan "la carga corporal" de una persona".) De los ciento sesenta y siete químicos que se aislaron de los fluidos corporales de este grupo de prueba, se sabe que setenta y seis producen cáncer en humanos o en animales, noventa y cuatro son tóxicos para el tejido cerebral y el sistema nervioso y setenta y nueve pueden provocar defectos congénitos o un desarrollo anormal. Lo que resulta particularmente inquietante en este estudio es que es probable que se haya subestimado el nivel tóxico total del cuerpo, porque los investigadores sólo examinaron la sangre y la orina. Se sabe que el cuerpo almacena toxinas en las células grasas, entonces, es muy probable que la carga corporal total sea superior a lo que los exámenes de orina y sangre demuestran.

Los centros para el control y la prevención de enfermedades (CDC) del gobierno de los Estados Unidos suministran información adicional para sustentar la desagradable idea de que el mundo cada vez está más contaminado. En un informe nacional sobre la exposición humana a químicos ambientales, el CDC encontró que de ciento dieciséis toxinas ambientales usadas en productos de consumo o liberadas por contaminación industrial, ochenta y nueve estaban presentes en los exámenes de sangre y orina de las personas. En estos análisis de laboratorio se hallaron las siguientes toxinas químicas: PCB (bifenilos policlorados), fitalatos, pesticidas organofosfatados, herbicidas, repelentes de insectos y desinfectantes. Estas pruebas demostraron que las toxinas estaban presentes en cantidades significativas en casi todas las personas examinadas.

Por lo tanto, la idea de que se vive en un mundo tóxico es cierta.

LAS TOXINAS PROVOCAN RETENCIÓN DE AGUA Y DE GRASA

Cuando el cuerpo se enfrenta a la toxicidad, en su esfuerzo por diluir las toxinas hidrosolubles, retiene agua, y en su intento de diluir las toxinas solubles en grasa, retiene grasa. El cuerpo almacenará agua y grasa en su esfuerzo por diluir estas toxinas.

Toxinas internas

Es más difícil entender el concepto de toxicidad interna. Los procesos fisiológicos cotidianos como la producción de energía, la digestión y la síntesis de hormonas generan productos de desecho que si no son eliminados interfieren con el funcionamiento de los órganos internos. La toxicidad interna es el proceso a través del cual el cuerpo produce sustancias tóxicas destructivas. El ser humano lleva a cabo dos grandes funciones fisiológicas. En primer lugar, consume y absorbe nutrientes. En segundo lugar, expulsa toxinas, en su mayor parte, a través de la orina o de la materia fecal y, en menor grado, cuando respira, suda y se corta el cabello y las uñas.

Casi todos estos desechos son productos secundarios del aire que se respira y de la comida que se ingiere. Sin embargo, el tracto intestinal está lleno de bacterias y hongos que también producen desechos. Estas bacterias y hongos se denominan también flora intestinal o microbios intestinales. Muchas de estas bacterias son muy beneficiosas. Ayudan a digerir algunas vitaminas y juegan un papel importante en la respuesta inmune humana. Cerca de cien millardos (3 libras) de estas bacterias viven en el tracto intestinal de casi todo ser humano en el mundo. De hecho, hay más de estos microbios viviendo en el tracto intestinal que células en el cuerpo (hay cerca de ochenta millardos de células). Estas bacterias son buenas, malas o neutrales para el cuerpo.

Las bacterias buenas con frecuencia son llamadas probióticos (término que significa "para la vida") por el papel que juegan en mantener el cuerpo sano. Estas bacterias buenas producen sustancias como ácido láctico y ácido acético que ayudan a destruir las bacterias nocivas. El *Lactobacillus acidophilus* y la *Bifidobacteria bifidum* son dos ejemplos de bacterias buenas.

También hay flora intestinal mala, como por ejemplo la salmonela y la *Cándida albicans,* un hongo que puede causar una infección cuando crece sin control. Este es el mismo hongo que hace que algunas mujeres sufran infecciones vaginales. La flora mala constantemente ingiere nutrientes y genera desechos en forma de indol, escatol y metano, para mencionar sólo unos pocos. El metano es una toxina producida internamente que ocasiona molestias como gases y distensión. La producción de estas toxinas internas por un tiempo prolongado puede desencadenar debilidad del sistema inmune, inflamación y un índice metabólico más lento.

Las toxinas pueden ser transmitidas de padres a hijos

A medida que los investigadores médicos aprenden más sobre las toxinas, crece el consenso general de que estas juegan un papel preponderante en el deterioro de la salud. Causan estragos desde el momento en que se está en el vientre materno hasta que se exhala el último suspiro. Incluso, pueden causar daños antes de que el individuo sea concebido.

Los científicos de la Universidad del Estado de Washington, basados en pruebas de laboratorio, encontraron que los fungicidas y los pesticidas usados en los Estados Unidos no sólo afectan a aquellos que están vivos y en contacto con la fuente directa, sino que pueden cambiar la genética de una persona que luego será transmitida a lo largo de muchas generaciones. Es asombroso pensar que las toxinas ambientales pueden reprogramar en forma permanente las características heredadas y alterar la biología evolucionaria, pero la evidencia científica a ese respecto por fin está apareciendo. Es decir que el legado genético de sus abuelos, que usted recibió eventualmente, pudo haber sido dañado por toxinas. ¡Y las toxinas a las que usted está expuesto ahora pueden causarles daños a sus tataranietos!

LAS TOXINAS Y LA OBESIDAD

Ya se mencionó un grupo de toxinas llamadas organoclorinas (OC). Las OC se estudian a menudo en relación con la obesidad porque están presentes en casi todas las personas y porque son fáciles de detectar y de medir. Como el cuerpo no se puede deshacer muy bien de ellas, las almacena en las células grasas. Mientras más grasa se tenga, más toxinas se retienen. A medida que se pierde peso, las células grasas liberan toxinas en el torrente sanguíneo. Una vez que estas están en la sangre pueden ocasionar todo tipo de problemas. La desintoxicación es el proceso de enlazar estas toxinas y sacarlas del cuerpo.

Aunque el estudio de la desintoxicación y del impacto que tiene sobre la obesidad es relativamente reciente, ya se conocen algunos de los mecanismos como las toxinas afectan la ganancia de peso. Las toxinas pueden afectar la habilidad para alcanzar las metas de pérdida de peso de tres maneras relevantes:

- Las toxinas hacen lento al metabolismo.

- Las toxinas disminuyen la habilidad para quemar grasa.

- Las toxinas disminuyen el tiempo que el cuerpo tarda para sentirse lleno (denominado respuesta de saciedad).

Si tiene dificultades para perder peso puede ser porque a medida que quema grasa se están vertiendo toxinas en su torrente sanguíneo.

Las toxinas hacen lento al metabolismo

En el pasado se pensaba que el índice metabólico en reposo (IMR) bajaba con la pérdida de peso principalmente por el descenso en la ingesta calórica o por cambios en la relación músculo-grasa. Pero ahora existen estudios clínicos que están demostrando exactamente qué tan "tóxicas" pueden ser las toxinas internas sobre los esfuerzos por bajar de peso. Una de las primeras cosas que hacen las toxinas cuando las células grasas las liberan en la sangre, es disminuir el índice metabólico en reposo. Entonces, cuando se comienza a bajar de peso estas toxinas que están aflorando pueden comenzar a trabajar en contra de la pérdida de peso.

Un estudio publicado en 2002 analizó los cinco factores que afectaron el IMR durante la pérdida de peso en dieciséis hombres obesos (cada uno de ellos había experimentado un descenso en el índice metabólico en reposo). No sólo las OC tóxicas presentes en la sangre de estos individuos fueron en parte responsables del descenso en el IMR, sino que el estudio también confirmó que de los cinco factores considerados, incluyendo la masa de grasa y las hormonas del apetito, la presencia de organoclorinas fue el factor que mayor influencia tuvo en el enlentecimiento del índice metabólico en reposo. El estudio, además, estableció que las toxinas estaban afectando la producción de hormonas tiroideas. Las hormonas tiroideas juegan un papel fundamental en la regulación corporal del índice metabólico, así que no es extraño que las toxinas presentes en la sangre hagan lento al metabolismo.

Esto significa que si se pueden eliminar las toxinas del cuerpo con suficiente rapidez durante o antes de la pérdida de peso, puede ser posible atenuar este descenso en el metabolismo.

Las toxinas disminuyen la habilidad para quemar grasa

Lo último que se quiere escuchar es que algo que está flotando en la sangre le impide al cuerpo quemar grasa. Pero eso es lo que estas toxinas pueden hacer. Estudios que se remontan más de treinta años atrás indican que estas toxinas pueden entorpecer la eficiencia de los sistemas encargados de quemar grasa. Por ejemplo, en un estudio de 1971, el departamento de bioquímica de la Universidad de Nevada estableció que las toxinas químicas debilitaban en un 20% una coenzima especial que el cuerpo necesita para quemar grasa. En un estudio más reciente, hecho en 2002, los investigadores llegaron a la conclusión de que las toxinas liberadas durante la pérdida de peso tienen la capacidad de dañar la mitocondria que quema la grasa. El daño fue lo suficientemente grande como para disminuir la habilidad del cuerpo para quemar calorías y, en efecto, grasa.

Las toxinas hacen lenta la respuesta de saciedad

En su libro *Ultrametabolismo* el doctor Mark Hyman afirma que las toxinas almacenadas en las células grasas pueden impedir la recepción de señales de la hormona leptina que, como recordará, está relacionada con las conductas de alimentación y apetito. Él concluyó que, con el tiempo, esto podía afectar los receptores cerebrales que indican que se está lleno. El resultado es que se puede comer en exceso (porque las señales tardan mucho en registrar la respuesta de saciedad) o se puede sentir hambre constantemente. En cualquier caso, es seguro que se consumirán más calorías y será más difícil conservar el peso adecuado.

La pregunta es: ¿qué se puede hacer para limpiar y eliminar toxinas del cuerpo, y cómo puede ayudar esto a alcanzar las metas de pérdida de peso?

¿QUÉ SE PUEDE HACER CON RESPECTO A LAS TOXINAS?

Nadie puede vivir en una burbuja libre de toxinas. Hay que ser realistas. Pero, de algún modo, hay que enfrentar la dura realidad de que cada uno lleva en el cuerpo más de cien contaminantes químicos, pesticidas y metales tóxicos. Cuando la pérdida de peso comienza a tambalearse, es hora de considerar otras variables que al principio no son tan obvias y que no tienen que ver con calorías que entran o calorías que salen. He diseñado un programa sencillo de dos pasos que lo ayudará a reducir la exposición a toxinas y a perder peso.

Paso 1: minimice las toxinas de su ambiente

Coma alimentos orgánicos.

Use productos de limpieza naturales.

Instale filtros de aire y de agua.

Paso 2: remueva las toxinas de su cuerpo

Desintoxíquese y límpiese.

Haga ejercicio.

Tome baños sauna.

Pruebe programas de limpieza y suplementos herbales.

Tome en consideración la hidroterapia de colon.

Paso 1: minimice las toxinas de su ambiente

Limitar las toxinas en el ambiente es fácil de aconsejar, pero mucho más difícil de lograr. He aquí algunas cosas que se podrían hacer:

Coma frutas y verduras orgánicas, siempre que sea posible, para evitar los químicos, los pesticidas y los herbicidas que se encuentran en los productos agrícolas.

Elija carnes orgánicas para evitar las hormonas y los antibióticos que se encuentran en las carnes no orgánicas.

Elija comidas no procesadas para evitar conservantes, colorantes, nitratos y nitritos.

Elija productos naturales de limpieza para el hogar. Hay muchas marcas en el mercado que no contienen químicos y que son muy efectivos. Trate también de escoger productos para la piel y el cabello que contengan una mínima cantidad de químicos y tinturas. Como ya lo mencioné, la piel es una fuente tanto de absorción como de eliminación.

Cambie los filtros del aire acondicionado en su hogar con frecuencia. Haga que limpien los ductos una vez al año. La instalación de un filtro de agua para toda la casa ayuda a eliminar el cloro y otros químicos que se hallan en el agua. Use plantas tales como cinta, aloe y aráceas para ayudar a filtrar el aire doméstico.

Paso 2: remueva las toxinas de su cuerpo

Deshacerse de las toxinas que ya están dentro del cuerpo es un poco más difícil. Ya se dijo que el cuerpo almacena toxinas en las células grasas. La pregunta es: ¿qué se puede hacer para sacar las toxinas de las células grasas y del cuerpo? La respuesta es desintoxicación y limpieza, esto puede hacerse a través de diversas opciones que analizaré en breve.

La desintoxicación y la limpieza son cruciales para la buena salud. Además de las toxinas ambientales, el mismo acto de vivir genera venenos que deben ser transportados fuera del cuerpo. La desintoxicación y la limpieza son los términos generales usados para referirse a la recolección y eliminación de esos venenos. En general, desintoxicación es la recolección de toxinas y limpieza es el proceso de eliminación de las toxinas del cuerpo.

La desintoxicación interna y la limpieza son tan antiguas como el concepto mismo de salud. Hace cuatro mil años, según el texto médico más antiguo que se ha descubierto (el Papiro Ebers, encontrado en las arenas de Egipto), los médicos ya usaban enemas para ayudarle al cuerpo a limpiarse y a combatir las enfermedades. Alrededor del año 400 a. C., Hipócrates, el médico griego aceptado generalmente como padre de la medicina occidental, les daba a sus pacientes hierbas para limpieza que les ayudaban a sanar el cuerpo. Galeno, un médico griego muy influyente nacido en el año 129 d. C., creía que la limpieza era crucial para mantener el cuerpo equilibrado y sano.

En el siglo veinte, el doctor Bernard Jensen introdujo por primera vez muchas de las ideas actuales sobre limpieza. En el libro *Dr. Jensen's Guide to Diet and Detoxification*, el doctor Jensen advierte: "Todos debemos esforzarnos por alcanzar un régimen alimenticio completamente nutritivo y libre de toxinas que proporcione todos los nutrientes apropiados para la construcción de tejido nuevo y que a la par, promueva la eliminación adecuada de los desechos y toxinas normales tanto de los procesos internos, como del ambiente externo".

Con esto en mente se hará a continuación una revisión de las formas más accesibles y comunes de desintoxicación y limpieza.

El ejercicio

El ejercicio es, sin lugar a dudas, una de las cosas más importantes que usted puede hacer por su salud general. Todo el mundo recomienda hacer ejercicio para perder peso porque quema calorías y eleva el metabolismo. En relación con la desintoxicación, el ejercicio cumple diversas funciones. Primero, el ejercicio mueve el sistema linfático. El rol del sistema linfático es recolectar toxinas. Una vez recolectadas, las toxinas deben ser eliminadas del cuerpo. El ejercicio también sirve para esto. Durante el ejercicio, el sistema linfático descarga las toxinas en el sistema circulatorio donde pueden ser procesadas por el hígado y eliminadas a través de la vejiga o el colon. Y finalmente, el ejercicio ayuda a sudar las toxinas.

Para muchas personas, sin embargo, pensar en el ejercicio (en especial el ejercicio extenuante) es abrumador. Es importante que comience a incrementar su actividad diaria.

Si hace mucho tiempo no hace ejercicio, debe empezar con caminatas o estiramientos de bajo impacto. Hágalo despacio hasta que su fortaleza cardiovascular haya aumentado. El capítulo 8 contiene todas mis recomendaciones e instrucciones para comenzar un programa de ejercicios. Sea paciente con usted mismo en esta etapa inicial.

Saunas

En un capítulo anterior toqué el tema de los beneficios que tiene la sauna para aumentar la velocidad del metabolismo. Las saunas, los baños de vapor y las inmersiones en tinas calientes, son también maravillosos para eliminar toxinas indeseadas a través del sudor. La sudoración se da en forma natural durante la actividad física, pero puede ser inducida a través de un sauna o de un baño. Cada uno de ellos puede ser además muy terapéutico pues brinda una gran cantidad de beneficios para la salud. Como la temperatura basal del cuerpo se eleva un poco, el sistema inmune se estimula al inhabilitar o matar microbios y al mejorar la circulación. También se da un incremento adicional en la producción de la hormona del crecimiento. De hecho, subir la temperatura basal es una de las pocas formas que se conoce para estimular una producción mayor de la hormona del crecimiento, que le ayuda al cuerpo a botar grasa conservando masa muscular magra.

En particular, los beneficios de la sauna para la salud son numerosos. La piel es el órgano más grande del cuerpo y tiene una participación fundamental en la eliminación. Por su tamaño y su área, elimina incluso más desechos celulares a través de los poros que el colon y los riñones juntos. Es uno de los siete canales de desintoxicación del cuerpo.

SIETE CANALES DE DESINTOXICACIÓN

Uno de los métodos más potentes de desintoxicación y limpieza rutinarias es utilizar la maquinaria de su propio cuerpo. El cuerpo está equipado con órganos y sistemas responsables de recolectar, filtrar y ayudar a eliminar las toxinas que se acumulan sin cesar. En la desintoxicación y limpieza corporal participan específicamente cinco órganos y dos fluidos; en conjunto, se denominan los siete canales de desintoxicación y son los siguientes:

1. **Pulmones:** los pulmones se deshacen de toxinas en cada exhalación. Entre estas toxinas, una de las principales, es el dióxido de carbono, un subproducto de la respiración, la liberación de energía del cuerpo. Las contracciones musculares que participan en la respiración ayudan a transportar linfa y sangre que también transportan toxinas. La pared de mucosa y cilios (pequeños vellos que capturan partículas aéreas) de los pulmones ayuda a evitar que las toxinas penetren en el cuerpo.

2. **Hígado:** algunos investigadores de la salud creen que en el mundo contaminado de hoy, la carga adicional tóxica del hígado

contribuye a la fatiga crónica, a los altos niveles de colesterol, al síndrome de colon irritable, a las dificultades cognitivas y a la hipertensión. El hígado, un órgano fundamental en la eliminación, actúa como el administrador de todo el proceso de desintoxicación del cuerpo.

3. **Colon:** es el último lugar del cuerpo a donde llegan los desechos (los residuos alimenticios) antes de ser eliminados. Es esencial que se dé una eliminación intestinal diaria.

4. **Riñones:** filtran desechos solubles en agua de la sangre que fluye del hígado hasta ellos. Estos desechos después son almacenados en la vejiga antes de ser eliminados a través de la orina.

5. **Piel:** es una especie de película protectora que evita que las toxinas penetren en el cuerpo. Simultáneamente, gracias a su tamaño y área, incluso elimina más residuos celulares que el colon y los riñones juntos.

6. **Sangre:** la que se mueve a través del sistema cardiovascular es un sistema básico de transporte en el cuerpo que lleva nutrientes y oxígeno hacia las células y se deshace de productos de desecho y toxinas.

7. **Linfa:** es un fluido transparente lleno de células inmunes llamadas linfocitos, que se mueve alrededor del cuerpo en una serie de vasos que corren paralelos al recorrido de las venas. La linfa entrega nutrientes, recoge residuos celulares y ayuda a destruir agentes patógenos.

Estos canales deben trabajar conjuntamente en armonía para potenciar al máximo el proceso de desintoxicación y limpieza.

PONGA EN MARCHA LA PÉRDIDA DE PESO CON UNA LIMPIEZA

Como ya se mencionó, estudios clínicos han demostrado que las toxinas que las células grasas liberan durante la pérdida de peso inhiben la habilidad del cuerpo para perder más peso y para conservar el peso ideal. De hecho, estas toxinas pueden ser la razón principal para que el metabolismo se haga lento durante la pérdida de peso. Por este motivo, es crucial que al comenzar un programa para bajar peso los sistemas de desintoxicación y limpieza se estén desempeñando con una eficiencia máxima.

Como puede ser difícil saber si estos sistemas están funcionando de manera eficiente, recomiendo a menudo someterse a un examen con un médico que practique la medicina alternativa para ayudarle a establecer esto. Hay varios exámenes disponibles, uno de ellos es el perfil completo de destintoxicación. En este examen se introduce una sustancia como cafeína o acetaminofén y luego se emplean muestras de saliva, orina y sangre para medir qué tan buena es la desintoxicación natural del cuerpo cuando utiliza sus propios sistemas internos. Esta prueba ayuda a mostrar el grado de eficiencia del cuerpo para procesar sustancias extrañas; por lo general, los médicos que practican la medicina alternativa la ofrecen. Otros exámenes pueden medir la presencia y el nivel de toxinas en el cuerpo tales como metales pesados como el plomo, el mercurio y el arsénico.

Siempre he sido una gran fanática de la utilización de hierbas, suplementos y dieta para mejorar la eficiencia del proceso de desintoxicación. He sido testigo de grandes logros en mis clínicas con personas que perdieron peso y mejoraron su salud. Basado en su nivel de "intoxicación" le sugeriría un programa de hierbas, suplementos y alimentos que pudiera ayudarle a maximizar la pérdida de peso al mejorar cada uno de los siete canales de desintoxicación.

Casi todos los paquetes de limpieza y desintoxicación traen dos fórmulas (en dos frascos diferentes) en una sola caja. El primer frasco, por lo general, es una fórmula de desintoxicación que contiene hierbas naturales que ayudan a extraer toxinas de los órganos. El segundo frasco, contiene diferentes hierbas y minerales que le pueden ayudar al colon a eliminar las toxinas de un modo más eficiente. Es aconsejable que busque un sistema de limpieza que esté diseñado de la siguiente manera:

- Fórmula de desintoxicación: seleccione una fórmula natural que contenga una variedad de hierbas para apoyar la función de los riñones (perejil), los pulmones (gordolobo), la piel (avena sativa), el sistema linfático (equinácea), la sangre (cardo bendito) y el hígado. El apoyo al hígado es esencial y se puede proporcionar con hierbas como lampazo menor, hoja y raíz de diente de león, cúrcuma, y lengua de vaca. Se le puede dar un apoyo adicional al hígado añadiendo N-acetilcisteína y ácido alfa lipoico. Busque una fórmula que tenga todas estas hierbas al igual que otras (como hojas de orégano, semilla de fenogreco y cabeza de ajo) para contribuir al buen funcionamiento de los canales de eliminación. La adición de algas marinas también ayuda a apoyar el proceso de eliminación, como también al sistema endocrino, en especial, a la tiroides y, por lo tanto, ayuda a elevar el metabolismo.

- Apoyo al colon: este es lo suficientemente importante como para merecer su propia receta. Busque una fórmula compuesta por hierbas suaves y no irritantes como frángula, okra (quimbombó), triphala y aloe y el mineral hidróxido de magnesio que estimula la peristalsis y ayuda a calmar el intestino y a eliminar moco de este.

También es recomendable que añada fibra extra en la dieta durante esta limpieza porque esta ayuda a absorber y a barrer toxinas fuera del colon.

Nota: estos paquetes de limpieza se pueden conseguir en casi todas las tiendas naturistas. Puede usarlos mientras está haciendo la dieta Fibra35. No requieren ayuno.

Antes de comenzar un programa de ejercicios es una buena idea energizar su metabolismo siguiendo un programa de desintoxicación corporal total que limpie todos los canales de eliminación. Hay muchas formas de abordar la limpieza y la desintoxicación. Usted puede escoger una limpieza de quince días o una de treinta con base en sus necesidades y preferencias individuales como se describe a continuación:

Limpieza de quince días

Si es la primera vez que va a limpiar su organismo o si no lo ha limpiado en los últimos seis meses o si tiene movimientos intestinales diarios, es aconsejable que seleccione una limpieza a base de hierbas enteras que le brinde un suave apoyo a todos los canales de eliminación. La mejor forma de hacerlo es mediante una fórmula que tenga dos partes: (1) una fórmula vespertina que estimule una eliminación intestinal suave utilizando diversas hierbas como (raíz de malvavisco, raíz de ruibarbo, y corteza de frángula) y enzimas, y (2) una fórmula matutina que contenga una mezcla sinérgica de una variedad de hierbas (casi todas para apoyo hepático) y enzimas para apoyar a los demás órganos de eliminación. Estos programas de limpieza de dos semanas son estupendos si planea quedarse en la fase uno por dos semanas.

Limpieza de treinta días

Si usted ya se había hecho antes una limpieza interna completa o si simplemente quiere una limpieza más larga, la mejor opción es una limpieza corporal total de treinta días que contenga extractos herbales de alta potencia y hierbas enteras diseñadas para darle apoyo a los siete canales de eliminación del cuerpo. En este caso, también es preferible buscar una fórmula con dos partes: (1) una fórmula vespertina que contenga hierbas e hidróxido de magnesio para hidratar y aumentar la eliminación intestinal, y (2) una fórmula matutina que combine una variedad de hierbas enteras con extractos pulverizados de alta potencia para apoyar a los demás canales de eliminación. Estos programas de limpieza de treinta días son estupendos si planea permanecer un mes en la fase uno.

Completar una (o más) de las limpiezas anteriores aumentará en gran medida su pérdida de peso. Es totalmente adecuado realizar una limpieza en forma simultánea con la dieta Fibra35: usted puede empezar la fase uno el mismo día en que empiece una limpieza de quince o treinta días. En todo caso, busque una fórmula que tenga una presentación en cápsulas vegetales y que no tenga rellenos ni aglutinantes (estos están enumerados en la otra sección de ingredientes) como dióxido de silicona o celulosa microcristalina. Siempre siga las instrucciones.

Cuando se esté sometiendo a una limpieza también es importante que consuma fibra suplementaria en abundancia. Los suplementos de fibra soluble pueden ser beneficiosos para remover las toxinas que hayan sido extraídas de los órganos y de las células. Trate de obtener de 5 a 10 gramos adicionales de fibra soluble cada día en su dieta durante cualquier programa de limpieza herbal.

Hidroterapia de colon

Como especialista en terapia colónica, he practicado irrigaciones co-
lónicas durante quince años. Una irrigación colónica es básicamente un
tipo de enema más amplio y completo. En la hidroterapia de colon un
terapeuta certificado en terapia colónica inyecta varias veces todos los
segmentos del colon con agua tibia filtrada. Los hidroterapeutas de colon
están entrenados para emplear técnicas de masaje que ayudan a relajar
los músculos abdominales y a garantizar que todas las áreas del colon se
irriguen y se limpien de un modo adecuado. Los beneficios terapéuticos
de la hidroterapia de colon incluyen un aumento del tono muscular
del intestino grueso, una disminución del estancamiento del contenido
intestinal y una reducción en la absorción de residuos tóxicos. Aunque
la hidroterapia de colon en realidad no es un procedimiento para perder
peso, a menudo tiene como consecuencia una pérdida significativa de
peso por su capacidad para reducir de manera eficiente la carga tóxica
del intestino grueso. Si vive en Estados Unidos, busque un especialista
en terapia colónica que haya sido certificado por la Asociación internacional de hidroterapia del colon (I-ACT), y cerciórese de que el terapeuta
utilice equipo certificado por la FDA (*Food and Drug Administration*), con
cánulas desechables y agua filtrada.

En la medida en que el mundo se vuelve más contaminado, es más
y más difícil para el cuerpo hacerle frente a las toxinas que se liberan
en el ambiente. El cuerpo humano evolucionó en un escenario natural
y fue diseñado para enfrentar retos ambientales comunes. Pero con la
ayuda de hierbas de limpieza y una dieta de apoyo se puede estar mejor
preparado para enfrentar los retos singulares, en particular, las toxinas
de la vida moderna.

Resumen del capítulo 9

El factor de desintoxicación de la dieta Fibra35

- **Hay básicamente dos tipos de toxinas:**

  Externas: las que entran al cuerpo desde una fuente externa.

  Internas: las que son producidas dentro del cuerpo.

- **Las toxinas pueden afectar su capacidad para alcanzar las metas de pérdida de peso a través de:**

  La reducción de velocidad del metabolismo.

  Una reducción de la habilidad para quemar grasa.

  La reducción de velocidad de la respuesta de saciedad.

- **Para reducir los efectos de las toxinas en la pérdida de peso, minimícelas en su ambiente así:**

  Coma alimentos orgánicos cuando sea posible.

  Use productos domésticos y productos corporales que sean naturales.

  Instale filtros de agua y de aire.

- **Remueva las toxinas de su cuerpo a través de:**

  Ejercicio

  Saunas

  Limpieza herbal

  Hidroterapia de colon

CAPÍTULO 10

SUPLEMENTOS PARA PROMOVER UNA SALUD RADIANTE

A través de este libro he dado pautas con respecto al contenido y al empleo de una serie de suplementos que pueden ayudar a mejorar su programa de pérdida de peso. En este capítulo ofreceré una visión general rápida de esta información; está clasificada en categorías para que la pueda consultar y para que tenga fácil acceso a ella.

No es necesario tomar todos los suplementos que están descritos a continuación. Muchos suplementos son opcionales, dependen de la condición, situación y preferencias individuales. La información que se ofrece sobre cada categoría y cada suplemento está diseñada para ayudarle a desarrollar un programa de suplementos con base en sus necesidades personales.

Nota recordatoria: igual que para los demás programas de este libro, antes de comenzar un régimen de suplementos le recomiendo que consulte a su médico y que le comente sus planes. Usted, por ejemplo, puede estar tomando una medicina que puede tener una incompatibilidad potencial con alguno de los componentes contenidos en uno de estos suplementos. También le sugiero que lea las etiquetas del producto con cuidado y que lo use de acuerdo con las instrucciones. Como hoy en día hay tantos fabricantes de suplementos, dos fórmulas creadas para un mismo efecto pueden tener una combinación diferente de ingredientes, así que es imposible proporcionar datos específicos sobre la dosis y la frecuencia con la que debe ingerir un suplemento dado. Lo que ofrezco aquí es una visión general de las fórmulas y de los componentes, conocimiento básico que después puede llevar adonde el médico o a una tienda naturista. Lo exhorto a que busque un proveedor de confianza. Si visita una tienda tradicional, por favor no tema hacer preguntas y pedirles consejos y recomendaciones a personas que estén familiarizadas con una marca o un producto en particular. Si experimenta efectos colaterales inusuales o si quiere ayuda adicional para encontrar un régimen de suplementos que se ajuste a sus necesidades corporales, visite en primer lugar, a su médico y también considere buscar asesoría en una tienda naturista profesional. En www.fiber35diet.com* encontrará orientación adicional para obtener suplementos de alta calidad al igual que información actualizada sobre recursos.

SUPLEMENTOS PARA CONSERVAR LA SALUD

Esta categoría de suplementos está diseñada para todo el mundo, independientemente del peso.

Los ácidos grasos omega-3

El ingerir un suplemento de buena calidad de aceite de pescado le suministrará los ácidos grasos omega-3 que necesita para quemar grasa almacenada y eliminar el exceso de ácidos grasos omega-6, en especial, aquellos provenientes de alimentos procesados que se consumen en exceso en la dieta estadounidense estándar.

De las muchas marcas de aceite de pescado que hay en el mercado hoy en día, ¿cómo se puede escoger la mejor? Ante todo, debe buscar un producto de aceite de pescado de alta calidad que brinde una cantidad concentrada de dos importantes ácidos grasos omega-3: EPA Y DHA. Aconsejo elegir cápsulas de alta potencia que proporcionen 300 miligramos (mg) de EPA y 200 mg de DHA. Una cápsula diaria de esta potencia es suficiente para casi todas las necesidades, aunque puede tomarse tres cápsulas o más para maximizar su ingesta de omega-3. Es recomendable

---

* Este sitio sólo se se encuentra disponible en inglés.

que estas cápsulas tengan una cubierta entérica y que estén formuladas con la enzima lipasa. La cubierta entérica garantiza que el contenido de cada cápsula no sea liberado antes de llegar al intestino. Esto también puede generar otros beneficios; un estudio publicado en el *New England Journal of Medicine* concluyó que los suplementos de aceite de pescado con cubierta entérica eran efectivos para reducir el índice de recaídas en la enfermedad de Crohn, una grave enfermedad inflamatoria intestinal. La adición de lipasa a las cápsulas de aceite de pescado ayuda a digerir el aceite, ya que la lipasa es la enzima necesaria para la digestión adecuada de las grasas. Si usted tiende a eructar los aceites, un suplemento que contenga lipasa y una cubierta entérica va a reducir en gran medida este efecto.

Asegúrese también de que la pureza del aceite de pescado que escoja haya sido probada y que esté certificado que está libre de contaminantes tales como PCB y mercurio.

Multivitaminas/Minerales

La palabra clave aquí es *mineral*. Es recomendable que un multivitamínico no contenga sólo vitaminas, sino que sea una combinación de alta calidad y bien formulada de vitaminas y minerales. Para seleccionar un multivitamínico busque una fórmula que contenga una mezcla de carotenoides como fuente de vitamina A y de antioxidantes importantes.

Busque una fórmula que contenga todo el espectro de vitamina B incluyendo las formas activadas de vitamina B_2 y B_6 (riboflavina 5' fosfato y piridoxal 5' fosfato, respectivamente).

El multivitamínico también debe tener vitamina D_3, vitamina C y vitamina E. Cerciórese de que la vitamina E esté en la forma de d-alfa tocoferol. Evite la forma "dl", porque es sintética. Busque una vitamina C de alta potencia (cerca de 1,000 mg) a partir del ácido ascórbico. Una forma adicional de vitamina C, el ascorbil palmitato, un antioxidante soluble en grasa, puede mejorar la fórmula.

En cuanto a los minerales, debe elegir una fórmula que, además de macrominerales (los que se necesitan en cantidades grandes) tales como calcio y magnesio, tenga una gama amplia de minerales trazas (aquellos que se necesitan en cantidades pequeñas) tales como selenio, vanadio,

cromo, iodina y boro. Ingiera estos con las comidas según las instrucciones de la etiqueta.

Calcio/Magnesio

Las mujeres tienen una necesidad adicional de estos minerales, así que
harían bien en tomar un suplemento de calcio-magnesio que contenga
la proporción adecuada de estos importantes macronutrientes. Busque
un quelato de calcio–magnesio que contenga una proporción 2:1. Debe
tomarse este suplemento además de la fórmula de multivitaminas/mi-
nerales. Los hombres no necesitan agregarlo.

Suplementos para mejorar la pérdida de peso

Un tema central en este libro ha sido cómo revolucionar el metabolismo para aumentar la pérdida de peso y cómo disminuir grasa mientras se aumenta músculo magro. Para ayudarlo en estos esfuerzos es
recomendable que busque dos fórmulas separadas que ya describí en
el capítulo 7:

- Un suplemento termogénico que contenga ingredientes tales
  como iodina, tirosina, banaba y extracto de té verde.

- Una que contenga CLA (ácido linoléico conjugado), extracto
  de banaba y triglicéridos de cadena media que aumentarán la
  relación masa muscular magra-grasa.

SUPLEMENTOS "SEGÚN SEAN NECESARIOS"

Lo más probable es que cada persona sólo necesite algunos de los
suplementos enumerados abajo, no todos. Escoja los más adecuados
para usted si necesita apoyo en alguna de estas áreas.

Limpieza del colon

Si usted sufre de estreñimiento deberá seleccionar un producto natural, no irritante y bien formulado para mejorar la función del colon,
uno que estimule la peristalsis de manera suave y que hidrate, limpie
y lubrique el intestino. Aun si el estreñimiento no representaba un

problema para usted antes de comenzar la dieta Fibra35, una vez que comience a aumentar la ingesta de fibra, la función intestinal puede volverse lenta, sobre todo, si el aumento se hace demasiado rápido o si no toma suficiente agua. En este caso, recuerde las pautas para seleccionar un producto efectivo y natural de limpieza de colon. Seleccione uno que contenga ingredientes como hidróxido de magnesio, ocra, triphala y aloe.

Sueño y descanso mejorados

Si tiene dificultad para conciliar el sueño, o problemas para dormir toda la noche, la falta de descanso puede afectar sus esfuerzos por perder peso, tener un efecto negativo sobre su salud general e interferir con su capacidad para desempeñarse de un modo óptimo a lo largo del día. Usted puede regular de un modo efectivo sus ciclos de sueño sin recurrir a drogas que pueden producir muchos efectos colaterales negativos. Cuando vaya a escoger un producto natural para dormir, recuerde buscar uno que contenga minerales tranquilizantes como calcio y magnesio y además, vitaminas B antiestrés (niacina e inositol), hierbas sedantes suaves (como raíz de valeriana, pasionaria, lúpulo, camomila, bálsamo de limón y escutelaria) y 5-HTP, el precursor de la serotonina, el neurotransmisor que ayuda a dormir.

Apoyo adrenal y energético

Si con frecuencia usted está sometido a mucho estrés o le falta energía, en ambos casos, sus glándulas adrenales van a necesitar un apoyo nutricional adicional. Sin este, se daría una producción incontrolada de cortisol que puede generar una ganancia de peso indeseada. Como ya se mencionó antes en este libro, entre los ingredientes para un apoyo adrenal deben estar el ácido pantoténico (vitamina B_5), el aminoácido L-teanina y las hierbas banaba, raíz ártica, oroval y raíz de eleuterococo.

Apoyo para el azúcar sanguíneo y ansias de comer azúcar

Los niveles de azúcar sanguíneo inestables constituyen un obstáculo muy grande para perder peso. Si usted siente ansias de comer alimentos dulces, es posible que su nivel de azúcar sanguíneo sea inestable. Si así es, es aconsejable que seleccione un suplemento nutricional formulado para regular de manera natural el equilibrio de la insulina y del azúcar, uno que contenga los minerales cromo GTF y vanadio, el aminoácido L-taurina, y hierbas como semilla de fenogreco, corteza de canela, hojas de yerba mate, melón amargo y semillas de jambolán.

Enzimas digestivas

Mantener un tracto digestivo saludable es importante para una buena digestión. Como el procesamiento del alimento es fundamental para el metabolismo y la utilización de energía, usted puede ver que tener un tracto digestivo eficiente que pueda descomponer con facilidad una variedad de alimentos, puede ser un factor clave en sus esfuerzos por perder peso y alcanzar un bienestar general. Hay una gran cantidad de fórmulas que pueden ayudar a darle apoyo al tracto digestivo, cada una, apunta a una necesidad específica. Por ejemplo, si usted tiene intolerancia a la lactosa y no puede digerir productos lácteos muy bien, puede elegir un suplemento de lactasa, preferiblemente, uno que contenga lipasa (para descomponer la grasa) y papaína (para descomponer la proteína) que también está presente en los lácteos.

Sin embargo, no tiene que tener intolerancia a la lactosa o tener una deficiencia de una enzima específica para obtener beneficios de un suplemento digestivo. También pude encontrar fórmulas que le ofrecen una mezcla de varias enzimas que, combinadas, le brindan apoyo a las funciones digestivas en general, sin importar qué tipo de alimentos esté consumiendo (proteínas, grasas, carbohidratos y otros). Para ayudar a mantener una pared intestinal saludable busque fórmulas que contengan ácido clorhídrico, pepsina, L-glutamina, N-acetil-glucosamina, ácido butírico y probióticos. Estos son componentes que el cuerpo necesita para descomponer los alimentos y absorber nutrientes esenciales.

SUPLEMENTOS DE FIBRA

Idealmente, usted estará recibiendo los 35 gramos de fibra diaria (o la mayor parte de ella) a partir de frutas frescas, verduras, legumbres, granos enteros, barras y batidos. Habrá momentos, sin embargo, cuando usted querrá una opción rápida y sencilla para aumentar la ingesta de fibra diaria. Su estilo de vida agitado puede impedir que se coma tres comidas balanceadas cada día, pero hay formas de compensar cuando se vea obligado a comerse un almuerzo ligero en el camino o incluso a saltarse una comida. Según su situación y sus gustos personales, puede seleccionar uno o más de los siguientes suplementos de fibra.

Tabletas masticables de fibra

Comerse un par de tabletas masticables de fibra antes de una o más de sus comidas puede restarle intensidad al hambre para que coma menos y aun así obtener su ración diaria de fibra. Estas sabrosas tabletas no sólo ayudan a satisfacer el hambre sino que también desplazan otros alimentos con mayor contenido calórico. Son fáciles de almacenar y de transportar de modo que brindan una opción conveniente para complementar la ingesta de fibra cuando esté lejos de casa. Pida ayuda en una tienda naturista para encontrarlas.

Mastique suplementos de fibra antes de las comidas. Vaya añadiendo fibra de manera gradual hasta alcanzar los 35 gramos. Si llega a estreñirse, tómese una limpieza de colon antes de acostarse. Es muy importante que incremente la ingesta de agua a medida que vaya incorporando fibra de manera paulatina. Observe que no recomiendo el psilio porque he visto muchos clientes que presentan mútliples quejas como gases, distensión y estreñimiento.

Suplemento de fibra transparente

Podría considerar la idea de poner un recipiente más en la mesa. Además del salero y del pimentero sería conveniente mantener a mano un recipiente lleno de fibra soluble, preferiblemente fibra de acacia. Esta fibra transparente, soluble e insípida puede rociarse generosamente sobre los alimentos para aumentar el contenido de fibra de sus comidas sin alterarles el sabor. Y lo mejor: ¡no contiene calorías!

Suplemento de fibra que aporta volumen

Aunque no es tan conveniente como los suplementos de fibra mencionados arriba, una mezcla pulverizada de fibra de frutas y verduras es una alternativa nutritiva ya que es rica en fitonutrientes importantes. Una ración de un producto de esta índole ofrece más fibra que la acacia sola y tiene la ventaja adicional de contener tanto fibra soluble, como insoluble. Busque un suplemento de fibra en polvo de frutas y verduras que tenga partes iguales de fibra soluble e insoluble que provengan de una variedad de frutas y verduras y también de otras fuentes ricas en fibra como goma de acacia, semillas de linaza, salvado de arroz, goma de guar y fibra de alerce. Ingiera esta mezcla de fibra tal como aparece en las instrucciones, es decir, agregando una cucharada en un vaso de ocho onzas de agua. Si ingiere esta nutritiva mezcla de fibra antes de las comidas, además de complementar su ingesta de fibra, le ayudará a disminuir el apetito con una cantidad mínima de calorías y evitará que coma en exceso. O si termina el día y se quedó corto en los 35 gramos recomendados, puede tomarse una cucharada antes de acostarse.

BARRAS Y BATIDOS

Las barras y los batidos son parte esencial de la dieta Fibra35 ya que todos los días en la fase uno consumirá dos de cada uno y en la fase dos consumirá uno de cada uno para reemplazar comidas. De nuevo, en una tienda naturista cercana podrán asesorarlo para que encuentre este tipo de barras y de mezclas para batidos.

Barras

Es recomendable que las barras ricas en fibra que use contengan, idealmente, 10 gramos de fibra proveniente de semillas de linaza molida, fibra de avena y acacia; y 10 gramos de proteína de concentrado de proteína de suero. El suero es una proteína de una calidad extraordinaria ya que tiene todos los aminoácidos esenciales. Prefiera barras endulzadas con dátiles, pasas y miel de agave y que vengan en una variedad de sabores. Evite barras con aceites hidrogenados. Fíjese que tengan más bien aceite de girasol "alto oleico" (con un alto contenido de ácido oleico), un aceite estable rico en ácidos grasos esenciales.

Batidos

Es aconsejable que el batido proporcione 10 gramos de fibra (de acacia) por ración. Como se usa en gran parte para reemplazar una comida, debe contener proteína en abundancia (20 gramos) de una fuente rica como el suero, al igual que una variedad de vitaminas y minerales importantes y una mezcla de enzimas que garantice la digestión de todo tipo de alimentos. Evite cualquier batido que contenga sucedáneos artificiales del azúcar. Busque los que contengan edulcorantes naturales y sabrosos como el xilitol y el extracto de estevia.

Resumen del capítulo 10

Suplementos para promover una salud radiante

El régimen de suplementos que se recomienda en este capítulo está resumido en la tabla que aparece a continuación.

Suplementos necesarios	Suplementos opcionales
Ácidos grasos omega-3 (aceite de pescado)	Limpieza de colon
Multivitaminas y minerales	Descanso y sueño mejorado
Calcio y magnesio (sólo para mujeres)	Apoyo adrenal y energético
Fórmula termogénica para perder peso	Apoyo de azúcar sanguíneo (ansias de dulce)
Fórmula para aumentar masa muscular magra	Paquetes de desintoxicación: 15 días, 30 días
	Suplementos de fibra tabletas masticables, de fibra transparente (para rociar), barras de fibra, batidos de fibra, fibra en polvo de verduras y frutas

CAPÍTULO 11

FIBRA Y PREVENCIÓN
DE ENFERMEDADES

Para muchos de mis clientes, cambiar la dieta no es sólo cuestión de perder peso. También es cuestión de sentirse mejor, tener más energía y obtener un alivio de problemas digestivos como estreñimiento y reflujo gastroesofágico. A Shirley, una mujer de setenta y un años, algo la golpeó cuando me oyó decir: "Nunca es demasiado tarde para empezar a cuidarse uno mismo". Se tomó esta inspiradora afirmación a pecho y, a partir de ese día, decidió hacer algo con respecto a su estado de salud.

Shirley medía 1,52 metros y pesaba 164 libras; tenía sobrepeso y, a menudo, sufría de estreñimiento y reflujo gastroesofágico. Apenas comenzó a cambiar la dieta y a tomar suplementos de un modo adecuado con mi programa, sus problemas digestivos se resolvieron a medida que bajaba de peso. Y, como otros clientes, refirió de manera entusiasta cómo se sentía: "No me sentía castigada como lo hacen sentir a uno otras dietas. Me desagrada la palabra "dieta" y no siento que esta sea restrictiva en ningún sentido. Hasta ahora, he perdido 30 libras y me siento maravillosamente bien. La cantidad de fibra en el plan Fibra35 también resolvió mi problema de estreñimiento y me ayudó a perder incluso más peso. Por fin, aprendí una forma de comer que me deja satisfecha, es saludable y evita volver a ganar peso. Si subo una libra o dos cuando voy de vacaciones a Italia, como lo hago por lo menos dos veces al año, entonces me devuelvo a las dos primeras fases del plan y pierdo este peso en forma rápida y sencilla".

Me emociona mucho ver resultados como los de Shirley. Me encanta escuchar cómo se transforma la salud de las personas. Aunque el aspecto de pérdida de peso de la dieta Fibra35 es importante, en mi opinión, el aspecto más valioso de esta dieta es la protección que puede brindar contra enfermedades al igual que el alivio que puede darle a problemas ya existentes. Creo que aquellas personas que en última instancia logran alcanzar y mantener un peso ideal, son las que han elegido vivir una nueva vida enfocada en mejorar su propia salud, no en manejar su peso. Si uno lo piensa, tener sobrepeso, en realidad, es síntoma de que uno no le está dando a su propia salud el valor más alto en la escala. ¿Quién no ha pensado que tiene la salud garantizada? La buena salud es algo que se gana, en especial, cuando se envejece. Comprometerse para maximizar la calidad de vida al ir envejeciendo es el mejor regalo que usted se puede dar a sí mismo, un acto de amor por usted mismo y por su familia. No hay nada de malo en estar motivado a perder peso para verse bien, pero estar motivado para potenciar al máximo la salud y la vida, da la fuerza de voluntad para mantener un peso ideal de por vida. La dieta Fibra35 es una óptima herramienta de salud por dos razones:

1. Como ingrediente aislado, la fibra es un excelente combatiente contra las enfermedades crónicas.

2. La fibra se encuentra en alimentos que son combatientes estupendos contra las enfermedades.

Estas dos razones, combinadas, son muy poderosas en la obtención de una salud magnífica y en la prevención de enfermedades, y es muy importante comprender la fórmula. La verdad es que usted tiene el poder para tomar el control de su salud y para utilizar las maravillas que la Madre Naturaleza ofrece para garantizar y proteger su bien más valioso: la salud.

Los investigadores están de acuerdo con que la fibra disminuye el riesgo de:

• Enfermedades digestivas

• Enfermedad cardiovascular

- Ataques al corazón
- Colesterol alto
- Enfermedad arterial periférica
- Diabetes
- Cáncer

En este capítulo se van a explorar estos asuntos en relación con la fibra alimenticia.

FIBRA Y ENFERMEDADES DIGESTIVAS

Las enfermedades digestivas son cada vez más comunes, hay casi ochenta millones de estadounidenses aquejados por alguno de estos males. Por suerte, la fibra ayuda a prevenir y a corregir muchos de ellos.

Estreñimiento

Este es un tema que a nadie le gusta traer a colación, pero el estreñimiento es una de las quejas digestivas más comunes. Más de cuatro millones de estadounidenses sufren de estreñimiento frecuente, lo que representa más de dos y medio millones de visitas médicas anuales. Por desgracia, el estreñimiento es motivo de vergüenza y esto hace que muchos lo sufran en silencio y que nunca busquen la ayuda de un médico o un terapeuta alternativo.

La comunidad médica no ha podido llegar a un acuerdo sobre qué cantidad de movimientos intestinales por semana se definen como "funcionamiento regular" y qué cantidad se definen como estreñimiento. La medicina alternativa cree que debe haber entre uno y tres movimientos intestinales buenos cada día. Hay muchas causas de estreñimiento entre las que se cuentan la dieta, el equilibrio hormonal y efectos colaterales de medicamentos. Por fortuna, la fibra puede ayudar a evitar el estreñimiento y, además, puede hacer que una persona estreñida recupere un funcionamiento regular. La fibra le añade volumen al contenido intestinal y esto promueve las contracciones onduladas que mantienen los desechos en movimiento a través de los intestinos.

En 1995, los investigadores del departamento de enfermedades digestivas del centro médico John Hopkins Bayview, en Baltimore, realizaron un estudio en un grupo de pacientes estreñidos para analizar el efecto de los suplementos de fibra sobre la fisiología, mecanismos, parámetros de las deposiciones y tiempos de tránsito colónico. A algunos pacientes se les dio un suplemento de 24 gramos de fibra y, a otros, un placebo. El suplemento de fibra fue beneficioso para los pacientes estreñidos, redujo el tiempo que tomaban los desechos en moverse a través del colon de 53.9 horas a 30 horas. Una diferencia de casi 24 horas, es decir, un día entero.

Diverticulosis

Esta enfermedad del colon se desarrolla cuando las paredes de este se debilitan y se forma un bolsillo que se protruye hacia fuera. Cada bolsillo se denomina divertículo. Alrededor del 10% de los estadounidenses por encima de cuarenta años y 50% de aquellos por encima de sesenta años sufren de diverticulosis. Esto va acompañado de muchos síntomas incómodos como:

- Sangrado (del colon)

- Distensión

- Dolor abdominal

- Calambres leves

- Diarrea

- Estreñimiento

- Gases

Aunque no está comprobado en forma concluyente, la teoría predominante es que un consumo muy escaso de fibra alimenticia y una enfermedad asociada, el estreñimiento, causan la diverticulosis. En esencia, los bolsillos se forman porque una presión excesiva sobre el colon con el tiempo debilita la pared y esta termina por expandirse hacia fuera. Esta enfermedad es común en los países desarrollados en donde la ingesta de fibra es baja, pero es rara en regiones como África y Asia en donde el consumo de fibra es alto.

De acuerdo con los estudios de la Universidad de Harvard las personas que comen más fibra son menos propensas a sufrir diverticulosis. Y para aquellas que ya la sufren, la fibra puede ayudar a aliviar síntomas desagradables porque disminuye la presión dentro del intestino grueso, o colon, permitiendo que el contenido de este se mueva con mayor facilidad.

Enfermedad de la vesícula biliar

La vesícula es un órgano periforme localizado debajo del hígado. Su función principal es secretar bilis, un fluido que ayuda en la digestión. La enfermedad de la vesícula biliar es una inflamación de este órgano que ocurre, casi siempre, cuando se desarrollan cálculos biliares. Un cálculo biliar es una concentración de los componentes de la bilis, entre los cuales el colesterol es el principal. El 80% de los cálculos biliares son de colesterol y se denominan piedras de colesterol. El otro 20% se denominan piedras de pigmento y están compuestas básicamente de bilirrubina y sales de calcio. El síntoma más común de los cálculos biliares es un dolor agudo, casi siempre, en la parte alta del abdomen y en algunos casos, también hay dolor en la espalda. Cualquier persona que haya tenido cálculos biliares le suplicaría a usted que tome todas las medidas necesarias para evitarlos.

Quizá la mejor manera de evitar los cálculos biliares es una dieta rica en fibra. Los investigadores de la Universidad de Harvard, además, encontraron una relación entre las dietas ricas en fibra y la disminución de la enfermedad de la vesícula biliar, en especial, con una ingesta alta de fibra soluble. Esto tiene sentido puesto que esta fibra puede reducir el nivel de colesterol en la sangre y la mayoría de los cálculos tienen como base el colesterol.

Enfermedad por reflujo gastroesofágico (ERGE)

La enfermedad por reflujo gastroesofágico (ERGE) se conoce más comúnmente como reflujo gástrico o acidez. Esta afección se genera cuando se regurgita líquido del estómago dentro del esófago. Este líquido, además de ocasionar una gran incomodidad, con el tiempo puede dañar, la pared del esófago. En el pasado, los investigadores le atribuyeron la acidez a una dieta con porciones grandes y muchas grasas y a comer poco tiempo antes de irse a la cama. Ahora, los investigadores están estudiando la relación entre la acidez y la ingesta de fibra. En un estudio conducido por el centro médico Houston Veterans Affaire, se les hizo un interrogatorio a 371 personas con ERGE sobre la aparición, la frecuencia y la severidad de sus síntomas, y sobre la dieta que habían llevado durante un periodo de un año. Los investigadores descubrieron que había una relación inversa entre la ingesta de fibra y el ERGE. Es decir, aquellos que comían más fibra sufrían menos ERGE y los que comían menos fibra sufrían más. Lección: ¡si sufre acidez trate de comer más fibra!

Hemorroides

Quizá no haya un tema más vergonzoso que el de las hemorroides. Sin embargo, esta afección es muy común tanto en hombres como en mujeres; casi el 50% de la población cercana a los cincuenta años sufre de hemorroides. Las hemorroides son una afección en la que las venas alrededor del ano o en la parte inferior del recto, se dilatan y se inflaman. Aunque los médicos no han llegado a un acuerdo sobre las causas exactas de las hemorroides, casi todos coinciden en que la fuerza persistente que se ejerce para expulsar las heces puede causarlas. Una dieta rica en fibra genera una materia fecal suave y voluminosa que pasa con facilidad. Este tipo de evacuación ayuda a prevenir el estreñimiento y la necesidad de hacer fuerza para eliminar. Más volumen significa menos presión en el colon y esto puede ayudar a evitar las hemorroides.

FIBRA Y ENFERMEDAD CARDIOVASCULAR

Más de cincuenta millones de estadounidenses sufren problemas cardiovasculares. De hecho, la enfermedad cardiovascular es la causa número uno de muerte en los Estados Unidos, en hombres y mujeres. La enfermedad cardiovascular es realmente un término genérico que abarca una serie de enfermedades que comprometen el corazón, las arterias y las venas. Por lo general, la enfermedad cardiovascular se refiere a la arteriosclerosis, una enfermedad de las arterias.

Por ejemplo, en la enfermedad coronaria, las arterias que le suministran sangre al corazón se vuelven más estrechas, principalmente por una acumulación de placa compuesta por depósitos grasos. Con el tiempo, el flujo sanguíneo se ve restringido de un modo severo, muy parecido a la forma en que el lavamanos obstruido en un baño enlentece el flujo del agua. Esta molesta afección se llama angina; en el estado agudo de esta enfermedad la placa se desprende y forma un coágulo. Es entonces cuando el flujo sanguíneo se interrumpe de manera parcial o completa en esa parte del corazón. Como resultado, esa parte del corazón comienza a morirse. Esta situación es denominada ataque cardíaco, o en términos más técnicos, infarto del miocardio.

La enfermedad cardiovascular no se limita al corazón, también puede afectar el cerebro o las extremidades. Si se produce un coágulo en las arterias del cerebro que detenga el flujo de sangre, se produce un accidente cerebrovascular. De igual manera, los coágulos de sangre se pueden formar en las arterias que irrigan los brazos o las piernas; esta afección se denomina enfermedad arterial periférica.

Hay muchos factores de riesgo asociados a la enfermedad cardiovascular. Los principales son:

- Edad
- Dieta deficiente
- Obesidad
- Hipertensión
- Fumar
- Diabetes

Aunque los hombres presentan un mayor riesgo que las mujeres, la enfermedad cardiovascular es la primera causa de muerte en mujeres, y el riesgo de esta después de la menopausia es casi igual al de los hombres. No es una coincidencia que en la misma época en que la ingesta de fibra es mucho menor se esté presentando una epidemia de enfermedad cardiovascular. Ha habido grandes investigaciones que demuestran que cuando se come fibra en abundancia el riesgo de sufrir problemas cardiovasculares se reduce de manera significativa.

Cuando los investigadores de Harvard analizaron los resultados de varios estudios que, de manera conjunta, analizaban los hábitos alimenticios de más de 330,000 personas, encontraron que por cada 10 gramos de fibra consumida diariamente, el riesgo de un ataque cardíaco disminuía alrededor del 14%. Esos 10 gramos de fibra también reducen en un 27% el riesgo global de morirse de algún tipo de enfermedad cardiovascular incluyendo un accidente cerebrovascular.

Otro estudio llevado a cabo en la Universidad de Tulane en Nueva Orleans, encontró que es posible disminuir de manera significativa el riesgo de enfermedad cardíaca si se aumenta el consumo de fibra tan sólo 5 gramos diarios, o sea, la cantidad que hay en una manzana, ½ taza de arvejas, 2 cucharadas de semillas de linaza, o un banano. Esta investigación, que hizo un seguimiento de los hábitos alimenticios de 10,000 personas durante veinte años, demostró que los sujetos que comían 20 gramos de fibra al día, es decir 5 gramos más que el promedio diario de los estadounidenses, sufrieron menos ataques cardíacos.

Cuando los investigadores analizaron el modo como el consumo de frutas y verduras fibrosas afecta la salud cardiovascular, los resultados fueron igualmente asombrosos. En una encuesta alimenticia a escala nacional, en Estados Unidos, denominada *National Health and Nutrition Examination Survey* (*NHANES I*) que empezó en la década de 1970, los investigadores comenzaron a estudiar la dieta de más de 9,600 personas entre los 25 y 74 años. Luego, en las décadas siguientes, hicieron un registro gráfico de la salud de los sujetos y los cambios en la alimentación y en el estilo de vida de estos. Cuando analizaron la forma como la elección de alimentos había afectado el riesgo de enfermedad cardiovascular y accidentes cerebrovasculares, encontraron que la ingesta de alimentos ricos en fibra era un protector extraordinario. Comer frutas y verduras en cada comida disminuía el riesgo de sufrir problemas cardíacos y mantenía a la gente con vida durante un tiempo considerablemente mayor.

Las estadísticas en este estudio indican que tres raciones diarias de frutas y verduras pueden reducir el riesgo de un accidente cerebrovascular en un 27% (esto es una disminución del 9% por cada manzana). Estas tres raciones también pueden reducir el riesgo de morir de un accidente cerebrovascular en un 42% (más del 13% por ración). El riesgo de un ataque cardíaco puede bajar hasta en un 27% y el riesgo de morir de un ataque cardíaco puede reducirse hasta en un 24%. Aunque este estudio halló que, en general, los hombres se beneficiaban más que las mujeres de una dieta rica en fibra, ambos sexos obtuvieron grandes beneficios para la salud. De hecho, en las mujeres la probabilidad de morir de un accidente cerebrovascular bajó en un 53% con la ingestión de una dieta rica en frutas y verduras.

Los investigadores creen que, a pesar de que las cifras del estudio son asombrosas, en realidad pueden subestimar las ventajas de una dieta rica en frutas y verduras. ¿Por qué? Porque el estudio midió sólo hasta tres raciones diarias, a diferencia de las cinco o más que se recomiendan. Es probable que una ingestión mayor de alimentos fibrosos produzca un beneficio aún más grande.

LA FIBRA AYUDA A MANTENER LAS ARTERIAS LIBRES DE OBSTRUCCIONES

En el verano de 2005 el *American Heart Journal* reportó evidencias de que "una dieta rica en fibra puede disminuir la arterosclerosis" que es la acumulación de placa en las arterias. Algunos investigadores estadounidenses y finlandeses analizaron los efectos de la fibra proveniente de granos enteros en 229 mujeres posmenopáusicas que ya tenían arterias obstruidas. Las "disminuciones moderadamente más pequeñas en la obstrucción de la arteria coronaria" que se hallaron en las mujeres que consumían cantidades mayores de fibra indican que la fibra no sólo ayuda a prevenir la enfermedad cardíaca sino que también puede ser beneficiosa para quienes ya la padecen.

Reducción del colesterol

Una de las maneras como la fibra ayuda a combatir la enfermedad cardíaca es mejorando el tipo de colesterol que circula en la sangre. El colesterol ha acaparado mucha atención en los últimos años y con toda razón. Hay demasiadas personas deambulando por ahí con niveles altos de colesterol, en especial, niveles altos de colesterol "malo" o del tipo LDL que está más firmemente asociado con la enfermedad cardíaca. Las compañías farmacéuticas han estado trabajando de manera incansable para desarrollar y mercadear medicamentos que puedan disminuir el colesterol; hoy en día, las estatinas están entre los fármacos más vendidos. Pero, de todos modos, son medicamentos y una forma natural de controlar el colesterol es casi siempre la mejor alternativa.

El colesterol es un material ceroso y flexible que el cuerpo usa para fabricar membranas celulares y proteger estructuras como los nervios. El colesterol viaja alrededor de la sangre en químicos llamados lipoproteínas. Las lipoproteínas de alta densidad (HDL) se denominan colesterol bueno; estas transportan el colesterol al hígado donde es descompuesto. Las lipoproteínas de baja densidad (LDL), conocidas como colesterol malo, están asociadas con el depósito de colesterol en las paredes arteriales. Una vez allí, estos depósitos forman una placa que, como mencioné antes, puede obstruir el flujo sanguíneo y provocar un ataque cardíaco o un accidente cerebrovascular. Si un examen sanguíneo le dice que su LDL está por encima de 160 miligramos por decilitro (mg/dL), se considera que usted tiene un riesgo aumentado de sufrir enfermedad cardíaca.

En una investigación presentada en una conferencia de la Asociación americana del corazón, los científicos reportaron que los suplementos de fibra bajan el LDL a la par que aumentan el HDL protector. En este estudio de tres meses, el HDL se elevó más de un 20% mientras el LDL bajó casi un 30%. Se encontró también que la fibra ayuda a disminuir los triglicéridos (grasas sanguíneas), que están asociadas a las complicaciones cardiovasculares. Estos bajaron un 14%.

Algunos expertos han llegado hasta el punto de sostener que la fibra puede obrar de un modo tan milagroso como los medicamentos que disminuyen el colesterol. William R. Davis, el médico autor de *Track Your Plaque (Hágale seguimiento a la placa coronaria)*, afirma que: "Además del efecto reductor del LDL, la fibra suaviza los picos de azúcar sanguíneo que los carbohidratos generan. Esto baja los triglicéridos e incluso bloquea el desarrollo de la diabetes". Davis continúa hasta sugerir que "el aumento de la ingesta de fibra a 35 gramos o más diarios (es) casi tan bueno como los medicamentos que disminuyen el colesterol".

Como la fibra baja el colesterol, puede ayudar a prevenir los ataques cardíacos. Este efecto se produce porque la fibra soluble se amarra a los ácidos biliares, que digieren la grasa y contienen toxinas, y los saca del cuerpo.

Fibra, colesterol y salud cardíaca

Cuando el colesterol se acumula en las paredes arteriales, el riesgo de coágulos sanguíneos, ataques cardíacos y accidentes cerebrovasculares se aumenta sobremanera. Pero la verdad es que tener muy poco colesterol en la sangre también puede acarrear problemas de salud. De nuevo, la clave es el equilibrio. La grasa saturada que se encuentra en los productos animales es necesaria, pero comerla en exceso puede afectar de manera adversa la salud cardíaca. Para mantener la ingesta de grasa saturada en un nivel moderado evite comer carnes grasosas y escoja carne magra de res, pollo o pescado como fuente principal de proteína.

Una ración fija diaria de fibra también es de gran importancia. Por cada 10 gramos diarios de fibra que consuma, el riesgo de sufrir un ataque cardíaco puede bajar cerca de un 14%. Esos 10 gramos de fibra también pueden reducir el riesgo global de morir de algún tipo de enfermedad cardiovascular, inclusive de un accidente cerebrovascular, en un 27%.

Presión arterial

Otro factor de riesgo que contribuye a los problemas cardíacos es una presión arterial alta, conocida también como hipertensión. Hoy en día, la hipertensión se extiende sin control en los Estados Unidos, y al igual que la obesidad, está aumentando a nivel mundial. En la actualidad, aproximadamente uno de cada tres estadounidenses sufre de hipertensión. A escala mundial, aproximadamente una de cada cinco personas la padece. Se calcula que para el año 2025 alrededor de 1.5 millardos de personas serán hipertensas.

Al igual que la obesidad ha sido identificada como una grave epidemia mundial inminente, la enfermedad cardiovascular como una consecuencia de la hipertensión también ha estado en la mira de muchos expertos en medicina. "La carga mundial de hipertensión es una base firme para predecir una epidemia mundial de enfermedad cardiovascular" anota el médico Jiang He, profesor de salud pública en la Universidad de Tulane que ha estudiado la propagación de la hipertensión. "Durante el siglo pasado, dicha enfermedad pasó de ser una causa menor de muerte y discapacidad, a ser uno de los factores que más contribuye a la carga mundial de enfermedades. Las enfermedades cardiovasculares ahora son las responsables del 30% de todas las muertes en el mundo".

Sin embargo, la buena noticia es que consumir más fibra puede ayudar. Una investigación en la Universidad de Tufts en Boston encontró que suministrarles más fibra a las personas, en este caso proveniente de la avena, reducía la presión arterial sistólica en promedio siete puntos en seis semanas. (La presión arterial se expresa como la relación de la presión sistólica y la diastólica. La sistólica es la presión que el corazón ejerce al latir. La diastólica es la presión residual entre latidos. Una buena presión arterial está por debajo de 120/80.) Cuando el alimento se digiere en un modo más lento, los niveles de insulina ascienden más despacio. La insulina, una hormona liberada por el páncreas durante la digestión, ayuda a regular la absorción de azúcar, pero cuando es secretada demasiado rápido también puede disparar la presión arterial. La fibra atenúa este proceso.

UNA HISTORIA EXITOSA CON LA DIETA FIBRA35

Sandee es igual a millones de personas. Intentó muchas dietas en el pasado y desde la secundaria ha luchado por perder esas últimas 10 ó 20 libras. Se hallaba en el patrón constante del yoyo: bajar peso para luego recuperarlo con algunas libras adicionales. Era una adicta a los azúcares: todo el día pensaba en helados y bizcochos. Cuando cumplió los cincuenta, durante el examen anual de salud, el médico le notificó que tenía la presión arterial en un estado de pre-hipertensión y que debía considerar la idea de tomar medicamentos. Sandee no quería hacerlo. No quería recorrer el camino donde una medicina conduce a otra para luego depender de ellas de por vida. En lugar de esto quería hacerse cargo una vez por todas de su salud y encontrar una forma de alimentarse que funcionara para ella a largo plazo. Así que comenzó la dieta Fibra35 y descubrió un amigo para toda la vida. Las ansias de comer alimentos dulces desaparecieron y Sandee comenzó a perder un promedio de 2 libras semanales y a comer comidas pequeñas cada tres o cuatro horas. Ella está cerca de alcanzar su meta de peso (si no lo hizo ya para cuando usted esté leyendo el libro) y espera con entusiasmo poder volver a introducir, de vez en cuando, en su dieta, porciones razonables de helado y bizcochos durante la última fase. ¡Sin necesidad de medicamentos!

Fumar

No espere que yo apruebe el acto de fumar, usted sabe que es una de las peores cosas que puede hacer en contra de la salud. No le daré un sermón sobre los riesgos para la salud asociados con fumar. Pero sí quiero compartir con usted una investigación asombrosa que demuestra cómo una dieta rica en fibra puede ayudar a mitigar los efectos del consumo de cigarrillo y de otros factores de riesgo de enfermedades cardíacas. Si usted es un fumador pasivo, ¡lea con atención!

Un estudio finlandés publicado en 1996, tomó 21,903 hombres fumadores entre los cincuenta y sesenta y nueve años de edad y los dividió en dos grupos: uno que consumía una dieta rica en fibra y otro que consumía una dieta baja en fibra. Los hombres con una ingesta alta de fibra (en promedio 35 gramos diarios) tuvieron un tercio menos de ataques cardíacos que aquellos cuya ingesta de fibra era baja (15 gramos diarios). El riesgo de morir de enfermedad cardíaca disminuyó en un 17% por cada 10 gramos que fibra que estos hombres consumían.

En los Estados Unidos, una investigación que comprometió a 43,757 profesionales de la salud de sexo masculino (algunos de los cuales fueron descritos como sedentarios o con sobrepeso, o eran fumadores o ambos) observó que aquellos que consumían más de 25 gramos diarios de fibra tenían un riesgo 36% menor de desarrollar enfermedad cardíaca que aquellos que consumían menos de 15 gramos diarios. El riesgo de morir de enfermedad cardíaca también se redujo en un 29% por cada 10 gramos de fibra consumidos.

Los adultos que comen más de 7.5 gramos diarios de fibra, el equivalente a dos manzanas diarias, tienen menos probabilidades de presentar efectos sobre la salud asociados a haber sido fumadores pasivos durante la infancia.

LA FIBRA Y LA LUCHA CONTRA LA DIABETES

La diabetes tipo 2, también llamada diabetes no insulino dependiente, está atacando a los estadounidenses en cifras récord. De acuerdo con el Centro nacional para la prevención de enfermedades crónicas y promoción de la salud de Estados Unidos, esta es la sexta causa de muerte en los Estados Unidos y afecta a más de 18 millones de personas. A medida que la población (en promedio) envejece y gana peso, la incidencia de esta debilitante enfermedad sigue en ascenso. Pero aquí hay un asomo de noticias positivas: sólo con aumentar la fibra en la dieta puede bajarse el riesgo de sufrir esta perniciosa enfermedad que, en gran parte, podría ser prevenida.

La diabetes tipo 2, el tipo más frecuente de diabetes, se da cuando el cuerpo pierde la capacidad de mantener bajo control los niveles de azúcar en la sangre. Cuando la diabetes se presenta, el cuerpo se vuelve insulino-resistente y es incapaz de responder a los esfuerzos de la insulina por bajar el nivel de azúcar sanguíneo.

Las complicaciones de la diabetes pueden amenazar la vida y pueden llevar a amputaciones, ceguera y a un mayor riesgo de mal de Alzheimer y daños renales. El daño nervioso asociado a la diabetes es especialmente insidioso, ya que no existe tratamiento. Este daño, conocido como neuropatía periférica, puede ocasionar entumecimientos, dolor agudo y debilidad muscular. Las investigaciones demuestran que puede ocurrir cuando las células de la medula ósea funcionan mal. Estas células comienzan a producir insulina, después migran fuera del tejido óseo y se aferran a las células nerviosas y las matan. El resultado es irreversible y doloroso.

Hábitos cotidianos

Muchos de nuestros hábitos cotidianos favorecen la diabetes. El sobrepeso, la falta de ejercicio, fumar y una dieta con deficiencia de fibra, aumentan el riesgo de un modo considerable. Déjeme compartir con usted datos reales que ilustran cómo la elección del estilo de vida incide en el riesgo de desarrollar diabetes.

El pan de cada día

Cuando los investigadores analizaron los hábitos alimenticios de más de cuarenta mil profesionales de la salud, de sexo masculino, con más de cuarenta años de edad, encontraron que aquellos que comían granos enteros como arroz integral, panes integrales y cereales integrales, presentaban un riesgo significativamente reducido de diabetes. En este estudio, ¡los hombres que comían la mayor cantidad de alimentos fibrosos (tres o más raciones diarias) disminuían el riesgo de sufrir diabetes en más de un 40%! Los que eran obesos, pero hacían ejercicio, desarrollaban diabetes en un 50% menos que las personas obesas inactivas.

Otra investigación, que comprometía a sesenta y cinco mil mujeres durante un periodo de seis años, demostró que comer alimentos procesados sin restricción, refrescos demasiado dulces y otros artículos sin fibra como rosquillas, arroz blanco y pan blanco duplica el riesgo de diabetes. ¡Por otro lado, el solo hecho de comer cereal integral para el desayuno, reduce el riesgo de diabetes en un 28%! Estas son cifras impactantes. ¿Es la fibra en realidad el ingrediente milagroso que separa las rosquillas de los panes integrales, las dietas que llevan a la obesidad y a la diabetes de las dietas que pueden optimizar la salud? De todo corazón, creo que sí.

Ya expliqué antes que una de las razones de los beneficios de la fibra es la habilidad para enlentecer la salida del alimento del estómago. Esta liberación gradual de comida cuando hay fibra presente, ralentiza la absorción de glucosa en la sangre y permite una respuesta controlada de insulina. A medida que la glucosa fluye lentamente hacia el torrente sanguíneo, el páncreas descansa porque no tiene que bombear enormes cantidades de insulina para dominar una avalancha de alimentos ricos en azúcar y bajos en fibra. Así que el nivel global de azúcar en la sangre se mantiene estable. Además, el magnesio que se encuentra en los granos enteros también ayuda a atenuar la respuesta del cuerpo a la glucosa y a la insulina. ¿El resultado? El equilibrio corporal de azúcar sanguíneo es mejor y la maquinaria productora de insulina del páncreas se somete a menor estrés. Traducción: se reduce el riesgo de padecer diabetes.

Se ha reportado en forma generalizada que la obesidad y la diabetes con frecuencia van de la mano; la obesidad es el factor aislado de riesgo más importante para volverse diabético. La combinación de diabetes y obesidad ha sido apodada diabesidad y, asombrosamente, ha sido objeto de estudios que demuestran la forma como la fibra ayuda a bajar de peso y a controlar el azúcar sanguíneo.

En un estudio, cuatro hombres obesos con diabetes fueron sometidos a dietas de 800 calorías diarias, ricas y bajas en fibra. Mientras estaban en estas dietas los hombres tenían que dar un informe antes y después de cada comida sobre sus sensaciones de hambre y de saciedad. No es de extrañar que la dieta rica en fibra demostrara ser la que más llenaba y la que más satisfacía. En otro experimento, veinticinco personas fueron cambiadas a una dieta rica en fibra y todas experimentaron un mayor control sobre el azúcar sanguíneo a medida que perdían peso. De hecho, el equilibrio de los niveles de azúcar sanguíneo fue mejor durante los dos años y medio de seguimiento. En promedio, lograron mantener el 56% del peso perdido.

Este tipo de estudios demuestran con claridad que la fibra puede aumentar la pérdida de peso, disminuir el apetito y dar como resultado un mejor estado de salud general. (¡Pero a estas alturas puede que ya lo haya convencido de esto!) Ya no es sólo una teoría que la fibra puede mantener un equilibrio de azúcar en la sangre y a su vez reducir el riesgo de diabetes. Ahora es un dato que la ciencia ha confirmado una y otra vez. Las dietas ricas en fibra asociadas a una reducción de calorías, eliminan libras. Con el ejercicio, usted puede perder incluso más peso. Debo añadir también que un equilibrio saludable del azúcar sanguíneo también significa una producción menor de grasa corporal. Unos niveles estables de insulina se traducen en un cuerpo más eficiente, como un auto que funciona con un flujo continuo de gasolina extra.

Si usted es uno de los millones de personas que padecen diabetes tipo 2, debe tomar firmemente en consideración la adopción de una dieta rica en fibra y de un programa de ejercicios, una vez que haya consultado a su médico. Una dieta rica en fibra puede disminuir la frecuencia y cantidad de fluctuaciones del azúcar sanguíneo, contribuir a bajar la presión arterial y mejorar el colesterol total. Todos estos beneficios pueden, a su vez, disminuir el riesgo de sufrir desórdenes asociados a la diabetes tales como ceguera, daño nervioso y enfermedades del corazón. Incluso, puede ser capaz de reversar la severidad de la diabetes que padece; algunos estudios recientes muestran transformaciones dramáticas a nivel médico entre personas diabéticas y hasta prediabéticas: pierden una cantidad considerable de peso, normalizan de un modo natural el equilibrio del azúcar sanguíneo y dejan de necesitar medicamentos para tratar sus afecciones. ¡Hable sobre estas transformaciones médicas! Una prueba más de que tiene la llave para una vida entera de salud radiante.

LA FIBRA Y LA PREVENCIÓN DEL CÁNCER

Después de las enfermedades cardíacas, el cáncer es la segunda causa principal de muerte en los Estados Unidos. Las estadísticas pueden ser aterradoras: la mitad de todos los hombres y una tercera parte de todas las mujeres de los Estados Unidos desarrollará cáncer a lo largo de su vida. Pero casi todos los investigadores coinciden en que la ingestión de una dieta rica en fibra reduce el riesgo de cáncer. La forma exacta como esto ocurre y qué fibra es la más efectiva, es todavía objeto de discusión, sin embargo, hay una cosa cierta: la fibra tiene beneficios anticancerosos. El asunto es más complejo por el hecho de que la fibra alimenticia en las frutas y verduras que se consumen, generalmente, está acompañada de una serie de fitonutrientes beneficiosos que también le ayudan al cuerpo a luchar contra los tumores. Esto hace que no siempre sea fácil entender qué porcentaje de la protección contra el cáncer proviene de la fibra y qué porcentaje proviene de los nutrientes que se encuentran en los alimentos ricos en esta. Es suficiente decir que usted le hace muchísimo bien a su cuerpo comiendo alimentos ricos en fibra.

Cuando el Instituto nacional de cáncer de Estados Unidos lideró un estudio conjunto con centros académicos en Iowa, California y Michigan, demostró que la gente que come tres o más verduras al día tiene 40% menos de riesgo de contraer un linfoma no Hodgkin (NHL), un tipo de cáncer que ataca el tejido linfático. Más de cincuenta mil estadounidenses desarrollan NHL cada año. Más de la tercera parte de estas víctimas morirán de esta enfermedad. Las verduras de hojas verdes, brócoli, repollo y coles de Bruselas dan una protección específica contra este tipo de linfoma. Además, según esta investigación, comer frutas enteras (no jugos) y muchos otros tipos de verduras, junto con selenio y zinc, disminuye el riesgo de NHL. (Las frutas enteras tienen fibra, en gran parte en la corteza y la pulpa, mientras que la mayoría de los jugos tienen muy poca o nada. Para hacer el jugo se quita la pulpa y la corteza, y con ellas la fibra.)

Cáncer visible

Cada año, más de siete millones de personas alrededor del mundo mueren de cáncer. Los científicos calculan que de esos siete millones de muertes más de la tercera parte se podrían haber evitado si las personas hubieran comido más frutas y verduras ricas en fibra y si hubieran cambiado otros aspectos de su estilo de vida.

Cáncer de colon

El cáncer de colon es el tercer cáncer más común y la segunda causa de muerte por cáncer en los países occidentales. Se diagnostican casi un millón de casos nuevos al año y alrededor de la mitad de las víctimas muere de esta enfermedad, según la Agencia internacional para el estudio del cáncer. En los Estados Unidos, más de ciento treinta mil personas desarrollan cáncer de colon cada año y más de cincuenta y seis mil de ellos mueren por esta causa.

Casi todos los cánceres de colon comienzan como un pólipo, un crecimiento benigno en el intestino grueso con forma de seta. Con el tiempo, este crece y en algunas personas se vuelve canceroso. El cáncer de colon, por lo general, es tratable si se extraen los pólipos cuando se encuentran o si la cirugía se lleva a cabo en un estadio temprano. Casi todos los cánceres de colon atacan a personas de más de sesenta años, pero todo el mundo, independientemente de la edad, debe tener en mente la prevención.

Al igual que con muchas enfermedades mortales, la ingesta excesiva de grasas, carne y comidas procesadas, eleva el riesgo de cáncer de colon. No es de extrañar que el cáncer de colon se haya extendido más en las culturas occidentales que en otras culturas en las que los granos se comen sin procesar (y por lo tanto, conservan la fibra). Algunos investigadores sostienen la teoría de que con las dietas occidentales que son ricas en carcinógenos (y pobres en fibra), estos agentes carcinógenos se quedan en el colon más tiempo que lo que sucede con las dietas con grandes cantidades de fibra. Como la fibra actúa como un agente que aumenta volumen, se cree que los carcinógenos son movidos a través del intestino y eliminados del cuerpo con mayor rapidez. La teoría concluye que gracias a una exposición carcinogénica más baja en el colon, se forman menos pólipos y, por lo tanto, se produce menos cáncer de colon.

Las investigaciones han demostrado una y otra vez que mientras más grande sea la cintura, mayor es el riesgo de padecer cáncer de colon (para no mencionar otras enfermedades). La grasa abdominal, en particular, puede liberar sustancias químicas nocivas para el colon. Este tipo de grasa no es tan inerte como puede pensarse; al contrario, los investigadores ahora creen que produce hormonas que aumentan el tipo de crecimiento celular que acompaña al cáncer. Y es más, esta grasa también puede estar asociada a la diabetes tipo 2, que eleva de un modo similar el riesgo de cáncer de colon. De manera que, al perder peso, se disminuye el riesgo tanto de cáncer de colon, como de diabetes tipo 2. De hecho, los científicos confirman que tres de cada cuatro casos de cáncer de colon se podría evitar si la gente ingiriera una dieta más rica en fibra, frutas y verduras.

Cáncer pancreático

El cáncer pancreático es una de las formas más aterradoras y mortales de cáncer. El diagnóstico de la enfermedad es difícil y muchos expertos en medicina lo consideran una afección que no tiene tratamiento. Cada año, el cáncer pancreático mata cerca de 30,000 personas en los Estados Unidos. La posibilidad de sobrevivir a este cáncer mortal por más de cinco años es menor al 4%. Pero un estudio grande y bien diseñado en la Universidad de California en San Francisco encontró que comer una dieta rica en fibra, que contenga grandes cantidades de frutas y verduras (con énfasis en las verduras), puede disminuir el riesgo de este cáncer incurable en un 50%.

Al parecer, las verduras que brindan una mayor protección son la cebolla, el ajo, los fríjoles, las zanahorias, las batatas, el maíz, el calabacín amarillo, el brócoli y la coliflor. Los tomates y las verduras de color verde claro también protegen, pero no de un modo tan efectivo. Entre las frutas los cítricos también son de ayuda, pero no ofrecen una protección tan potente como la de las verduras.

Los investigadores en California entrevistaron a más de 2,200 personas en San Francisco y les hicieron preguntas sobre la dieta y el estilo de vida. Entre los entrevistados, más de 500 personas padecían cáncer pancreático y 1,700 no lo padecían. Las personas que consumían por lo menos cinco raciones de verduras protectoras al día tenían la mitad de riesgo de cáncer que aquellas que consumían sólo dos raciones o menos. Además, ingerir un total de nueve raciones diarias de verduras o frutas o ambas, recortaba el riesgo a la mitad si se comparaba con comer menos de cinco raciones al día. (Una ración se definía como ½ taza de verduras cocidas, 2 tazas de ensalada cruda o un pedazo mediano de fruta.)

Cáncer gastrointestinal y del estómago

Según investigaciones de laboratorio, la mejor estrategia para evitar el cáncer gastrointestinal es comer menos, y cambiarse a una dieta con un mayor contenido de fibra proveniente de frutas y verduras, combinadas con aceite de oliva. En los exámenes llevados a cabo por el Instituto nacional de cáncer de Estados Unidos, una reducción moderada de las calorías disminuyó el riesgo de cáncer gastrointestinal casi en dos tercios. Pero aún sin reducir las calorías, comer más fibra, frutas, verduras y aceite de oliva disminuyó el riesgo de cáncer más de un 30%. En experimentos con animales, los científicos encontraron que por cada disminución porcentual en calorías la disminución del riesgo de cáncer reflejaba el cambio en la dieta. Por ejemplo, cuando las calorías se recortaban en un 60%, el riesgo del cáncer también bajaba un 60%. El dato preocupante para los investigadores es que los hábitos alimenticios de los Estados Unidos apuntan en la dirección contraria. En vez de recortar calorías, cada año se comen más y más de ellas. Un estudio calcula que el estadounidense promedio consume más de 3,700 calorías diarias. Otras estimaciones no son tan altas, pero de todos modos, muestran que las comidas y las cinturas de los estadounidenses están aumentando.

Cáncer de seno

Algunos investigadores creen que la fibra puede ayudar a combatir el cáncer de seno. Esta teoría se basa en el rol del estrógeno y en la evidencia de que una exposición prolongada a un estrógeno elevado (o incluso a la progesterona) puede aumentar el riesgo de cáncer. En el cáncer de seno, el crecimiento del tumor es estimulado por el estrógeno. La fibra, de hecho, se amarra al estrógeno y lo escolta fuera del cuerpo a través de la eliminación intestinal normal. Por consiguiente, la teoría es que la fibra puede desacelerar el crecimiento de los tumores mamarios porque se amarra al estrógeno y disminuye los niveles corporales de esta hormona que puede aumentar el crecimiento de tumores. Es más, la fibra puede ayudar a empujar sustancias cancerígenas haciéndolas llegar al intestino antes de que puedan ocasionar daños graves.

De acuerdo con la información presentada por la Asociación americana de investigación del cáncer, los investigadores de la Escuela de Medicina Keck de la Universidad del Sur de California en los Ángeles, la Universidad de Hawaii en Honolulu y la Universidad de Helsinski en Finlandia, han demostrado que en las mujeres mexico-americanas, una ingesta elevada de fibra alimentaria está asociada con niveles más bajos de estrógeno circulante. Encontraron que, a medida que se aumentaba la ingesta de fibra, los niveles de estrona y estradiol, dos hormonas femeninas que se miden en la sangre, bajaban de modo dramático. Como se han asociado los niveles altos de estrógeno con el cáncer de seno, este hallazgo podría representar un paso relevante en la prevención del cáncer de seno.

FIBRA Y SALUD CEREBRAL

El mal de Alzheimer es devastador, borra la memoria y la personalidad de una persona a medida que envejece. También es mortal. En los Estados Unidos se diagnostican más de trescientos cincuenta mil nuevos casos cada año. Se calcula que en la actualidad más de cuatro y medio millones de estadounidenses sufren el mal de Alzheimer y que sesenta mil mueren al año por esta enfermedad. Para mediados del siglo veintiuno, se espera que más de trece millones de ciudadanos de los EE.UU. padezcan este irreversible desorden cerebral. A nivel mundial, ya hay dieciocho millones de personas afectadas.

Pero al ir envejeciendo también se puede disminuir el riesgo de esta enfermedad comiendo más frutas y verduras fibrosas y manteniendo un peso bajo. Algunos científicos suecos han establecido que las personas que controlan su peso, colesterol y presión arterial —tres factores influenciados por la fibra— pueden disminuir de un modo significativo la posibilidad de sufrir demencia y Alzheimer.

En particular, se encontró que estar obeso en la edad madura trae consigo un riesgo adicional de Alzheimer en comparación con las personas que pesan menos. La obesidad y tener la presión arterial alta o un nivel elevado de colesterol, pueden duplicar el riesgo de sufrir el mal de Alzheimer. Y si se tienen estos tres factores juntos, el riesgo puede multiplicarse por seis. Estos hallazgos llevaron a los científicos a creer que el problema global de obesidad está contribuyendo al aumento generalizado de la demencia a medida que la población del mundo envejece.

FIBRA Y SALUD ÓSEA

¿Es posible que los alimentos ricos en fibra mantengan los huesos fuertes? Cuando los investigadores dirigieron la atención hacia la salud ósea de las personas que participaron en dos estudios a largo plazo del estudio Framingham del corazón en Massachusetts, encontraron que los individuos que consumían la mayor cantidad de frutas y verduras eran los que tenían los huesos más fuertes al ir envejeciendo. Según la investigadora Catherine L. Tucker, Ph.D., profesora adjunta de nutrición en la Universidad de Tufts, "Esto proporciona una razón más para darle mayor énfasis a la ingesta de frutas y verduras".

Aunque los beneficios de las frutas y las verduras para los huesos pueden estar asociados al potasio y el magnesio que estas contienen, los estudiosos no pueden descartar otros factores, entre ellos la fibra, como ayuda para fortalecer los huesos. Un descubrimiento importante en esta investigación fue que las personas que comían grandes cantidades de alimentos procesados carentes de fibra y minerales, tenían huesos más débiles. El comer una dieta baja en fibra también hace más probable contarse entre los treinta millones de estadounidenses que sufren de osteoporosis, una enfermedad degenerativa de los huesos que aparece con frecuencia en la edad madura y que puede traer consecuencias como fracturas de la cadera que en muchos casos pueden producir discapacidad y una espiral descendente de salud.

LA FORTALEZA DE LA FIBRA

¿Todavía no está convencido? Tal como la expresión *fibra moral* se refiere a una persona de un carácter íntegro que puede resistir la tentación, la fibra en el alimento le ayuda al cuerpo a resistir la enfermedad. Aunque yo lo motive para adoptar la dieta Fibra35 para verse mejor, escribí este libro para ayudarle a sentirse lo mejor posible ahora y en el futuro. Una dieta rica en fibra no sólo es la fórmula secreta para controlar el peso, sino que también le brinda una cantidad de ventajas que le ayudan a prevenir y luchar contra algunos de los problemas más comunes y serios de salud de la época actual. Si usted conoce personas que necesitan perder peso pero que no están ingiriendo una dieta rica en fibra, lo exhorto a que comparta este conocimiento recién adquirido con ellos. ¡Ellos también se merecen los beneficios que esta dieta milagrosa encierra!

Resumen del capítulo 11

Fibra y prevención de enfermedades

- ### La fibra y las enfermedades digestivas

  Ochenta millones de estadounidenses sufren enfermedades digestivas.

  La fibra es en extremo útil para manejar el estreñimiento, la diverticulosis, la enfermedad de la vesícula biliar, el reflujo gastroesofágico y las hemorroides.

- ### La salud cardíaca y las enfermedades cardiovasculares

  Por cada incremento de 10 gramos de fibra el riesgo de ataque cardíaco disminuye un 14%.

  Una dieta rica en fibra puede desacelerar la arteriosclerosis.

  Tres raciones diarias de frutas y verduras pueden reducir el riesgo de un accidente cerebrovascular en un 27%.

  La fibra puede bajar el colesterol LDL, aumentar el colesterol HDL y bajar los triglicéridos.

  Una dieta rica en fibra ayuda a bajar la presión arterial.

  35 gramos diarios de fibra pueden disminuir el riesgo en un fumador de sufrir un ataque cardíaco.

- ### Fibra y diabetes

  El aumento en la ingesta de fibra puede disminuir el riesgo de diabetes tipo 2 y ayudar a estabilizar el azúcar en la sangre.

- ### Fibra y cáncer

  Las dietas ricas en fibra protegen contra el cáncer de colon.

  Las dietas ricas en, por lo menos, cinco raciones diarias de verduras crucíferas pueden ayudar a bajar el riesgo de cáncer pancreático.

  Las dietas ricas en frutas, verduras, fibra y aceite de oliva pueden bajar el riesgo de cáncer gastrointestinal.

Las dietas ricas en fibra protegen contra el cáncer de seno.

- **Fibra y otras enfermedades**

  Las dietas ricas en fibra pueden dar protección contra el mal de Alzheimer.

  Las dietas ricas en frutas y verduras pueden mantener huesos fuertes.

CAPÍTULO 12

EL PODER DE LOS FITONUTRIENTES

Durante los últimos diez años, los científicos han hecho descubrimientos asombrosos sobre los alimentos vegetarianos. Estos alimentos contienen un número extraordinario de químicos naturales que le ayudan al cuerpo humano a combatir la enfermedad y a alcanzar un óptimo estado de salud. Estas sustancias, aparentemente, pueden combatir los efectos del envejecimiento, disminuir el dolor muscular, disminuir el riesgo de artritis, ayudar en la defensa contra las afecciones cardíacas y el cáncer y proteger el cerebro contra el daño que conduce al mal de Alzheimer.

Durante gran parte del siglo veinte la ciencia de los alimentos centró casi toda la atención en las vitaminas, esos micronutrientes que se encuentran en los alimentos y que son necesarios para la supervivencia. Cuando la dieta carece de una vitamina en particular, con el tiempo aparece una enfermedad por deficiencia de esa vitamina que puede poner la vida en peligro. Por ejemplo, cuando en épocas pasadas se hacían viajes en barco se llevaban limas como suministro vital de vitamina C, cuya deficiencia puede causar escorbuto y, en última instancia, la muerte.

Durante décadas se ha establecido un amplio conocimiento sobre la necesidad y el poder de las vitaminas, pero en tiempos más recientes, los investigadores han descubierto miles de otros fitonutrientes que tienen un efecto increíblemente poderoso sobre nuestra salud. Es como si se hubiera descubierto que, en realidad, hay miles de vitaminas y no sólo el puñado que todos conocen. Estos fitonutrientes se encuentran sobre todo en frutas y verduras y también en el té, nueces, granos enteros y legumbres. El poder de algunos fitonutrientes radica en su capacidad antioxidante para destruir radicales libres. Se cree que los radicales libres, conocidos por destruir las estructuras celulares, están involucrados en la causa o complicación de enfermedades como el cáncer y las afecciones cardíacas. Los radicales libres nocivos se pueden originar por la exposición a contaminantes y otras toxinas o también pueden ser producidos por el cuerpo en el curso de sus procesos metabólicos cotidianos.

En el capítulo 3 esbocé en forma breve el poder de los fitonutrientes (químicos de las plantas que le ayudan a estas a sobrevivir). En resumen, las plantas utilizan los fitonutrientes para protegerse a sí mismas de las enfermedades y para activar su propia inmunidad. Cuando se comen plantas se ganan algunos de los mismos beneficios presentes en estos fitonutrientes. Esta es una de las razones por las cuales los investigadores creen que las frutas y las verduras orgánicas son más saludables, ya que son cultivadas sin pesticidas y esto las obliga a producir una mayor cantidad de sus propios químicos protectores. Cuando se comen productos agrícolas orgánicos, se cosechan los beneficios de esos químicos naturales que las plantas han creado originalmente para su propia protección.

Permítame darle un ejemplo. Los fitonutrientes en las manzanas incluyen químicos llamados ácidos fenólicos que defienden la fruta contra virus, bacterias y hongos. En este grupo de fenólicos, una gran familia de químicos entre los que se cuentan los flavonoides, hay un antioxidante natural denominado quercitina que protege a las manzanas contra las enfermedades. Una investigación realizada en la Universidad de Cornell demuestra que consumir quercitina (presente sobre todo en la piel de las manzanas o justo por debajo de esta) puede disminuir el riesgo de mal de Alzheimer y de la enfermedad de Parkinson al defender las células nerviosas contra el daño de los radicales libres. Además, estudios anteriores han demostrado que la quercitina le ayuda al cuerpo a combatir el cáncer. ¿Es esta la prueba del viejo adagio "una manzana al día el médico te ahorraría"? Creo que apenas se está comenzando a comprender el poder de estos fitoquímicos, y a partir de ahora, sólo habrá buenas noticias.

Se podría escribir todo un libro sobre fitonutrientes, pero aquí sólo quiero compartir con usted una visión básica sobre el tema para que se familiarice con los nombres y llegue a valorar los alimentos que va a elegir para nutrir su cuerpo del interior hacia afuera.

TERPENOS, FENÓLICOS Y TIOLES

Los fitonutrientes en las manzanas son apenas el principio de esta historia. Los principales grupos de fitonutrientes se denominan:

- Terpenos: estos incluyen los químicos que les dan color a los alimentos, el betacaroteno hace que las zanahorias sean anaranjadas, el licopeno hace que los tomates sean rojos y la zeaxantina hace que las espinacas sean verdes.

- Fenólicos: estos incluyen los lignanos anticancerígenos de las semillas de linaza, el resveratrol, un protector cardíaco que se encuentra en la piel de las uvas y las isoflavonas anticanerígenas de la soya.

- Tioles: estos incluyen los compuestos sulfurados en las cebolla y los ajos que ayudan a proteger el sistema cardiovascular y los isotiocianatos que ayudan a combatir tumores y están presentes en el repollo, la coliflor y el brócoli.

La rueda de color

La Universidad de California creó una guía sencilla para comer usando los colores de los fitonutrientes para promover el consumo de una amplia gama de estas sustancias. Si usted se come, por lo menos, un alimento de cada uno de los siguientes grupos todos los días, podrá estar seguro de que está obteniendo una amplia gama de fitonutrientes.

- Verde-amarillo: aguacate, espinaca, hojas de mostaza, habichuelas y hojas de col; contienen luteína y zeaxantina, pigmentos que estimulan la salud de los ojos y del corazón.

- Anaranjado: calabaza, mangos, albaricoques, ahuyama y melón; contienen alfa y beta carotenos que ayudan a disminuir el riesgo de cáncer.

- Anaranjado-amarillo: naranjas, mandarinas, piñas y otros cítricos; contienen bioflavonoides, que estimulan la salud cardiovascular y disminuyen el riesgo de cáncer.

- Rojo-púrpura: uvas, vino tinto, fresas, uvas pasas y cerezas; contienen compuestos que benefician la salud como las antocianinas, el ácido elágico y los flavonoides que mejoran la salud cardíaca, combaten la artritis y los dolores musculares.

- Blanco-verde: ajos y cebollas; contienen alil-sulfuros que ayudan a tener arterias saludables.

- Rojo: tomates y sandía; contienen licopenos, fitoenos y fitofluenos que ayudan a disminuir el riesgo de cáncer.

- Verde: brócoli, coliflor, coles de Bruselas, repollo y col china; contienen glucosinolatos, isociotianatos e indol-3 carbinol que ayudan a combatir el cáncer.

Licopeno

El licopeno, el pigmento rojo que le da al tomate su color característico, se ha ganado un gran respeto por ser un antioxidante poderoso que defiende contra agentes carcinógenos. Por ejemplo, estudios de investigadores alemanes y holandeses han demostrado que el licopeno inhibe el crecimiento de tumores de la próstata. En estos exámenes de laboratorio la combinación de licopeno con vitamina E creó una potente arma anticancerosa. El licopeno redujo a la mitad la velocidad de reproducción de las células de cáncer de próstata, y cuando se le añadió vitamina E, la combinación disminuyó el crecimiento del tumor en más de un 70%.

PROTECCIÓN CONTRA EL CÁNCER

Entre tanto, los científicos en el Centro de investigación del cáncer Fred Hutchinson llevaron a cabo una investigación que demuestra que el licopeno es sólo un fitonutriente anticanceroso dentro de un mundo de fitoquímicos que tienen esta misma propiedad. En los estudios epidemiológicos realizados en este centro se encontró que, comer tres raciones de verduras diarias, puede reducir el riesgo de cáncer de próstata casi en un 50%. Este estudio descubrió que los fitonutrientes anticancerosos más potentes están en las verduras crucíferas, es decir, el repollo, la coliflor y las coles de Bruselas. Esas cifras son convincentes.

¿Qué hace que las verduras crucíferas sean tan potentes? Estas contienen sulfurafano (SFN) un químico que, según se ha demostrado, inhibe el efecto de agentes carcinógenos. Los investigadores en Rutgers encontraron además que las verduras ricas en SFN pueden tener la capacidad de prevenir cánceres que tengan un componente genético. De un modo interesante, se descubrió que estos compuestos del brócoli, la coliflor y las coles de Bruselas actuaban como disparos contra las células cancerosas. Cuando las células cancerosas se exponían a estos fitonutrientes, se autodestruían (en lenguaje técnico esta autodestrucción se denomina apoptosis). La adición de cúrcuma, una especia que contiene un fitonutriente llamado curcumina, puede aumentar los efectos anticancerosos.

Ajo en polvo

El ajo, cuyo olor y sabor característico lo han hecho un ingrediente común dentro del repertorio culinario, es un fitonutriente estrella entre los alimentos. Los fitonutrientes en el ajo pueden ayudar a combatir infecciones, a mejorar la salud cardiovascular y a disminuir el riesgo de cáncer. Por ejemplo, si a usted le gusta hacer barbacoas en verano, puede mejorar la seguridad de sus filetes y de otras carnes, cocinándolas con ajo.

Cuando un alimento con un alto contenido proteico como la carne se asa a la parrilla, libera un químico conocido como PhIP, una sustancia tóxica asociada con el cáncer. (Los estudios demuestran que las mujeres que comen grandes cantidades de carne asada a la parrilla tienen un riesgo significativamente mayor de sufrir cáncer de seno.) Sin embargo, un fitonutriente, llamado dialil sulfito (DAS), uno de los compuestos sulfatados que le dan al ajo su olor característico, puede inhibir los efectos carcinogénicos del PhIP. El DAS protege al ADN del daño e impide que el PhIP en el cuerpo se convierta en otras sustancias carcinógenas. Cuando los investigadores en la Universidad Florida A&M en Tallahassee trataron células de cáncer de mama en ratas, con PhIP y luego les agregaron DAS, el compuesto del ajo detuvo el proceso canceroso de inmediato.

PROTECCIÓN CARDÍACA

¿Es posible que una dieta basada en comidas ricas en fitonutrientes sea más efectiva que los fármacos para disminuir el riesgo de enfermedad cardíaca? Aún medio en broma los investigadores de la Universidad de McGill en Canadá, crearon la "policomida", una combinación de alimentos con fitonutrientes que en teoría podrían disminuir en más de un 70% el riesgo de sufrir una afección cardíaca. Según estos científicos, la investigación demuestra que ingerir varias comidas al día que incluyan frutas, verduras, una copa de vino tinto, pescado (cuatro veces a la semana) y chocolate amargo, puede aumentar 6.6 años la expectativa de vida de un hombre. Estos mismos alimentos pueden incrementar cerca de 5 años la expectativa de vida de una mujer. Acompañar estas comidas con té también podría aumentar los beneficios.

Aunque los científicos que hicieron estas recomendaciones no las hicieron totalmente en serio (los profesionales de la medicina tienen reservas para recomendar la ingesta de chocolate y bebidas alcohólicas), otros investigadores observaron que la recomendación de hecho se basaba en información sólida. Por ejemplo, el chocolate amargo tiene compuestos que protegen la salud cardiovascular. Y si el chocolate se acompaña con una taza de té rico en flavonoides, el efecto cardio-protector se aumenta aún más.

Los flavonoides se han vuelto muy famosos en los últimos años a medida que la nueva ciencia comprueba los beneficios que la obtención de una mezcla variada de estos compuestos, benéficos para el corazón, ejercen sobre la salud general. Se encuentran normalmente en las uvas, incluso en el jugo de uvas y hasta en el vino tinto, y se ha demostrado que reducen el estrés oxidativo que origina los problemas cardiovasculares. Además, pueden ayudar a evitar que el colesterol sea oxidado (un proceso que puede obstruir las arterias), y a proteger de daños a otras células y sustancias en el torrente sanguíneo.

LOS FITOESTRÓGENOS Y EL CÁNCER

En un número creciente de investigaciones, los científicos también están analizando la forma como un grupo de fitonutrientes, llamados fitoestrógenos, mejoran la salud. Los fitoestrógenos son sustancias naturales que imitan los efectos del estrógeno, la hormona femenina. Aunque algunos tipos de cáncer se pueden exacerbar por la producción corporal de estrógenos, se cree que los fitoestrógenos en los alimentos pueden reducir el efecto de estos mismos tipos de cáncer. Por ejemplo, cuando los investigadores en el Centro Anderson de cáncer en Houston vieron los datos sobre la salud pulmonar de más de 3,400 personas, hallaron que aquellos que consumían la mayor cantidad de alimentos que contenían fitoestrógenos, tenían la menor incidencia de cáncer pulmonar.

Los fitoestrógenos que produjeron el mayor efecto protector fueron:

- Las isoflavonas que se encuentran en los alimentos a base de soya, los garbanzos y el trébol rojo.

- Los lignanos que se encuentran en las zanahorias, espinacas, brócoli y linaza.

- Los cumesteroles que están presentes en las espinacas, fríjoles, brotes y arvejas.

Un dato desconcertante en este estudio fue el hecho de que los hombres obtuvieran de los fitoestrógenos una mayor protección contra el cáncer que las mujeres. Pero aún así, ambos sexos se beneficiaron.

PERMITA QUE SU ALIMENTO SEA SU MEDICINA

A medida que se sigan estudiando los miles de fitonutrientes que promueven la salud, con seguridad, muchos más beneficios serán descubiertos. Por esto, cuando el Instituto de técnicos de alimentos resumió su investigación sobre fitonutrientes, recordó en su informe que hace más de 2,500 años Hipócrates, el padre de la medicina, dijo: "Permite que el alimento sea tu medicina y que la medicina sea tu alimento". Los investigadores admiten que el alimento como medicina es un tema que apenas está comenzando a ser entendido y valorado.

Plan de comidas con fitonutrientes anticancerosos

El Centro de investigación del cáncer Fred Hutchinson en Seattle, Washington, ofrece un ejemplo de menú para mostrar cómo se pueden obtener fitonutrientes en abundancia en las comidas diarias y reducir el riesgo de cáncer. Note el volumen de productos alimenticios ricos en fibra en cada una de las comidas y refrigerios:

- Desayuno: tome un vaso de jugo de tomate u otro jugo de verduras, coma una tajada de tomate sobre una tostada de pan; añada unas verduras salteadas sobre unos huevos revueltos o sobre una tortilla.

- Almuerzo: coma una ensalada con abundantes zanahorias, repollo morado u otras verduras crudas; incluya sopas de verduras como la sopa de verduras con carne de res, sopa minestrone o una crema de brócoli y acompáñela con una guarnición de verduras cocidas.

- Cena: acompañe el plato principal con dos tipos de verduras o con una verdura y una ensalada; añádales verduras como arvejas y espinaca a la pasta (integral), combine varias verduras en estofado.

- Refrigerios: coma vegetales crudos como zanahorias, tomates cherry, apio, ramos de coliflor o de brócoli y frutas en abundancia.

Resumen del capítulo 12

El poder de los fitonutrientes

- **Los alimentos ricos en fibra están cargados de sustancias químicas naturales llamadas fitonutrientes que brindan protección contra las enfermedades.**

- **Los fitonutrientes que le dan el color a las verduras moradas, rojas, anaranjadas, amarillas, blancas y verdes promueven:**

  Un aumento en la inmunidad y una disminución en las infecciones.

  Salud ocular y cardíaca.

  Un menor riesgo de cáncer.

  Una disminución de los dolores artríticos y musculares.

  Arterias saludables.

  La desintoxicación hepática.

- **Fitonutrientes:**

  En el ajo, pueden proteger contra los carcinógenos que contiene la carne asada al carbón.

  Los denominados fitoestrógenos pueden brindarle protección contra el cáncer tanto a hombres como a mujeres.

  En la piel de la manzana pueden proteger contra el cáncer y desórdenes neurovegetativos.

  En el chocolate y en el té, pueden estimular la salud arterial y cardiovascular.

- **Los fitonutrientes ejercen una amplia gama de efectos benéficos sobre la salud. Entre sus acciones más importantes están:**

  Estimular las células cancerosas para que se autodestruyan (en un proceso llamado apoptosis).

  Proporcionar una fuente de vitamina A.

  Permitirles a las células comunicarse de manera más efectiva.

Cambiar el metabolismo del estrógeno de una manera beneficiosa para disminuir el riesgo de cánceres estrógeno-dependientes.

Aumentar la inmunidad.

Ofrecer una protección antioxidante contra los radicales libres.

Proteger el ADN contra daños asociados a la contaminación y al humo del cigarrillo.

Activar los sistemas enzimáticos que protegen contra carcinógenos.

CAPÍTULO 13

HORMONAS, ESTRÉS Y AUMENTO DE PESO

La inaprensible interrelación entre el equilibrio hormonal y el manejo del peso se ha aclarado más en las dos últimas décadas. Es difícil hablar del aumento de peso sin abordar el tema de las hormonas. Después de todo, si las hormonas no tuvieran relación alguna con estar gordo o delgado probablemente las personas no experimentarían tantas fluctuaciones en el peso sobre todo en momentos cruciales de sus vidas como cuando están entrando en la adolescencia; cuando están viviendo momentos particularmente estresantes; o cuando las mujeres, por ejemplo, están atravesando la menopausia. En la actualidad, hay múltiples investigaciones en curso y en el futuro se seguirán llevando a cabo otras que darán más luces sobre este apasionante campo de la medicina.

Ya se analizó la fuerte correlación que hay entre las hormonas del apetito y el hecho de que un individuo decida comerse una rosquilla más o no. También se revisó el efecto que tiene la insulina en el equilibrio del azúcar sanguíneo, que a su vez, afecta la cantidad de grasa que el cuerpo puede crear. Pero este tema tiene muchos otros aspectos que merecen atención. De hecho, el tema de las hormonas y la forma como se relacionan con el cuerpo y el peso podría ser material suficiente para todo un libro, tal como ocurre con el tema de los fitonutrientes. Para cumplir el objetivo de este libro se explicarán de manera breve las seis hormonas más potentes que afectan el manejo del peso, con el fin de que usted pueda utilizar el conocimiento del que se dispone en la actualidad para alcanzar sus metas de pérdida de peso. El solo hecho de saber cómo se relacionan estas hormonas de modo directo o indirecto con el control del peso puede ayudarle a tomar mejores decisiones en su vida para sostener el equilibrio natural de su cuerpo.

SEIS HORMONAS QUE PUEDEN INCIDIR EN EL MANEJO DEL PESO

Entre las muchas hormonas que pueden afectar el peso hay seis que son las principales: el cortisol, la insulina, las hormonas tiroideas T3 y T4, la leptina y el estrógeno.

EL CORTISOL Y EL ESTRÉS

El estrés es un tema tan común hoy en día que la gente puede no ser consciente del enorme papel que juega en el manejo del peso. Es más, el estrés puede conducir a muchas enfermedades que ponen en peligro la vida y también puede participar en otros trastornos de la salud que van desde el resfriado común hasta la artritis y las enfermedades degenerativas. Hay básicamente tres respuestas hormonales frente al estrés: aguda, crónica y agotamiento adrenal. Si el estrés agudo se vuelve crónico, con el tiempo, puede llevar a un agotamiento adrenal, una afección que no querrá padecer.

Del inofensivo estrés agudo al peligroso agotamiento adrenal

Si en alguna ocasión usted tuvo que tomar un examen importante o hablar por primera vez frente a un grupo grande de personas, entonces con seguridad ha experimentado el estrés agudo. El estrés agudo también es lo que a menudo sienten las personas antes de una prueba física como correr una carrera de 10 kilómetros o en el momento en que se dan cuenta de que van a sufrir un accidente automovilístico. Usted es consciente de la carga de ansiedad y nerviosismo que lo embarga, pero probablemente, ignora lo que está sucediendo a nivel celular en su cuerpo. Pues bien, allí están ocurriendo muchas cosas en una rápida secuencia de eventos que comienza en el momento mismo en que usted percibe el peligro o la exigencia repentina de tomar alguna acción física o mental. Le daré una corta descripción.

Primero, el centro hipotalámico del cerebro secreta la hormona liberadora de corticotropina (CRH). Esta hormona viaja después a otra zona cercana del cerebro, la glándula pituitaria, en donde estimula la liberación de la hormona adrenocorticotrópica (ACTH) que a su vez viaja a través de la circulación hasta las glándulas adrenales, las pequeñas glándulas encima de los riñones. Luego, estas liberan tres hormonas. Las dos primeras son la epinefrina y la norepinefrina que aumentan la frecuencia y el gasto cardíaco y aumentan en forma selectiva el flujo de sangre hacia los músculos, los pulmones y el cerebro para permitir un aumento del desempeño durante el episodio de estrés. El resultado es un mayor enfoque de la concentración, un tiempo de reacción más veloz y un aumento de la fuerza y la agilidad. Esta es la razón por la cual es posible sentir un acceso repentino de invencibilidad cuando se está bajo un estado de estrés agudo. La liberación de epinefrina y norepinefrina pronto es seguida por una tercera hormona, el cortisol, que ayuda a elevar el azúcar sanguíneo y a calmar el cuerpo para que se recupere del episodio de estrés.

El asunto es que el organismo se somete a una cadena de reacciones químicas que le ayudan a enfrentar el momento de estrés. Pero imagínese que esta reacción se repitiera una y otra vez. En un momento dado se volvería crónica. Y un exceso de estrés, durante períodos prolongados de tiempo, termina por hacer daño. El cuerpo no puede estar en la modalidad de "pelear-o-huir" de manera permanente.

Lo ideal es que las señales hormonales apaguen la respuesta de estrés y que el cuerpo vuelva a la normalidad una vez que el episodio estresante haya pasado. El problema se da cuando no se puede olvidar este episodio y sigue siendo un motivo de preocupación y se permite que otros hechos pequeños y molestos ocupen la mente. El estrés crónico de baja intensidad es endémico en la sociedad actual. Incluso la misma tecnología, como el correo electrónico y los teléfonos celulares, que se supone debería hacer la vida más fácil y menos estresante, de alguna manera, estresa más a las personas pues las obliga a llevar vidas sin descanso alguno.

Por desgracia, en este estado crónico las hormonas continúan recorriendo el sistema en niveles bastante altos sin abandonar nunca la sangre y los tejidos. Con el tiempo, el aumento crónico de cortisol puede hacer que los receptores hipotalámicos del cerebro se vuelvan insensibles y no transmitan un mensaje claro de que hay cortisol en abundancia en el torrente sanguíneo. El hipotálamo, en vez de detener la producción de CRH sigue liberando cantidades elevadas que continúan incrementando el cortisol (en lenguaje médico, esto se conoce como pérdida de la inhibición por retroalimentación).

La elevación persistente tanto del cortisol como de la CRH tiene efectos negativos en el cuerpo. Por un lado, el cortisol aumentado puede llevar a una resistencia a la insulina que promueve un depósito adicional de grasa. También puede generar diabetes, enfermedad cardíaca, un accidente cerebrovascular y depresión. Es más, el aumento de la CRH puede llevar a liberar moléculas mensajeras que inician la respuesta inflamatoria (cuyos nombres técnicos son TNF-alpha, IL-6 y IL-1); entonces, se produce inflamación por todo el cuerpo. Y, como ya usted sabe, la inflamación crónica puede dar como resultado un depósito adicional de grasa y depresión.

La espiral descendente no termina allí. En la medida en que continúe el estrés crónico, las glándulas adrenales se pueden cansar con el tiempo y dejar de producir cortisol como respuesta a la CRH y la ACTH. Los niveles demasiado bajos de cortisol pueden causar un desgaste adrenal o agotamiento. Esto es serio porque se necesitan cantidades normales de cortisol para ayudarle al cuerpo a controlar el dolor, la inflamación, el azúcar sanguíneo, la presión arterial, la fatiga, el estado de ánimo y la estabilidad emocional. Así que no importa en qué extremo del espectro se encuentre usted, la producción excesiva o deficiente de cortisol es una situación en la que siempre se pierde. Usted debe alcanzar un equilibrio de los niveles corporales de cortisol para cosechar los beneficios y evitar las dificultades cuando este se descontrola. Controlar el nivel de estrés es la forma como usted puede alcanzar este equilibrio saludable.

Entre los factores que amenazan el peso y la salud humana, creo que el estrés es el que menos atención y menos manejo recibe. Es una constante en la sociedad de hoy, se ha convertido en una condición de vida comúnmente aceptada. Cuando usted está sentado en un embotellamiento, o viendo horrores en el noticiero de la noche u ocupándose de la pelea entre sus hijos, su cuerpo está haciendo un cambio potencial hacia una modalidad de supervivencia que trabaja en contra de sus mejores esfuerzos por estar delgado y saludable. A menudo, me pregunto cuánto más saludables serían las personas si vivieran en un mundo libre de estrés. Apuesto a que las estadísticas relacionadas con las dolencias y las enfermedades serían absolutamente diferentes.

LA FÓRMULA CONTRA EL ESTRÉS EN LA DIETA FIBRA35

Combatir el estrés es vital para la salud general, por esta razón diseñé una fórmula Fibra35 contra el estrés. Esta tiene cinco componentes:

1. Suplementos nutricionales

2. Dieta antiestrés

3. Ejercicio y sueño

4. Disminución de la cafeína

5. Meditación

Suplementos nutricionales

Hay diversos ingredientes nutricionales y hierbas que ayudan a regular la producción de cortisol y a darle apoyo a las glándulas adrenales. Desde hace mucho tiempo se conoce la relación entre la vitamina B_5 (ácido pantoténico) y las glándulas adrenales. Las glándulas adrenales dependen de la vitamina B_5. Una deficiencia de esta vitamina ejerce un estrés permanente sobre estas glándulas y esto, en última instancia, puede provocar en ellas un agotamiento y un mal funcionamiento. La raíz de oroval, la raíz de eleuterococo (ginseng) y la raíz ártica se consideran hierbas adaptogénicas, es decir, hierbas que han sido conocidas tradicionalmente por contribuir al funcionamiento adecuado de las glándulas adrenales y a la producción de cortisol y también por mejorar la capacidad de resistencia a los efectos negativos del estrés. Los productos que utilizan un extracto potente y estandarizado de raíz de oroval son más efectivos para controlar el aumento de peso asociado al estrés. El extracto de banaba, además de regular el nivel de azúcar sanguíneo, también reduce la producción de cortisol y favorece una adecuada función adrenal. Se cree que el aminoácido L-teanina induce la relajación y alivia el estrés emocional por su habilidad para atravesar la barrera hematoencefálica y contribuir a la producción de GABA, un aminoácido en el cerebro que actúa como un químico y que es reconocido por sus efectos tranquilizantes. Busque estos componentes en un suplemento diseñado para apoyar la salud adrenal y del cortisol.

Dieta antiestrés

A estas alturas, usted ya debe conocer la mejor forma de alimentarse para perder peso y para tener una salud óptima. Así que no se sorprenderá cuando diga que ingerir una dieta diaria rica en alimentos provenientes de plantas orgánicas (frutas, verduras, legumbres, nueces) reduce el estrés fisiológico relacionado con comer. ¿Qué quiero decir con *estrés fisiológico relacionado con comer*? Comer somete el cuerpo a cierto grado de estrés, básicamente, porque el cuerpo tiene que trabajar para digerir el alimento. A continuación, doy algunos ejemplos específicos.

- Los alimentos procesados y conservados: consumir alimentos que hayan sido refinados y cargados con conservantes puede disparar reacciones inmunes que generan un estrés fisiológico generalizado.

- Una combinación inapropiada de alimentos: comer proteína en exceso (sobre todo carnes rojas) al mismo tiempo que carbohidratos refinados simples (pan, pasta, etcétera) provoca una reacción entre la proteína y el carbohidrato que da como resultado productos finales de glicación avanzada (AGE). Estos son absorbidos y generan la liberación de radicales libres del sistema inmune, que a su vez, producen estrés adicional e inflamación. Usted puede pensar en los AGE* como en algo que lo "envejece" más rápido.

- Carencia de enzimas: el alimento cocinado tiene un bajo contenido enzimático y, por lo tanto, puede que no sea digerido de

---

* N.T.: age: verbo del inglés que significa envejecer.

un modo apropiado, sobre todo, a medida que se envejece. Lo animo a que tome enzimas digestivas (descritas en detalle en el capítulo 10) para favorecer de un modo natural una digestión adecuada.

Ejercicio y sueño en relación con el estrés

Se ha dicho que la programación lo es todo y esto también es aplicable al estrés, particularmente, al estrés relacionado con el ejercicio, el sueño y la producción hormonal. Un ciclo diurno (día-noche) saludable está ligado a patrones normales de secreción hormonal. El cortisol debe estar en su pico más alto en las mañanas y luego debe descender de modo progresivo a lo largo del día hasta alcanzar los niveles más bajos después de las 11:00 p.m. En la tarde, con el descenso en los niveles de cortisol, se da un ascenso en los niveles de melatonina. La melatonina es la hormona natural corporal que le informa a la persona que ya es hora de irse a la cama. Unos niveles más elevados de melatonina permiten una etapa más prolongada de sueño de movimiento ocular rápido (MOR) que ayuda a mantener niveles saludables de hormona del crecimiento, hormonas tiroideas y hormonas sexuales femeninas y masculinas. De hecho, la hormona del crecimiento se secreta en gran parte en la noche cuando se está llenando el banco del sueño con un sueño reparador de alta calidad. Esta es la hormona necesaria para la reparación y el rejuvenecimiento celular. Si deja pasar el sueño profundo no sólo se sentirá aletargado y cansado al día siguiente, sino que su cuerpo habrá perdido la oportunidad de obtener los niveles de hormona del crecimiento que tanto necesita.

Como casi todos los ejercicios tienden a incrementar el cortisol, tendría sentido hacer ejercicio temprano. Esto permitiría que el cortisol descendiera antes de la hora de acostarse y ese descenso favorecería el ciclo normal del sueño. (Sin embargo, déjeme repetir que no debe preocuparse por encontrar la hora ideal para ejercitarse, sino más bien por sacar el tiempo para hacerlo. Algunas personas prefieren hacer ejercicio en las horas de la tarde sin que esto les cree problemas para dormir en la noche. Elija lo que mejor se adapte a sus necesidades individuales.) Cuando el patrón del cortisol se invierte (niveles altos de cortisol en las noches y bajos en las mañanas) se da un sueño inadecuado y una producción hormonal baja. Este patrón invertido del cortisol ha demostrado ser una señal que vaticina de manera muy precisa la muerte en pacientes con cáncer o enfermedades cardíacas.

El ejercicio moderado tiene profundos efectos antinflamatorios y antiestrés, mientras que el ejercicio pesado y prolongado libera cantidades enormes de hormonas de estrés y mantiene elevados los niveles de cortisol durante horas. Por esta razón recomiendo niveles moderados de ejercicio. ¿Esto quiere decir que no debe hacer una hora de ejercicio cardiovascular? No. Significa que no debe forzar su cuerpo hasta el agotamiento cada vez que se ejercita. Escuche su cuerpo. Este le dirá cuándo es hora de parar.

Como ya se analizó en el capítulo 7, una cantidad adecuada de sueño es una de las formas de activar el metabolismo. El sueño es igualmente importante con respecto al equilibrio hormonal.

CONSEJO DE BUENAS NOCHES: EVITE LA TELEVISIÓN Y LA PANTALLA DEL COMPUTADOR TARDE EN LA NOCHE

Tener toda una noche de sueño es difícil para muchos individuos, pero es vital para la salud general. Cuídese de exponerse a la luz tarde en la noche cuando su cuerpo quiere irse a dormir, sobre todo, si la exposición proviene de una pantalla de televisión o de computador. La luz emitida puede enviar señales defectuosas de la retina al cerebro que hacen que el cortisol ascienda y la melatonina descienda. Entonces, usted entrará en un estado de alerta y no querrá dormir; y sus hormonas no tendrán un equilibrio adecuado. Si usted debe estar frente a una pantalla de televisión o de computador trate de usar anteojos de color rosado que, al parecer, atenúan el efecto. Pero siendo más prácticos, ¡váyase a dormir!

Disminución de la cafeína

La cafeína puede ser otro de los culpables de elevar los niveles de cortisol. ¿Significa que debe evitar el café del todo? Eso depende de usted. Pero una alternativa mejor es el té cafeínado. Si va a tomar café es mejor que lo haga temprano. Cada persona metaboliza la cafeína a una velocidad diferente, pero en general, el cuerpo tarda entre tres y siete horas para eliminar la mitad de la cantidad total de cafeína (también denominada vida media). Mientras más tiempo permanezca el café en el torrente sanguíneo más tiempo podrá estar elevado el cortisol. En un estudio que medía el efecto de 300 mg de cafeína ingeridos antes de la 1:00 p.m., los niveles de cortisol regresaban a la normalidad a las 7:00 p.m.

Meditación

Es bien sabido que el ejercicio físico es bueno para el cuerpo, ¿pero y qué hay del ejercicio para la mente? La meditación es una forma de ejercicio mental que brinda una forma para relajarse y liberar estrés acumulado. La historia de la meditación se remonta aún más atrás que la del yoga. La meditación reúne todas las energías de la mente y las concentra en un punto dado: una palabra, un sonido, un símbolo, una imagen que reconforta o la propia respiración. Hay informes que demuestran que las sustancias químicas sanguíneas indicativas de un estado estresante disminuyen durante los períodos de meditación. Medito cada mañana al despertar o en las tardes después de un día complicado y encuentro que es de gran ayuda para mi estado de ánimo y que me permite enfrentar situaciones estresantes con mayor facilidad. Es importante conseguir una silla adecuada para meditar. Prefiero la silla de meditación con espaldar porque le brinda un soporte estupendo a mi espalda durante las sesiones de meditación.

CONSEJO PARA MANEJAR EL ESTRÉS: CONSIDERE BUSCAR AYUDA PROFESIONAL Y LEER TEXTOS ENRIQUECEDORES

La ayuda profesional y la lectura de textos enriquecedores también pueden ser formas de manejar el estrés. Además del ejercicio, la dieta, el sueño reparador y la meditación, buscar ayuda profesional y leer libros y artículos enriquecedores o espirituales le puede ayudar a replantear la interpretación que tiene de los hechos estresantes para que tengan un impacto menor sobre sus emociones y, de ese modo, pueda atenuar la liberación de las hormonas de estrés.

INSULINA

Las dietas bajas en carbohidratos están construidas fundamentalmente alrededor de la insulina que ha sido un concepto importante en la pérdida de peso en tiempos recientes. Esto se debe a que ahora se tiene una noción más clara de la forma como las fluctuaciones en esta potente hormona digestiva pueden afectar el peso y la salud general. La insulina es, después de todo, un factor decisivo en la diabetes. A estas alturas ya usted debe tener un conocimiento básico sobre esta hormona y la forma como se relaciona con el equilibrio del azúcar sanguíneo y el control del peso. Aunque no creo en las dietas bajas en carbohidratos, sí creo en la importancia de controlar la insulina y en que es posible hacerlo con los carbohidratos indicados.

Nutrición insulino-balanceada

La clave para una nutrición insulino-balanceada es evitar los carbohidratos que causan una elevación rápida en el azúcar sanguíneo y un aumento repentino en la insulina, conocidos también como alimentos con altos índices glicémicos. Como lo anoté en el capítulo 5, el índice glicémico mide la velocidad con la que los alimentos son convertidos en azúcar sanguínea. Mientras más alto sea el valor del índice glicémico de un alimento, más rápido será convertido en azúcar y más respuesta insulínica se requerirá para controlar los niveles de azúcar en la sangre. La elección de alimentos no debe basarse totalmente en este índice, sin embargo, este puede ayudar a diferenciar los carbohidratos buenos de los malos, ya que los carbohidratos refinados y procesados tienden a tener índices elevados.

Evite los carbohidratos "malos" que incluyan carbohidratos refinados tales como:

- Papas fritas
- Panes blancos que no tengan grano entero
- Pasta que no sea integral
- Arroz blanco
- Golosinas, bizcochos y pasteles

- Casi toda la comida rápida
- Casi toda la comida frita
- Gaseosas y bebidas dulces
- Cereales dulces

Por el contrario, y siguiendo por el camino de lo bueno, los carbohidratos con bajo índice glicémico le ayudarán a balancear la insulina. Los carbohidratos buenos son esenciales para la salud y son ricos en fibra por naturaleza. Estos incluyen:

- Frutas
- Verduras
- Legumbres
- Pasta y panes integrales
- Arroz integral

CONSEJO SOBRE UN SUPLEMENTO NUTRICIONAL: BUSQUE UNA FÓRMULA INSULINA-AZÚCAR SANGUÍNEO

Hay ingredientes nutricionales naturales que ayudan a mantener el equilibrio de la insulina y del azúcar. El cromo, específicamente el cromo del factor de tolerancia a la glucosa (GTF), ha sido reconocido desde 1970 como un nutriente esencial para la tolerancia a la glucosa y la estabilidad de la insulina. El mineral vanadio es conocido como un agente antidiabético por tener efectos similares a los de la insulina en el cuerpo. Se ha demostrado clínicamente que hierbas como el fenogreco, la corteza de canela, las hojas de yerba mate, el melón amargo y las semillas de jambolán disminuyen el azúcar sanguíneo y ayudan a mantenerlo en niveles saludables. Se cree que el aminoácido L-taurina tiene el efecto de mejorar la resistencia a la insulina. En un estudio se observó que la resistencia a la insulina era menor en un grupo de prueba que estaba usando L-taurina como suplemento. Busque una combinación de estos ingredientes cuando vaya a elegir un suplemento para regular la insulina.

HORMONAS TIROIDEAS T3 Y T4

El peso es afectado en gran medida por la tiroides que regula el metabolismo o la velocidad con la que se queman calorías para obtener energía. Una actividad disminuida de la tiroides hace que el índice metabólico descienda. El resultado es una asimilación y una eliminación inadecuada de los alimentos; una tiroides baja, con mucha frecuencia lleva a un aumento innecesario de peso. El hipotiroidismo es la consecuencia de una producción insuficiente de dos hormonas tiroideas, T4 (tiroxina) y T3 (triyodotironina). Los signos y síntomas pueden incluir algunos de los siguientes:

- Aumento de peso
- Dolores de cabeza
- Fatiga
- Pérdida del apetito
- Depresión
- Nivel bajo de azúcar sanguíneo
- Cortisol y adrenalina elevados
- Colesterol elevado
- Enfermedad cardíaca
- Irregularidades en la presión arterial
- Circulación deficiente
- Intolerancia al frío
- Temperatura corporal más baja
- Infecciones crónicas
- Insomnio
- Angustia emocional
- Piel y cabello resecos
- Encanecimiento prematuro del cabello en adultos jóvenes

- Párpados hinchados

- Frecuencia cardíaca disminuida

- Falta de libido

- Deficiencias inmunitarias

- Estreñimiento y otros problemas del colon

No se alarme si tiene muchos de estos síntomas; su médico puede hacerle un examen sencillo para revisar su tiroides. El tratamiento médico para el hipotiroidismo casi siempre incluye un reemplazo de la hormona tiroidea con T4 sintética.

Antes de tomar cualquier suplemento que pueda afectar la tiroides, hágase primero un examen médico para establecer si padece hipertiroidismo. Algunos suplementos pueden exacerbar esta enfermedad.

La iodina, la tirosina, la banaba y la DMAE se cuentan entre los mejores ingredientes nutricionales que se han usado tradicionalmente para fortalecer la salud de la tiroides. Si elige tomar una fórmula de apoyo natural para la tiroides, esos son los componentes que debe buscar en ella. Muchos de estos ingredientes se encuentran en suplementos nutricionales termogénicos y en suplementos para regular la insulina.

LEPTINA

El conocimiento que se tiene de las hormonas que regulan el apetito como la leptina y la grelina ha mejorado mucho en los últimos años. A finales de 2004, por ejemplo, los investigadores demostraron la fuerte conexión que existe entre el sueño y la capacidad para perder peso; mientras más se duerma mejor es la regulación corporal de los químicos que controlan el hambre y el apetito. Una de estas hormonas es la leptina, que como recordarán, es producida por las células grasas y es la responsable de informarle al cerebro cuándo se está satisfecho. Cuando funciona de un modo normal induce la combustión de grasa y reduce el almacenamiento de la misma. Obviamente, usted querrá que esta hormona funcione de un modo adecuado para que su contraparte, la grelina, la hormona que dice "dame de comer", se mantenga bajo control.

En 1994, diez años antes de que salieran a la luz pública los estudios avanzados sobre las hormonas del sueño y del apetito, se identificó el gen *ob* en ratones obesos. Se encontró que las mutaciones en el gen ob causaban una carencia total de producción de leptina que llevaba a una obesidad severa. Los científicos descubrieron además que cuando se les inyectaba leptina a estos ratones su ingesta de alimentos disminuía, el índice metabólico aumentaba y perdían una cantidad significativa de peso. Esta investigación parecía prometedora hasta que otro estudio encontró que, en seres humanos obesos, los niveles de leptina eran en promedio cuatro veces más elevados que en otros individuos con peso normal. Este dato sugería que la obesidad humana no se correlacionaba con una falta de producción de leptina y que no podía ser tratada exitosamente con inyecciones de esta hormona. Sin embargo, la investigación sobre la hormona continúa; en ensayos clínicos recientes se encontraron evidencias de que la leptina puede producir pérdida de peso en individuos obesos. Las investigaciones también demostraron que el ejercicio puede normalizar la sensibilidad del cuerpo a la leptina. Así que quizá no es la falta de leptina, sino un trastorno de resistencia a la leptina —similar a la resistencia a la insulina— el que influye sobre la obesidad en los humanos. Puedo prever que en el futuro otras investigaciones permitirán tener una mayor comprensión sobre las complejidades relacionadas con la obesidad y estas hormonas. El camino apenas se está abriendo y es una época emocionante en esta área de investigación.

El jarabe de maíz rico en fructosa dispara las ansias de comer

Hoy en día el jarabe de maíz ha reemplazado, en buena parte, al azúcar como edulcorante de preferencia en los alimentos procesados. Este jarabe es más perjudicial para sus metas de pérdida de peso de lo que usted se imagina. Aparte del hecho de ser un azúcar altamente procesado, rico en calorías y con muy poco valor nutritivo, puede incluso arruinar la capacidad de determinar cuándo se debe dejar de comer. ¿Cómo? Porque en presencia del jarabe de maíz rico en fructosa no se secreta tanta leptina. Entonces, esta no puede darle al cerebro el mensaje crucial de que usted ya está satisfecho, y por consiguiente, usted no puede parar de comer. La lección obvia aquí es que alguien que esté tratando de perder peso debe evitar de manera estricta cualquier producto que contenga jarabe de maíz rico en fructosa.

Fibra soluble y leptina

En agosto de 2006 un estudio publicado por la Universidad de California en San Francisco, estableció que una dieta rica en calorías y baja en fibra promueve desequilibrios hormonales que estimulan el comer en exceso. Un exceso de azúcar y una carencia de fibra, por sus efectos sobre la insulina y la leptina, parecen ser las causas específicas principales de la epidemia de obesidad. La insulina y la leptina comparten una cadena esencial de reacciones y, al parecer, la insulina funciona como antagonista de la leptina. El exceso de azúcar y el déficit de fibra estimularán una superabundancia de insulina que, a su vez, bloqueará la señal de la leptina al cerebro y dará como resultado un aumento en la ingesta de alimento y una disminución en la actividad. Con esta información disponible se puede suponer que al regular la producción de insulina con una dieta baja en azúcar y rica en fibra, es posible restaurar la sensibilidad del cerebro a la leptina.

A principios de 2006, un científico encontró que los niveles de leptina podían normalizarse incorporándole a la dieta una fibra soluble que después podía mejorar la sensibilidad a la insulina.

ESTRÓGENO

Casi todas las mujeres admitirán que sienten los efectos del estrógeno (y probablemente también los de la progesterona, la hormona "hermana" del estrógeno). Pero no todas las mujeres saben qué tan amplio es el alcance de los efectos del estrógeno en el cuerpo, sobre todo, cuando los niveles de estrógenos se desequilibran. Un nivel elevado de estrógeno puede producir un metabolismo lento e ir arando el terreno para un aumento de peso. Los niveles elevados también pueden hacer que el cuerpo retenga sodio, esto genera retención de agua y un cambio en la forma como el cuerpo metaboliza el aminoácido triptofano, un precursor de la serotonina, el neurotransmisor del bienestar. Si los niveles de serotonina caen, se pueden experimentar antojos por comer alimentos no saludables (se buscan alimentos que "consuelan", que por lo general, son ricos en grasa, sal y carbohidratos de baja calidad para poder producir de un modo artificial la sensación de bienestar). Es probable que estos antojos lleven por un camino que conduce a un aumento de peso.

Además, cuando el estrógeno predomina sobre la progesterona, puede crearse una situación de mayor riesgo de cáncer de seno, al igual que de hipotiroidismo. El hipotiroidismo se desarrolla cuando la tiroides, que regula el metabolismo, disminuye el paso y entra en un estado de menor actividad, y por lo tanto, inhibe los esfuerzos por perder peso.

Aunque es difícil señalar con exactitud las causas de un desequilibrio en los estrógenos y en la progesterona, sobre todo porque el cuerpo de cada mujer es diferente y está expuesto a diferentes ambientes, todas las mujeres deben tratar de alcanzar un equilibrio que pueda ayudarles a prevenir ciertos tipos de cáncer y a estimular un manejo ideal del peso. Un punto de partida para promover este equilibrio saludable puede ser simplemente adicionarle más fibra a la dieta.

Puede parecer que la fibra y el estrógeno están en mundos diferentes, pero hay una relación comprobada entre una ingesta rica en fibra y niveles bajos de estrógeno en la sangre. Ya mencioné que se cree que la fibra reduce el exceso de estrógeno al fijarse a este en el colon y eliminarlo del cuerpo en las heces. Por el contrario, en una dieta baja en fibra, el estrógeno se reabsorbe y se recicla en el cuerpo aumentando los niveles generales de estrógeno, que después posiblemente pueden alimentar el crecimiento de tumores. El exceso de estrógeno puede llegar a los senos y a otros órganos propensos a los cánceres hormono-dependientes. Así que al ingerir una dosis saludable de fibra, es posible que usted se deshaga de una dosis no saludable de estrógeno.

Además de la fibra, hay muchas otras cosas que se relacionan con el equilibrio hormonal de estrógenos, pero mi objetivo al traer el tema a colación es sugerir que el cambio de una dieta baja en fibra y rica en alimentos procesados a una dieta rica en fibra y en nutrientes, puede traerle a su salud muchos beneficios, beneficios más allá de los que la fibra misma genera, y por lo tanto, puede hacer que, en última instancia, su cuerpo gane un estado más balanceado y saludable.

Resumen del capítulo 13

Hormonas, estrés y aumento de peso

- Hay varias hormonas que afectan el manejo del peso:

  Cortisol

  Insulina

  Leptina

  Hormonas tiroideas

  Estrógeno

- La fórmula contra el estrés de la dieta Fibra35 le ayudará a mantener un equilibrio hormonal y un manejo óptimo del peso a través de:

  Suplementos nutricionales

  Dieta antiestrés

  Ejercicio y sueño

  Disminución de la cafeína

  Meditación

CAPÍTULO 14

LAS RECETAS FIBRA35

Las siguientes recetas ofrecen una variedad de algunas de mis comidas favoritas, muchas de las cuales se preparan en un tiempo mínimo. Una buena parte de estas recetas son comidas completas e incluyen ingredientes tales como frutas frescas y vegetales para proporcionar un contenido más alto de fibra por porción. Otras recetas son sólo ideas sobre cómo cocinar pollo o pescado. Estos deben ser usados como fuentes de proteínas, luego puede añadirles una receta o dos de verduras y así tendrá una comida completa. Incluí también recetas para ensaladas, sopas, el batido sugerido en la fase uno y la fase dos del programa y refrigerios que contienen fibra y proteína. Todas estas recetas pueden ser incluidas en la fase uno, fase dos o fase tres del plan de la dieta Fibra35. En el capítulo 15 encontrará estas recetas organizadas en ejemplos de menús.

Todas estas recetas han sido diseñadas para que funcionen en cualquier fase de la dieta. El requerimiento calórico diario de cada individuo es diferente, así que usted tiene que concentrarse sólo en crear un plan de comidas que corresponda a sus necesidades individuales. Ninguna de estas recetas contiene más de 500 calorías por porción (la mayoría contiene muchas menos). Durante la fase uno usted puede seleccionar cualquier receta de estas, pero cerciórese de mantenerse dentro de su presupuesto diario de calorías. Por ejemplo, si elige la lasaña de 483 calorías para la cena, deberá organizar las calorías restantes para ese día y optar por un desayuno y un almuerzo con menos calorías. ¡Es posible y fácil de hacer! Simplemente planee con anticipación y lo logrará.

Mire con cuidado el tamaño de las porciones en las recetas ya que estos variarán. Siempre puede disminuir los ingredientes para una o dos porciones o aumentarlos para una reunión tamaño familiar. Agregué además algunos consejos y notas que pueden servirle de ayuda cuando esté preparando las comidas.

Recuerde que puede aumentar la cantidad de fibra por porción de cualquiera de estas recetas sólo con rociar fibra de mesa directamente sobre la comida antes de consumirla. Este tipo de fibra es transparente, insípida e inodora, y no debe alterar en absoluto el sabor de la receta. Visite www.fiber35diet.com para más consejos e ideas.

RECETAS PARA EL DESAYUNO

TOSTADAS FRANCESAS MULTIGRANOS CON YOGUR Y BANANO

2 porciones (6g de fibra/porción)

- 1 huevo y 1 clara ligeramente batidos
- ¼ de cucharadita de vainilla natural
- Una pizca de sal
- Aceite de oliva en atomizador
- 4 rebanadas de pan integral orgánico con nueces
- ½ taza de banano en rebanadas
- 2 higos medianos en rodajas
- 6 onzas de yogur natural

Mezcle los huevos, la vainilla y la sal en un tazón que sea lo suficientemente grande como para poner dentro una rebanada de pan sin doblarla. Precaliente una sartén a fuego medio y rocíela con aceite. Ponga 2 rebanadas de pan en la mezcla de huevos, asegúrese de que ambos lados de las rebanadas queden bien cubiertos. Deje los panes en la mezcla hasta que absorban más o menos la mitad del huevo. Ponga las rebanadas en la sartén caliente y cocínelas hasta que ambos lados estén ligeramente dorados. Haga lo mismo con las 2 rebanadas de pan restantes. Sirva las tostadas francesas y póngales encima una cucharada grande de yogur, banano y rebanadas de higo.

Nota: el contenido nutricional de los panes multigranos es variable. Asegúrese de usar pan integral, no sólo multigranos.

Consejos de Brenda: el sabor de esta receta puede variar mucho según el tipo de pan que se use. Es común encontrar panes con granos, nueces, semillas e incluso con adición de verduras y frutas en las tiendas naturistas.

Datos nutricionales: tamaño de la porción, 2 rebanadas. Calorías 295, fibra 6 g, proteínas 14 g, grasas 7g, grasas saturadas 3 g, carbohidratos 47 g, colesterol 104 g, sodio 400 mg, azúcares 22 g.

GACHAS DE MIJO

2 porciones (7g de fibra/porción)

- ½ taza de mijo seco*
- ¼ de taza de leche de almendras
- ½ cucharadita de canela
- $\frac{1}{8}$ de taza de almendras picadas**
- ¼ de taza de frambuesas frescas
- 1 cucharadita de azúcar de arce (parece azúcar morena)
- 1 cucharadita de endulzante u otro sucedáneo natural del azúcar (si es necesario)
- Una pizca de sal

Ponga a remojar el mijo en agua en un tazón grande durante la noche. En la mañana, escúrralo y lávelo.

Ponga 1½ tazas de agua fresca (con un poco de sal) a hervir. Agregue el mijo y revuelva con frecuencia. Continúe la cocción a fuego lento durante 15 minutos aproximadamente o hasta que el mijo haya absorbido todo el líquido. Retire del fuego. Mientras el mijo esté todavía muy caliente agréguele ¼ de taza de leche de almendras, canela y almendras y vuelva a ponerlo al fuego durante 2 minutos. Sírvalo con cuchara en un tazón. Añada las frambuesas y espolvoree el azúcar de arce por encima. Agregue el endulzante a su gusto.

Nota: * si el mijo se remoja con anticipación, el tiempo de cocción se reduce 5 a 10 minutos. El grano tiene una textura más esponjosa cuando se usa poca agua y queda muy húmedo y denso cuando se cocina con agua de más.

**Todas las nueces deben dejarse en remojo durante la noche.

Consejos de Brenda: me encanta esta receta como una alternativa para la avena. El mijo es un alimento altamente nutritivo y no glutinoso. Es considerado como uno de los granos menos alergénicos y más digeribles.

Datos nutricionales: tamaño de la porción, 1 taza. Calorías 262, fibra 7 g, proteínas 8 g, grasas 6 g, grasas saturadas 1 g, carbohidratos 45 g, colesterol 0 g, sodio 29 mg, azúcares 4 g.

FRITTATA DE SALMÓN

2 porciones (5g de fibra/porción)

- 1 cucharadita de aceite de oliva (extra virgen)
- ¼ de taza de cebolla (dulce) partido en cuadros pequeños
- ¼ de taza de granos de maíz congelados o frescos, cocidos al vapor
- Una lata de 4 onzas de salmón, escurrida
- 1 tomate partido en cuadros
- ¼ taza de pimiento rojo picado
- 1 huevo y 1 clara ligeramente batidos
- 4 tazas de espinaca cruda fresca
- ¼ taza de aguacate en rodajas
- ¼ taza de su salsa favorita
- 1 cucharada de menta fresca o de albahaca picada
- Una pizca de sal marina
- Pimienta negra recién molida
- Opcional: 3 cucharadas de queso amarillo

Caliente el aceite de oliva a fuego medio en una sartén pesada. Cocine la cebolla hasta que esté suave o tenga un color claro. Agregue el maíz, el salmón, el tomate y el pimiento rojo. Mezcle con delicadeza y continúe la cocción durante 4 minutos aproximadamente. Vierta los huevos sobre la mezcla. Cocine a fuego medio durante otros 4 minutos. Retire la sartén de la estufa y ponga la tortilla a dorar en el horno. Corte y sirva sobre una cama de espinacas cubierta con rebanadas de aguacate dispuestas en abanico y salsa. Espolvoree por encima con hierbas frescas, sal y pimienta, y queso amarillo si lo desea.

Nota: puede usar lechuga Bibb o una mezcla de lechugas en lugar de la espinaca. La mayor parte de la grasa de esta receta proviene de las grasas esenciales buenas del aguacate.

Consejos de Brenda: esta es una receta rápida y sencilla que prefiero para el desayuno, el almuerzo o la cena. Me gusta especialmente porque es fácil de preparar cuando aparecen visitas inesperadas. Además, es fácil de transformar en un plato vegetariano.

Datos nutricionales: tamaño de la porción, 1 trozo. Calorías 260, fibra 5 g, proteínas 23 g, grasas 13 g, grasas saturadas 2 g, carbohidratos 15 g, colesterol 146 g, sodio 347 mg, azúcares 6 g.

OMELET DE ESPINACA Y CHÈVRE (QUESO DE CABRA SUAVE)

1 porción (3g de fibra/porción)

- ¼ de taza de queso chèvre (de cabra)
- 2 cucharaditas de aceite de oliva (extra virgen)
- 2 tazas de hojas frescas de espinaca bien compactadas
- ¼ de taza de cebolla dulce picada en cuadros pequeños
- 4 onzas de alcachofas congeladas; descongelarlas y partirlas en trozos
- 1 huevo y 3 claras ligeramente batidos
- Sal y pimienta al gusto

Mezcle los huevos en un tazón para mezclar. Reserve 1 cucharadita de queso chèvre para poner por encima. Caliente 1 cucharadita de aceite de oliva en una sartén de 9 pulgadas a fuego medio-alto. Agregue la espinaca y voltéela con frecuencia usando unas pinzas. Cocine la espinaca sólo durante unos pocos minutos hasta que la mayor parte de las hojas estén ligeramente quebrantadas, luego retire la espinaca de la sartén y póngala en un tazón.

Caliente la cucharadita restante de aceite de oliva en la misma sartén de 9 pulgadas y baje el fuego a medio. Agregue la cebolla y las alcachofas y saltéelas durante 2 minutos hasta que estén algo tiernas.

Agregue los huevos, y mientras se van cocinando, levante los bordes con suavidad para que el huevo crudo se deslice hacia abajo. Cocine durante 3-4 minutos hasta que el huevo esté lo suficientemente firme para poderlo voltear. Voltee la omelet y de inmediato esparza el queso chèvre por encima de esta. Cubra con la espinaca caliente y quebrantada y continúe cocinado alrededor de 2 minutos más a fuego lento.

Dóblela a la mitad y retírela de la sartén. Parta la omelet a la mitad y sírvala. Viértale encima la cucharada de queso chèvre que reservó. Salpimiente al gusto.

Nota: si no le gusta el queso de cabra puede reemplazarlo con 2 onzas de otro tipo de queso. Para reducir la grasa en esta receta, puede usar aceite de oliva en atomizador en lugar de las 2 cucharaditas de aceite de oliva.

Consejos de Brenda: esta omelet es tan rápida y fácil que la puede preparar incluso durante la semana de trabajo.

Datos nutricionales: tamaño de la porción, ½ omelet. Calorías 220, fibra 3 g, proteínas 17 g, grasas 14 g, grasas saturadas 6 g , carbohidratos 9 g, colesterol 119 g, sodio 335 mg, azúcares 2 g.

PANQUEQUES DE TRIGO SARRACENO CON ARÁNDANOS, ALMENDRAS Y LINAZA

2 o 3 porciones (7g de fibra/porción)

- ½ taza de harina de almendra
- 2 cucharadas de harina de linaza molida
- 1 cucharada de polvo de hornear
- 1 cucharada de harina de trigo sarraceno
- 1 cucharadita de endulzante u otro sucedáneo natural del azúcar
- ¼ de taza de leche de almendras
- 1 yema de huevo
- ¼ taza de aceite vegetal
- 2 claras de huevo
- Aceite de oliva en atomizador
- 1 taza de arándanos (frescos)
- 1 cucharada de jarabe de arce

Combine la harina, la linaza, el polvo de hornear, la harina de trigo sarraceno y el sucedáneo del azúcar en un tazón para mezclar. Incorpore lentamente la leche de almendras, la yema de huevo y el aceite vegetal en los ingredientes secos. En otro tazón, bata las claras de huevo a punto de nieve. Incorpore las claras de huevo en la mezcla de los panqueques. Caliente una sartén grande a fuego medio y rocíele un poco de aceite de oliva. Vierta con suavidad la mezcla de los panqueques en la sartén formando un círculo de 5-6 pulgadas más o menos. Eche los arándanos sobre la circunferencia del panqueque. Cuando empiecen a aparecer burbujas alrededor de los bordes del panqueque y esté dorado por debajo, voltéelo con cuidado. Continúe la cocción durante 2-3 minutos más o hasta que el panqueque esté listo. Retire de la sartén, sirva en un plato con jarabe de arce. Repita el mismo procedimiento con el resto de la mezcla.

Nota: la mayoría de las grasas en este producto son aceites esenciales buenos de la linaza, las almendras y el trigo sarraceno. Las harinas sugeridas se pueden encontrar en una tienda naturista. Si tiene dificultad para encontrar alguna de estas harinas, puede reemplazarlas con harina de trigo integral.

Datos nutricionales: tamaño de la porción, 3 panqueques. Calorías 326, fibra 7 g, proteínas 13g, grasas 20 g, grasas saturadas 1 g, carbohidratos 28 g, colesterol 105 g, sodio 596 mg, azúcares 13 g.

CROCANTE DE AVENA CORTADA

1 porción (12g de fibra/porción)

- ½ taza de avena cortada seca
- 1 taza de agua
- ½ cucharadita de sal marina*
- ½ manzana sin pelar y picada
- ¼ de taza de leche de almendras
- ¼ de taza de nueces de nogal crudas**
- Canela al gusto

Mezcle la avena, el agua y la sal en una sartén, tápela y déjela remojando durante la noche.*** En la mañana, caliente la mezcla de avena a fuego medio hasta que esté cremosa, alrededor de 5 -10 minutos. Retire del fuego; incorpore la manzana picada, la leche de almendras y las nueces. Sirva en un una fuente y rocíe con canela al gusto.

Notas:

* Para disminuir el sodio, elimine la sal marina.

** Todas las nueces se deben dejar en remojo durante la noche.

*** Remojar la avena cruda durante la noche disminuye el tiempo de cocción en 20 minutos.

Consejos de Brenda: este desayuno se quedará con usted durante toda la mañana. La avena cortada es una alternativa mucho mejor y más saludable que la avena enrollada.

Datos nutricionales: tamaño de la porción, 1 taza. Calorías 312, fibra 12 g, proteínas 8 g, grasas 14 g, grasas saturadas 1 g, carbohidratos 42 g, colesterol 0 g, sodio 620 mg, azúcares 8 g.

PARFAIT DE FRUTAS FRESCAS

1 porción (10g fibra/porción)

- ¼ de taza de fresas (frescas) en rodajas
- ¼ de taza de arándanos (frescos)
- 1 manzana con piel, sin el corazón y partida en trozos pequeños
- ¼ de taza de almendras* partidas en trocitos
- 1 cucharadita de canela molida
- ½ taza de yogur natural
- 2 hojas de menta

En un tazón mecle el yogur las frutas, las nueces y la canela. Sirva en un plato pequeño de vidrio. Adorne con las hojas de menta.

Nota: la fuente de todo el azúcar en esta receta son las frutas.

*Todas las nueces deben estar en remojo desde la noche anterior.

Consejos de Brenda: trate de preparar suficiente fruta y nueces con anterioridad y consérvelos en la nevera para hacer más fácil la preparación en las mañanas. Si tiene problemas con la leche de vaca, utilice un yogur de cabra como reemplazo. Si la piel de la manzana le molesta, pele la manzana y añada semillas de linaza molidas como fuente de fibra.

Datos nutricionales: tamaño de la porción, toda la receta. Calorías 351, fibra 10 g, proteína 12 g, grasa 19 g, grasas saturadas 3 g, carbohidratos 40 g, colesterol 15 g, sodio 55mg, azúcares 26 g.

RECETAS PARA BATIDOS

Las batidos son una forma grandiosa de satisfacer las punzadas de hambre y de obtener una mezcla deliciosa, nutritiva y que sacie. También son rápidos y fáciles de preparar. Por supuesto, no estoy hablando de batidos de helado o batidos con salsa de chocolate. Encontrará los batidos de los que estoy hablando en una tienda naturista de alimentos. Muchas cadenas grandes y tradicionales de mercados están comenzando a ofrecer más productos orgánicos y marcas que, por lo general, se encontraban sólo en tiendas naturistas, sin embargo, puede ser bastante difícil encontrar estas mezclas nutritivas de batidos en un supermercado normal. Si esta es la primera vez que va a comprar una de estas mezclas, no se preocupe. Puede ir con esta información a una tienda naturista y allí alguien podrá darle una buena orientación. Estas mezclas de polvos, por lo general, vienen en un bote con una pequeña cuchara adentro para ayudarle a medir el número adecuado de cucharadas. Siga las instrucciones de la etiqueta. Encontrará básicamente variedades de chocolate y vainilla, puede experimentar con marcas (y sabores) diferentes para encontrar el que más le guste.

La cantidad de calorías por batido puede variar ligeramente dependiendo de la marca de mezcla para batidos que escoja. Para estas recetas uso una que contiene alrededor de 160 calorías además de 10 gramos de fibra y 20 gramos de proteína por porción. Estas características son las que debe buscar cuando vaya a comprar un batido apropiado.

Usted puede hacer sus propias recetas utilizando cualquier tipo de fruta, mantequilla de nuez u otros ingredientes. Sea creativo, pero mantenga las calorías por debajo de 250 para que se acomoden a su plan de comidas durante la fase uno y la fase dos.

DELICIA DE FRAMBUESA

1 porción (14 g fibra/porción)

- Mezcla de batido de vainilla
- ½ taza de frambuesas congeladas
- 4 onzas de leche de almendras
- 4 onzas de agua

Mezcle todos los ingredientes en una licuadora a velocidad media y sirva en un vaso alto.

Datos nutricionales: una porción. Calorías 220, fibra 14 g, proteínas 21 g.

ANTOJO DE PIÑA Y NARANJA

1 porción (10 g fibra/porción)

- Mezcla de batido de vainilla
- ½ taza de trozos de piña congelada
- 4 onzas de jugo de naranja
- 4 onzas de leche de almendras

Mezcle todos los ingredientes en una licuadora a velocidad media y sirva en un vaso alto.

Datos nutricionales: una porción. Calorías 280, fibra 10 g, proteínas 20 g.

SUEÑO DE CHOCOLATE Y BANANO

1 porción (12 g fibra/porción)

- Mezcla de batido de chocolate
- ½ banano congelado
- 4 onzas de leche de almendras
- 4 onzas de agua

Mezcle todos los ingredientes en una licuadora a velocidad media y sirva en un vaso alto.

Datos nutricionales: una porción. Calorías 250, fibra 12 g, proteína 20 g.

BLITZ DE CHOCOLATE, BANANO Y MANTEQUILLA DE MANÍ

1 porción (12 g fibra/porción)

- Mezcla de batido de chocolate
- 1 cucharadita de mantequilla de maní (con trocitos)
- ½ banano congelado
- 8 onzas de agua

Mezcle todos los ingredientes en una licuadora a velocidad media y sirva en un vaso alto.

Datos nutricionales: una porción. Calorías 285, fibra 12 g, proteínas 22 g

LOCURA DE CHOCOLATE Y MOCA

1 porción (10 g fibra/porción)

- Mezcla de batido de chocolate
- 8 onzas de leche de almendras
- 1 cucharadita de café instantáneo descafeinado
- 1 pizca de canela molida

Mezcle todos los ingredientes en una licuadora a velocidad media y sirva en un vaso alto.

Datos nutricionales: una porción. Calorías 225, fibra 10 g, proteínas 20 g

RECETAS DE ENSALADAS

ENSALADA GRANDE

2 porciones (10 g fibra/porción)

- ½ tomate
- ¼ de pepino en rodajas
- ¼ de taza de endivias en julianas delgadas
- ¼ de taza de frijoles blancos enlatados, escurridos
- ¼ de taza de garbanzos enlatados, escurridos
- 3 rábanos en rodajas delgadas
- ¼ de cebolla roja picada
- 3 tazas de mezcla de lechugas tiernas: rúgula, lechuga romana, espinacas, achicoria, mezcla primavera, espinaca (de hoja roja y hoja verde)
- ¼ de taza de zanahoria
- 2 tallos de apio picado
- ¼ de taza de hinojo en rodajas
- ¼ de taza de almendras crudas*
- 1 cucharada de semillas de girasol crudas
- Opcional: 3 cucharadas de su aderezo preferido, bajo en calorías

Mezcle los primeros once ingredientes. Cubra por encima con las nueces y semillas. Termine con su aderezo preferido (opcional).

Nota:

*Ponga las almendras en remojo desde la noche anterior.

Consejos de Brenda: me encanta hacer ensaladas al comenzar la semana para tenerlas disponibles como guarnición para cualquier comida. ¡Esta constituye un excelente almuerzo, y mire la fibra que tiene!

Datos nutricionales: tamaño de la porción, ½ receta. Calorías 300, fibra 10 g, proteínas 13 g, grasas 16 g, grasas saturadas 1 g, carbohidratos 30 g, colesterol 0 mg, sodio 53 mg, azúcares 5 g.

ENSALADA DE FRÍJOLES Y VARIEDAD DE LECHUGAS

2 porciones (12 g fibra/porción)

- 1 cucharada de cilantro fresco finamente picado
- ½ cucharada de perejil fresco picado
- ½ cucharadita de jugo de lima fresco
- Sal y pimienta al gusto
- Media lata de 15 onzas de fríjoles negros, sin sal, lavados y escurridos
- ½ taza de tomates picados
- 1 mazorca de maíz fresca (desgranada)
- 1 cucharada de cebolla roja
- ½ cucharadita de pimiento jalapeño, sin semillas, picado
- 2 tazas de variedad de lechugas

Combine los cuatro primeros ingredientes en un tazón con una batidora manual. Agregue los fríjoles, los tomates, el maíz, la cebolla y el pimiento jalapeño, mezcle bien. Cubra y refrigere por dos horas o mejor, durante la noche. Sirva esta mezcla sobre la variedad de lechugas.

Consejos de Brenda: me encanta esta ensalada como guarnición o a modo de salsa con chips de tortilla.

Datos nutricionales: tamaño de la porción, ½ receta. Calorías 216, fibra 12 g, proteínas 12 g, grasas 1 g, grasas saturadas 0 g, carbohidratos 43 g, colesterol 0 mg, sodio 13 mg, azúcares 2 g.

ENSALADA DE FRÍJOLES NEGROS EN CAPAS

6 porciones (17 g fibra/porción)

- 2 cucharadas de aceite de oliva
- 6 cucharadas de jugo de limón o de lima fresco
- 3 cucharadas de vinagre de vino de arroz

- 1 cucharada de mostaza Dijon
- Pimienta recién molida
- 12 tazas de hojas de espinaca tierna, sin tallos, y sin compactarla al medir
- 3 tazas de tomates cherry
- 1 pimiento (o pimentón) morrón amarillo, mediano, sin semillas, partido en cuartos y cortado luego en tiras delgadas
- 1 pimiento (o pimentón) morrón rojo, mediano, sin semillas, partido en cuartos y cortado luego en tiras delgadas
- 2 latas de 15 onzas de fríjoles negros bajos en sodio o sin sal (lavados y escurridos)
- 4 onzas de queso amarillo bajo en grasa, rallado
- 1 aguacate mediano, pelado, sin semilla y partido en rodajas de ½ pulgada de espesor

Para preparar el aderezo bata en un tazón pequeño el aceite de oliva, el jugo de lima o de limón, el vinagre, la mostaza y la pimienta. Deje aparte.

En un recipiente hondo de vidrio transparente ponga las capas para la ensalada de la siguiente manera: 6 tazas de hojas de espinaca, 1 ½ tazas de tomates, ½ pimiento (o pimentón) amarillo, ½ pimiento (o pimentón) rojo, 1 taza de fríjoles, ½ taza de queso. Repita las capas. Remate la ensalada con el aguacate. Para servir, rote la ensalada en la mesa seguida del aderezo.

Consejos de Brenda: esta es una buena manera de iniciar a la familia en una dieta más saludable. Pruebe preparar esta ensalada para el almuerzo un día domingo. Este único plato, con 17 gramos de fibra por porción, contiene la mitad de la fibra que usted necesita en un día.

Datos nutricionales: tamaño de la porción, 1/6 parte de la receta. Calorías 324, fibra 17 g, proteínas 15 g, grasas 11 g, grasas saturadas 2 g, carbohidratos 45 g, colesterol 0 mg, sodio 75 mg, azúcares 3 g.

ENSALADA DE CANGREJO Y FRÍJOLES BLANCOS

4 porciones (4 g fibra/porción)

- $\frac{1}{3}$ de taza de pimiento amarillo picado
- ¼ de taza de cebolla roja picada
- ¼ de taza de apio picado

- 1 cucharada de vinagre de vino blanco
- ½ cucharada de jugo de lima fresco
- ½ cucharada de aceite de oliva
- Una pizca de salsa picante
- 1 lata de 6 onzas de carne de cangrejo en tiras y escurridos
- 1 taza de fríjoles cannellini (fríjoles blancos) bajos en sodio, lavados y escurridos
- 3 tazas de variedad de lechugas cortadas

Combine todos los ingredientes excepto las lechugas, mezcle con suavidad. Tape y refrigere. Sirva esta mezcla sobre las lechugas.

Consejos de Brenda: mientras más deje los fríjoles enfriando en la nevera más sabor gana la receta.

Datos nutricionales: tamaño de la porción, ¼ de la receta. Calorías 122, fibra 4 g, proteínas 12 g, grasas 3 g, grasas saturadas 0 g, carbohidratos 13 g, colesterol 33 mg, sodio 134 mg, azúcares 1 g.

ENSALADA MIXTA CON POLLO, FRUTAS Y NUECES

4 porciones (5 g fibra/porción)

- 4 tazas de pollo cocido, desflecado
- ¼ de taza de cebolla roja finamente picada
- ¼ de taza de pacanas picadas
- ¼ de taza de almendras crudas, en lajas finas*
- ¼ de taza de manzana picada
- ¼ de taza de cerezas secas
- ¼ de taza de zanahorias en julianas
- 1 cucharadita de semillas dé sésamo
- 1 kiwi partido en rodajas de ¼ de pulgada
- ¼ de taza de mango, en rebanadas delgadas
- 2 cucharadas de vinagre balsámico
- 2 cucharadas de aceite de oliva

Combine todos los ingredientes excepto el kiwi, el mango, el vinagre balsámico y el aceite. Haga una cama de rodajas de kiwi y ponga la ensalada sobre ellas. Decore con el mango. Rocíe con el vinagre y el aceite de oliva.

Nota: el contenido de azúcar en esta receta proviene de las frutas. Para reducir la cantidad de azúcar use cerezas frescas en vez de secas.

Consejos de Brenda: como esta receta es más alta en calorías, la uso como una comida, no como una guarnición.

Datos nutricionales: tamaño de la porción, ¼ de la receta. Calorías 458, fibra 5 g, proteínas 46 g, grasas 17 g, grasas saturadas 2 g, carbohidratos 33 g, colesterol 119 mg, sodio 117 mg, azúcares 23 g.

ENSALADA DE MARISCOS, ESPINACA Y NARANJA

4 porciones (6 g fibra/porción)

- 12 tazas de hojas de espinaca tierna, sin tallos y sin compactarla al medir
- 3 naranjas ombligonas partidas en mitades
- 1 pimiento (o pimentón) morrón grande, rojo o amarillo
- 12 onzas de camarones cocidos o tiras de carne de cangrejo fresca
- 8 rodajas muy finas de cebolla roja
- 1 taza de jugo de naranja recién exprimido
- Jugo de una lima
- ¼ de cucharadita de cúrcuma
- 1 cucharadita de mejorana
- 1 ½ cucharadas de aceite de oliva
- Pimienta negra recién molida
- 1 lima partida en cuartos (opcional)

Reparta las espinacas en cuatro platos. Encima de estas ponga las naranjas y el pimiento (o pimentón). Organice los camarones o la carne de cangrejo sobre estos. Separe las cebollas en anillos y póngalos encima de los camarones o del cangrejo.

En un recipiente pequeño agite y combine el jugo de naranja, el jugo de lima, la cúrcuma, la mejorana y el aceite de oliva; sazone al gusto con la pimienta fresca.

Vierta el aderezo con una cuchara sobre cada ensalada. Si lo desea decore las ensaladas con la lima fresca.

Consejos de Brenda: esta ensalada, por su colorido vibrante, es mag-nífica para impresionar a un grupo de amigos a la hora del almuerzo, ¡su sabor es tan delicioso como su apariencia!

Datos nutricionales: tamaño de la porción, ¼ de la receta. Calorías 245, fibra 6 g, proteínas 20 g, grasas 7 g, grasas saturadas 1 g, carbohidratos 29 g, colesterol 67 mg, sodio 327 mg, azúcares 18 g.

RECETAS DE SOPAS Y ESTOFADOS

SOPA DE LENTEJAS ROJAS

4 a 6 porciones (11 g fibra/porción)

- 3 cucharadas de aceite de oliva
- ½ taza de cebolla roja
- ½ taza de pimiento (o pimentón) verde picado
- ½ taza de pimiento (o pimentón) rojo picado
- 3 jalapeños
- 6 dientes de ajo
- 2 tazas de lentejas rojas secas, remojadas durante la noche y lavadas
- 3 tomates medianos cortados en cuadros
- 4 tallos de apio
- 4 tazas de caldo de pollo bajo en sodio
- 4 tazas de agua
- 1 ramita de mejorana fresca

Utilice una olla de un galón de capacidad, caliente a fuego medio el aceite, la cebolla, los pimientos (o pimentones), los jalapeños y los ajos. Saltee hasta que la cebolla se vuelva transparente. Añada las lentejas, los tomates, el apio, el caldo y el agua; deje hervir durante 2 minutos. Tape y deje hervir a fuego lento durante 20 minutos o hasta que las lentejas estén aún un poco crocantes. En una licuadora tradicional o con una batidora de inmersión, bata la mezcla a baja velocidad pero deje que todavía se conserve algo crocante. Decore con la mejorana y sirva acompañada con pan integral de nueces.

Consejo de Brenda: esta sopa picante de lentejas calentará su día. Es magnífica servida con pan sin levadura, como el lavosh.

Datos nutricionales: tamaño de la porción, 1 taza. Calorías 388, fibra 11 g, proteínas 23 g, grasa 10 g, grasas saturadas 1 g, carbohidratos 55 g, colesterol 0 mg, sodio 467 mg, azúcares 5 g.

SOPA DE CALABAZA MOSCADA

4 porciones (5 g fibra/porción)

- 1 cucharada de aceite de oliva
- 2 cucharadas de cebolla picada
- ½ cucharadita de nuez moscada en polvo
- 4 tazas de calabaza moscada pelada y partida en cuadros (o ahuyama)
- 1 manzana pelada y sin corazón
- 1 ½ tazas de caldo de pollo bajo en sodio
- 1 cucharadita de sal marina
- ¼ de taza de yogur natural

Caliente el aceite a fuego medio en una olla. Añada la cebolla y la nuez moscada; saltee durante 6 minutos o hasta que esté tierna. Añada la calabaza y la manzana y cocine por otros dos minutos, revolviendo constantemente. Agregue el caldo y la sal marina, deje hervir, baje el fuego y deje hervir a fuego lento durante 30 minutos hasta que la calabaza y la manzana estén tiernas.

Ponga esta mezcla en la licuadora o en un procesador de alimentos y licúela hasta que esté homogénea. Vierta de nuevo la mezcla en la olla y cocine hasta que esté caliente por completo. Sírvala con un cucharón en los tazones y échele el yogur por encima.

Consejo de Brenda: esta sopa alimenta y produce una sensación de saciedad. ¡Va de maravilla con una ensalada grande!

Datos nutricionales: tamaño de la porción, 1 taza. Calorías 159, fibra 5 g, proteínas 4 g, grasas 4 g, grasas saturadas 1 g, carbohidratos 30 g, colesterol 2 mg, sodio 29 mg, azúcares 12 g.

SOPA DE FRÍJOLES NEGROS

4 porciones (21 g fibra/porción)

- 1 cucharada de aceite de oliva
- ½ taza de apio cortado en cuadros
- ½ taza de cebolla finamente picada

- ¼ de taza de pimiento (o pimentón) morrón verde picado
- 3 dientes de ajo finamente picados
- 1 ½ cucharaditas de comino molido
- 1 cucharadita de orégano seco
- 1 cucharadita de chile en polvo
- 1 cucharadita de pimienta negra fresca
- 2 tazas de caldo (bajo en sodio) de pollo (también puede usar caldo vegetal)
- 1 taza de agua
- 3 latas de 15 onzas de fríjoles negros bajos en sodio (o sin sal), lavados y escurridos
- 1 lata de 15 onzas de tomates triturados o cortados en cuadros, bajos en sodio

Caliente el aceite a fuego medio en una olla para hacer caldo. Añada el apio, la cebolla finamente picada y el pimiento (o pimentón) morrón. Cocínelos alrededor de 10 minutos o hasta que estén tiernos. Agregue los ajos y los 4 ingredientes siguientes, cocine 3 minutos más. Añada el caldo, el agua, los fríjoles y los tomates. Deje hervir, baje el fuego y déjelo cocinar a fuego lento de 15 a 30 minutos.

Consejo de Brenda: ¡esta sopa es muy rica en fibra! ¿Sabía usted que una lata de fríjoles negros tiene 19.4 gramos de fibra?

Datos nutricionales: tamaño de la porción, 1 taza. Calorías 345, fibra 21 g, proteínas 22 g, grasa 4 g, grasas saturadas 1 g, carbohidratos 59 g, colesterol 0 mg, sodio 799 mg, azúcares 1 g.

SOPA DE TORTILLA CON POLLO Y FRÍJOLES

8 porciones (3 g fibra/porción)

- 1 cucharadita de aceite de oliva
- 1 taza de cebolla picada
- 2 dientes de ajo, finamente picados
- 2 tazas de pechuga de pollo cocida y desflecada (sin piel)
- 1 taza de fríjoles pintos bajos en sodio
- 1 cucharadita de jalapeño picado y sin semillas
- 1 cucharadita de comino molido
- 1 cucharadita de salsa Worcestershire

- ½ cucharadita de chile en polvo
- 2 latas de 14 onzas de caldo de pollo bajo en sodio
- 1 latas de 14 onzas de tomates pelados partidos en cuadros, bajos en sodio
- 1 ¼ de taza de chips de tortilla cocidos y triturados
- ½ taza de yogur natural

Caliente el aceite a fuego medio en un caldero grueso (de hierro o de barro). Agregue la cebolla y el ajo, saltéelos durante dos minutos. Añada el pollo y los ingredientes restantes excepto los chips de tortilla y el yogur, y vaya revolviendo. Baje el fuego, deje hervir a fuego lento durante 1 hora. Con un cucharón vierta la sopa en tazones, remate cada plato con los chips de tortilla triturados y una cucharada de yogur.

Consejo de Brenda: ¡esta es una buena forma de consumir comida mexicana sin grasa!

Datos nutricionales: tamaño de la porción, 1 taza. Calorías 233, fibra 3 g, proteínas 19 g, grasas 3 g, grasas saturadas 1 g, carbohidratos 32 g, colesterol 34 mg, sodio 392 mg, azúcares 2 g.

ESTOFADO DE FRÍJOLES BLANCOS

4 porciones (15 g fibra/porción)

- 2 tazas de caldo de pollo o vegetal (bajo en sodio)
- 3 tazas de agua purificada
- 2 cucharadas de aceite de oliva extra virgen
- 1 cebolla grande (pelada y cortada en pedazos de 1 cm)
- 2 zanahorias medianas (peladas y cortadas en pedazos de 1 cm)
- 1 tallo grande de apio (cortado en pedazos de 1 cm)
- 2 latas de 15 onzas de fríjoles gran norteño bajos en sal o sin sal
- 2 ½ tazas de col rizada fresca picada
- Sal marina y pimienta al gusto

Caliente el aceite a fuego medio en una olla grande, combine el caldo, el aceite de oliva y la cebolla. Deje hervir a fuego medio durante 15 minutos. Luego, añada las zanahorias y el apio. Tape y cocine de 10 -15 minutos. Escurra los frijoles y agrégueselos a la sopa, revolviendo. Deje hervir 5 -10 minutos más. Añada la col picada. Sazone con sal y pimienta. Cuando la col esté tierna, ¡la sopa está lista!

Consejo de Brenda: esta sopa es muy rica en fibra y proteína. Se puede servir como una comida completa o acompañada de una ensalada.

Datos nutricionales: tamaño de la porción, 1 ½ tazas. Calorías 324, fibra 15 g, proteínas 18 g, grasas 8 g, grasas saturadas 1 g, carbohidratos 48 g, colesterol 0 mg, sodio 331 mg, azúcares 4 g.

CHILE DE VEGETALES Y FRÍJOLES

6 porciones (14 g fibra/porción)

- 2 cucharadas de aceite de oliva
- 1 cebolla grande
- 3 dientes de ajo, triturados
- 3 latas de tomates cortados en cuadros en su jugo
- 1 lata de 4 onzas de chiles verdes suaves
- ½ chile jalapeño fresco sin semillas y finamente picado
- 2 a 3 cucharadas de chile en polvo
- 1 cucharada de comino
- 1 cucharada de cebollina seca
- 1 hoja de laurel
- 1 lata de 15 onzas de fríjoles rojos arriñonados (lavados y escurridos)
- 1 lata de 15 onzas de fríjoles negros o blancos arriñonados (lavados y escurridos)
- 1 pimiento (o pimentón) morrón verde, grande (cortado en pedazos de 1 cm)
- 2 mazorcas de maíz fresco (ó 1 taza de maíz congelado)
- Sal marina y pimienta al gusto
- ¼ de taza de hojas de cilantro frescas picadas (sin apretar al medir)

En una olla grande y pesada caliente el aceite de oliva a fuego medio. Añada la cebolla, el ajo y saltéelos removiendo a menudo, cerca de 5 minutos hasta que la cebolla esté transparente.

Añada los tomates (con el jugo), los chiles, los jalapeños, el chile en polvo, el

comino, la cebollina y la hoja de laurel. Cocine a fuego medio durante 10 minutos. Añada los fríjoles, el pimiento (o pimentón) morrón y el maíz. Deje hervir:
reduzca el calor a fuego medio bajo, y cocine alrededor de 35 minutos, remueva
de vez en cuando hasta que el chile esté espeso. Sazone al gusto con sal marina y
pimienta. Agregue el cilantro. Retire la hoja de laurel antes de servir.

Nota: puede usar vegetales enlatados bajos en sodio o sin sal.

Consejo de Brenda: comienzo con dos cucharadas de chile en polvo y al
final de la cocción lo pruebo para ver si está suficientemente picante.
Si no lo está, le agrego otra cucharada de chile en polvo. Esta receta
puede congelarse en porciones individuales para usarla después.

Datos nutricionales: tamaño de la porción, 1 taza. Calorías 258, fibra 14 g, proteínas 12 g, grasas 5 g, grasas
saturadas 1 g, carbohidratos 46 g, colesterol 0 mg, sodio 614 mg, azúcar 2 g.

SOPA DE VEGETALES

8 porciones (4 g fibra/porción)

- 2 cucharadas de aceite de oliva extra virgen
- 2 tazas de cebolla picada
- 5 dientes de ajo, finamente picados
- 2 tallos de apio picados
- 1 taza de habichuelas, cortadas en pedazos de 5 cm
- ½ taza de zanahorias cortadas en pedazos de 1 cm
- 1 zucchini mediano (partido a lo largo y luego rebanado)
- 5 hojas de albahaca frescas
- 1 cucharadita de orégano
- 1 cucharadita de romero
- 4 tazas de caldo de vegetales bajo en sodio
- 4 tazas de agua purificada
- 1 lata de 15 onzas de fríjoles arriñonados claros (escurridos)
- 4 tazas de tomates picados y sin semillas
- 2 tazas de repollo verde en tiras
- Sal marina
- 1 cucharadita de pimienta negra recién molida

Caliente a fuego medio una olla para hacer caldo. Añada la cebolla y el ajo y saltee durante 2 minutos. Añada el apio y los 10 ingredientes siguientes. Apenas hierva, cocínela a fuego lento durante 30 minutos. Añada el repollo, la sal y la pimienta, cocine otros 3 minutos hasta que el repollo esté quebrantado.

Consejo de Brenda: puede aumentar el contenido de fibra de esta receta añadiendo fibra de mesa. Esta sopa es tan baja en colorías que puede ser usada como refrigerio.

Datos nutricionales: tamaño de la porción, 1 taza. Calorías 87, fibra 4 g, proteínas 2 g, grasas 0 g, grasas saturadas 0 g, carbohidratos 12 g, colesterol 0 mg, sodio 387mg, azúcar 7 g.

SOPA DE TOMATE Y ALBAHACA

8 porciones (2 g fibra/porción)

- 4 tazas de tomates pelados y sin semilla
- 4 tazas de jugo de tomate bajo en sodio
- $\frac{1}{3}$ de taza de hojas de albahaca fresca
- 1 taza de caldo de pollo bajo en sodio
- ¼ de cucharadita de sal marina
- ¼ de cucharadita de pimienta
- ½ taza de yogur natural bajo en grasa

Lleve a un hervor los tomates y el jugo en un caldero grande. Baje el fuego. Deje hervir sin tapar durante 30 minutos.

Ponga la mezcla de tomate y la albahaca (dejando unas hojas frescas aparte para decorar) en una licuadora o en un procesador de alimentos hasta obtener una mezcla homogénea. Vierta la mezcla hecha puré de nuevo en la olla; agregue el caldo de pollo, la sal marina y la pimienta. Añada el yogur revolviendo con una batidora de mano. Cocine a fuego medio hasta que espese, (cerca de 5 minutos). Sirva la sopa con hojas de albahaca fresca.

Consejo de Brenda: Esta sopa también puede ser usada como un refrigerio en la fase uno o la fase dos.

Datos nutricionales: Tamaño de la porción, 1 taza. Calorías 49, fibra 2 g, proteínas 3 g, grasas 0 g, grasas saturadas 0 g, carbohidratos 10 g, colesterol 1 mg, sodio 717 mg, azúcar 8 g.

RECETAS DE COMIDAS COMPLETAS

A continuación, hay cinco recetas para comidas completas. Usted no tendrá que agregarles nada más pues todas contienen proteína, vegetales y carbohidratos complejos.

ARROZ FRITO CON VEGETALES Y CARNE DE RES

2 porciones (4 g fibra/porción)

- 2 cucharadas de aceite de maní
- ¼ de libra de carne de res, cualquier corte partido en tiras delgadas
- 1 tallo de apio cortado a lo largo
- ¼ de taza de brotes de soya
- 12 guisantes
- ¼ de taza de setas crimini*
- 5 ramilletes de brócoli
- ¼ de taza de zanahorias en julianas
- 1 rábano en rodajas
- 1 cucharadita de jengibre rallado
- 2 dientes de ajo picados
- 1 taza de arroz integral cocinado
- 2 cucharaditas de salsa soya baja en sodio
- ½ cucharadita de aceite de sésamo
- 1 huevo batido
- 1 cucharadita de semillas de sésamo

Ponga en una sartén o en un wok a fuego alto 1 cucharada de aceite de maní y la carne. Saltee esta hasta que esté cocinada y déjela aparte. Añada el aceite de maní restante, todos los vegetales, el jengibre y el ajo y remueva a menudo durante 3-4 minutos o hasta que los vegetales estén entre tiernos y crocantes. Agregue el arroz, la salsa soya y el aceite de sésamo y revuelva constantemente para evitar que el arroz se pegue. Retire del fuego e incorpore la carne cocinada. Ponga en un tazón o en un plato que pueda llevar a la mesa. Vuelva a poner la sartén a fuego medio y cocine un huevo rápidamente revolviendo con un tenedor. Agregue el huevo cocinado sobre la mezcla de arroz. Decore con semillas de sésamo.

Nota:

*Un tipo de seta café oscura y sombrero redondo.

Consejo de Brenda: este es un grandioso almuerzo de fin de semana para dos. Para una comida más liviana use pollo o transfórmelo en un plato vegetariano.

Datos nutricionales: tamaño de la porción, ½ receta. Calorías 437, fibra 4 g, proteínas 20 g, grasas 26 g, grasas saturadas 6 g, carbohidratos 32g, colesterol 120 mg, sodio 275 mg, azúcares 3 g.

SALMÓN SALVAJE ANTILLANO CON ARROZ INTEGRAL

2 porciones (5 g fibra/porción)

ARROZ
- ½ taza de arroz integral de grano corto
- 1 cucharada de mantequilla
- ½ taza de hojas de albahaca fresca cortada en tiras delgadas
- ¼ taza de piña, cortada y escurrida

MARINADA
- 1 cucharadita de salsa soya
- ½ cucharadita de miel
- ½ cucharadita de jengibre fresco rallado
- ½ cucharadita de pimienta roja triturada
- 1 cucharadita de melaza residual
- 1 cucharada de aceite de oliva
- Un toque de aceite de sésamo tostado
- 1 pizca de sal
- 1 cucharadita de pimienta negra recién molida

PESCADO
- 2 filetes de 3 onzas de salmón salvaje
- 1 cucharada de aceite de oliva
- ¼ de taza de cebollinas picadas

Eche el arroz en un pocillo de agua hirviendo. Baje a fuego lento. Tape y cocine alrededor de 20-30 minutos o hasta que el agua se absorba y el arroz esté tierno. Retire del fuego; incorpore con suavidad la mantequilla, la albahaca y la piña. Luego tape y deje aparte.

Precaliente el horno a 375°F.

En un tazón pequeño combine todos los ingredientes de la marinada excepto la pimienta negra.

Glasee generosamente la superficie del pescado con la marinada, luego espolvoree la pimienta negra por encima. Caliente el aceite de oliva en una sartén a fuego medio. Ponga el salmón con la piel para abajo en la sartén alrededor de 3-4 minutos o hasta que la piel esté tostada. Luego deje la sartén dentro del horno durante 6-8 minutos o hasta que el salmón alcance el término deseado.

Sirva el arroz con el salmón y decore con la cebollina.

Consejo de Brenda: ¡el salmón es una excelente manera de obtener los ácidos grasos omega-3 y además es delicioso!

Datos nutricionales: tamaño de la porción, ½ receta. Calorías 469, fibra 5 g, proteínas 26 g, grasas 25 g, grasas saturadas 4 g, carbohidratos 36 g, colesterol 65 g, sodio 283 mg, azúcares 8 g.

LASAÑA DE VEGETALES

8 porciones (4 g fibra/porción)

- 1 libra de láminas de pasta de arroz para lasaña
- Aceite de oliva en atomizador
- 2 tazas de col rizada, picada
- 3 tazas de queso mozarela rallado
- 1 zanahoria partida en tiras
- 1 cebolla española mediana finamente picada
- 10 espárragos cortados en pedazos de 1 cm

- 1 pimiento (o pimentón) rojo picado
- ½ taza de queso parmesano recién rallado

MEZCLA DE QUESOS
- 1 taza de queso ricota bajo en grasa
- 1 taza de yogur natural
- ½ taza de perejil
- Hojuelas de pimienta roja
- Sal y pimienta al gusto

Ponga a hervir agua con un poco de sal y cocine la pasta. Retire del agua y cuele. Ponga las láminas de pasta en capas de plástico adherente o papel encerado mientras está listo para armar la lasaña. Precaliente el horno a 400°F. Atomice el fondo de una fuente refractaria de 6 pulgadas con aceite de oliva.

Combine el queso ricota, el yogur, el perejil, las hojuelas de pimienta roja, la sal y la pimienta en un recipiente. Deje aparte.

Arme la lasaña desde abajo en la fuente refractaria. Comience con la pasta, añada la col rizada y la mezcla de queso ricota,1 taza de mozarela, y remate con pasta. Añada una segunda capa de zanahoria, cebolla, mezcla de queso ricota, 1 taza de queso mozarela y remátela con pasta. Añada una tercera capa, conformada de espárragos, pimienta roja, la mezcla de queso ricota, 1 taza de queso mozarela y pasta. Échele queso parmesano por encima. Hornee durante 1 hora.

Consejo de Brenda: este es un plato excelente para preparar con anticipación y usarlo a lo largo de la semana o para congelarlo y usarlo cuando no tenga tiempo de cocinar.

Datos nutricionales: tamaño de la porción, $^1/_8$ de la receta. Calorías 483, fibra 4 g, proteínas 23 g, grasas 15 g, grasas saturadas 9 g, carbohidratos 59 g, colesterol 52 g, sodio 589 mg, azúcares 3 g.

ROLLO DE PAVO CON QUESO DE CABRA Y ESPINACA

4 porciones (3 g fibra/porción)

- 1 libra de pechuga de pavo machacada hasta que quede delgada
- 1 batata pelada y cortada en rodajas delgadas
- 1 taza de hojas de espinaca fresca
- ¼ de taza de cerezas congeladas sin azúcar
- ¼ de taza de pacanas picadas
- 2 dientes de ajo finamente picados
- ¼ de taza de queso de cabra
- 2 cucharadas de harina de arroz
- Aceite de oliva en atomizador
- Sal y pimienta al gusto

Precaliente el horno a 375°F.

Ponga la pechuga de pavo en una tabla para cortar u otra superficie firme. Cubra con plástico adherente o papel encerado y macháquela con un mazo para carnes hasta que quede muy delgada, échele un poquito de sal. Ponga una capa de rodajas de batatas, espinacas, cerezas, pacanas, ajo y queso de cabra encima del filete de pavo. Enróllelo de modo que quede apretado, amarre con un hilo y espolvoree la harina de arroz por encima. Rocíe una sartén con aceite de oliva y póngala a fuego medio, añada el rollo de pavo y dore todos los lados. Ponga la sartén cubierta en el horno y hornee durante 30-45 minutos o hasta que esté bien cocido. Retire del fuego y deje reposar por 10 minutos antes de rebanarlo. Puede servirse solo o con su propia elección de verduras.

Consejo de Brenda: puede hacerlo reemplazando algunos ingredientes con sus verduras preferidas o incluso con frutas. Intente hacer varios rollos con rellenos diferentes para una fiesta.

Datos nutricionales: tamaño de la porción, ¼ de la receta. Calorías 396, fibra 3 g, proteínas 36 g, grasas 18 g, grasas saturadas 5 g, carbohidratos 20 g, colesterol 99 g, sodio 185 mg, azúcares 3 g.

POLLO APANADO CON PISTACHOS, ACOMPAÑADO CON PURÉ DE BATATAS

2 porciones (8 g fibra/porción)

POLLO

- 1 pechuga de pollo
- ¼ de taza de harina de arroz
- 1 huevo y ¼ de taza de agua, batidos
- ¼ taza de pistachos crudos finamente picados
- Aceite de oliva en atomizador

PURÉ

- 2 batatas grandes, peladas y partidas en cuadros
- El jugo y la ralladura de la cáscara de ½ naranja
- ½ taza de caldo de pollo bajo en sodio
- ¼ de cucharadita de nuez moscada rallada
- Sal y pimienta al gusto

HOJAS DE COL

- 2 tazas de hojas de col, cortadas como confeti
- ½ taza de agua
- 1 cucharada de aceite de oliva

Corte los filetes de pechuga de pollo en dos tajadas sobre una tabla para cortar. Ponga plástico adherente o papel encerado encima del pollo y golpéelo con un mazo para carnes hasta que quede de ¼ de pulgada de espesor. Échele un poquito de sal. Precaliente el horno a 350°F. Cubra el pollo con la harina de arroz y luego rebócelo en el huevo batido. Póngalo en un tazón pequeño y cúbralo con los pistachos. Rocíe una sartén con aceite de oliva, caliente a fuego medio. Saltee ambos lados de la pechuga alrededor de 4-5 minutos cada uno hasta que esté dorado. Ponga la sartén en el horno precalentado durante otros 10-15 minutos.

Cocine las batatas cerca de 10-15 minutos o hasta que estén tiernas, pero no demasiado blandas. Luego escúrrales el agua. En un tazón grande combine las batatas, la ralladura y el jugo de naranja, el caldo de pollo, la nuez moscada, la sal y la pimienta. Convierta esta mezcla en puré. Saltee las coles en el agua a fuego medio, removiéndolas con frecuencia de 6 a 8 minutos. Tape durante 1 minuto para que las coles se cocinen al vapor. Écheles un poco de aceite de oliva por encima.

En cada plato ponga una capa de la mitad del puré de batatas, encima una capa con la mitad de las coles y remate con el filete de pollo.

Datos nutricionales: tamaño de la porción, ½ filete. Calorías 456, fibra 8 g, proteínas 26 g, grasas 17 g, grasas saturadas 3 g, carbohidratos 51 g, colesterol 127 g, sodio 344 mg, azúcares 10 g.

RECETAS DE AVES

POLLO DORADO CON ESPINACAS, FRAMBUESAS Y PERA

2 porciones (6 g fibra/porción)

- ⅛ de taza de vinagre balsámico
- 2 cucharadas de jugo de lima recién exprimido
- 1 diente da ajo triturado
- 1 cucharada de tomillo seco
- 1 chile rojo pequeño picado
- 2 pechugas de pollo
- Aceite en atomizador
- 1 cucharada de aceite de oliva extra virgen
- 1 cucharadita de mostaza Dijon
- Sal y pimienta al gusto
- 2 ½ tazas de espinaca
- 1 pera sin corazón partida en cuadros
- ½ taza de frambuesas crudas

Para la marinada: mezcle en un tazón 1 cucharada de vinagre, el jugo de lima y el ajo triturado con la mitad del tomillo y el chile picado. Vierta la marinada sobre el pollo en una bolsa grande de cierre hermético y refrigérelo por lo menos dos horas. Cuando vaya a prepararlo sáquelo de la bolsa y deseche la marinada que sobró.

Precaliente el horno a 350°F. En la estufa ponga una sartén para freír a fuego medio, cúbrala con aceite en spray y dore el pollo 3 minutos por cada lado. Ponga la sartén en el horno hasta que el pollo esté cocido por dentro. Déjelo reposar y luego pártalo en diagonal.

Combine el aceite de oliva, el resto de tomillo y de vinagre, la mostaza, la sal y la pimienta y mezcle bien. Incorpore las espinacas y la pera. Sirva las verduras en un plato, ponga el pollo sobre estas y póngale un toque de frambuesas por encima.

Consejo de Brenda: esta receta constituye una gran cena; prepare y ponga a marinar el pollo en la mañana y sírvalo con arroz integral. También constituye un almuerzo estupendo acompañado sólo con las verduras y las frutas.

Datos nutricionales: tamaño de la porción, 1 pechuga. Calorías 299, fibra 6 g, proteínas 30 g, grasas 9 g, grasas saturadas 1 g, carbohidratos 26 g, colesterol 68 g, sodio 175 mg, azúcares 14 g.

BROCHETAS DE POLLO A LA PARRILLA

4 porciones (1 g fibra/porción)

- 3 pechugas de pollo cortadas en cubos grandes
- 12 tomates cherry
- 6 champiñones grandes partidos por la mitad
- 1 diente de ajo triturado
- Ralladura de cáscara de ½ limón
- 1 cucharada de jugo de limón fresco
- 1 cucharada de aceite de oliva
- 1 cucharada de hojas de orégano fresco picadas

Sumerja en agua cuatro pinchos durante 30 minutos para que no se quemen, o use pinchos metálicos. Alterne pollo, tomates y champiñones en los pinchos. Repita hasta llenar cada uno. Combine en un tazón el ajo, la ralladura de cáscara de limón, el aceite de oliva y el orégano. Ponga las brochetas en una bandeja grande y vierta la marinada encima de ellos, girándolos un poco para cubrirlos. Marínelos por 2 horas o durante toda la noche.

Lleve las brochetas a un asador caliente y cocínelas hasta que el pollo esté asado, dándoles vuelta de vez en cuando. Sirva con una ensalada.

Datos nutricionales: tamaño de la porción, 1 brocheta. Calorías 147, fibra 1 g, proteínas 22 g, grasas 5 g, grasas saturadas 1 g, carbohidratos 4 g, colesterol 51 g, sodio 62 mg, azúcares 2 g.

TORTITAS PICANTES DE POLLO

2 porciones (1 g fibra/porción)

- ½ libra de pollo molido
- 2 chalotes picados
- 2 cucharadas de cilantro picado
- 1 diente de ajo finamente picado
- ½ cucharadita de pimienta de cayena
- 1 clara de huevo ligeramente batida
- Sal y pimienta al gusto
- ½ cucharada de aceite de oliva
- 1 limón partido a la mitad

Mezcle todos los ingredientes excepto el aceite y el limón. Forme torticas con la mezcla y refrigere durante 30 minutos para mejorar la consistencia. Caliente el aceite en una olla y cocine las torticas a fuego medio por cada lado hasta que estén listas. Exprímales el limón por encima y sírvalas con una ensalada verde.

Consejos de Brenda: puede utilizar esta receta con cualquier tipo de carne molida de su elección. ¡Sabe delicioso con pavo molido!

Datos nutricionales: tamaño de la porción, 1 tortita. Calorías 272, fibra 1 g, proteínas 23 g, grasas 18 g, grasas saturadas 1 g, carbohidratos 6 g, colesterol 93 g, sodio 175 mg, azúcares 1 g.

POLLO ASIÁTICO CON COL CHINA

2 porciones (2 g fibra/porción)

- 1 cucharada de salsa soya baja en sodio
- 1 cucharada de vinagre de vino de arroz
- ½ cucharadita de aceite de sésamo
- ½ cucharadita de jengibre fresco rallado
- 2 pechugas de pollo
- ½ libra de col china, lavada
- 5 setas shiitake deshidratadas

- ¼ de taza de caldo de pollo bajo en sodio
- ½ cucharada de harina de arruruz o harina de maíz

Combine en un tazón la salsa soya, el vinagre, el aceite de sésamo y el jengibre rallado. Vierta esta marinada sobre el pollo dentro de una bolsa de cierre hermético, agite y selle, déjelo marinar por lo menos dos horas. Cuando vaya a prepararlo sáquelo de la bolsa y conserve la marinada.

Ponga el pollo en un cesto de bambú (para cocción al vapor), sobre agua hirviendo en una olla de tamaño mediano. Cubra y deje cocinar al vapor durante 6 minutos; déle vuelta al pollo y deje cocinar durante 6 minutos más. Ponga la col china encima del pollo y siga cocinando hasta que el pollo esté hecho y la col esté tierna. Ponga la marinada que sobró y los champiñones, en una olla a fuego medio. Deje hervir hasta que los champiñones estén tiernos.

En un tazón diferente, eche la harina de maíz o la de arruruz y añádale suficiente caldo de pollo como para formar una pasta. Agréguele esta pasta y el resto del caldo al la marinada de champiñones y déjela hervir hasta que la salsa haya espesado. Sirva la col china y el pollo en un plato y agréguele salsa al gusto.

Consejos de Brenda: para aumentar el contenido de fibra de esta receta, sirva esta comida asiática con arroz integral.

Datos nutricionales: tamaño de la porción, 1 pechuga. Calorías 199, fibra 2 g, proteínas 30 g, grasas 3 g, grasas saturadas 1 g, carbohidratos 68 g, colesterol 68 g, sodio 511 mg, azúcares 0 g.

POLLO EN CANASTA DE LECHUGA

2 porciones (1 g fibra/porción)

- 1 cucharada de aceite de oliva
- 8 onzas de pollo finamente picado (o molido)
- 1 diente de ajo
- ½ lata de castañas de agua picadas
- ½ cucharada de salsa de ostras
- 1 ½ cucharaditas de salsa soya baja en sodio
- 2 cebollas blancas
- 2 hojas de lechuga enteras

Ponga a calentar un wok grande a fuego alto, añada el aceite y déle vuelta al wok para engrasar toda la superficie. Añada el pollo picado y el ajo y saltéelo de 3 a 4 minutos o hasta que el pollo esté cocido. No deje que la mezcla se pegue. Deseche el exceso de líquido. Baje el fuego y añada las castañas de agua, la salsa de ostras, la salsa soya y las cebollas.

Recorte las hojas de lechuga para formar 2 tazones o canastas de lechuga. Vierta la mitad de la mezcla en cada uno.

Consejos de Brenda: esto puede acompañarse con arroz integral. También podría rociarle fibra de mesa para aumentar el contenido de fibra de este plato.

Datos nutricionales: tamaño de la porción, 1 hoja rellena. Calorías 212, fibra 1 g, proteínas 27 g, grasas 8 g, grasas saturadas 1 g, carbohidratos 6 g, colesterol 66 g, sodio 333 mg, azúcares 1 g.

POLLO MARSALA

2 porciones (1 g fibra/porción)

- 2 pechugas de pollo deshuesadas y sin piel
- 1 cucharada de harina de arroz
- ¼ de cucharadita de sal
- ¼ de cucharadita de pimienta
- ½ cucharada de aceite de oliva
- ¼ de taza de champiñones cortados en láminas
- ¼ de taza de vino de Marsala
- ¼ de taza de caldo de pollo sin grasa y bajo en sodio
- 1 cucharada de jugo de limón fresco
- ½ cucharada de perejil crespo italiano picado

Con un mazo para carnes o un rodillo para amasar, aplane el pollo entre dos pedazos de plástico adherente o de papel encerado hasta dejarlo de 1 centímetro de espesor. Mezcle la harina, la sal y la pimienta. Reboce el pollo en la mezcla. Sacuda el exceso.

Ponga a calentar el aceite en una sartén grande a fuego medio, añada el pollo y dórelo 3 minutos por cada lado. Retire el pollo y déjelo aparte. Eche los champiñones, el vino, el caldo y el jugo de limón y deje hervir a fuego lento durante 10 minutos o hasta que la mezcla se reduzca a ²/₃ taza. Vuelva a poner el pollo en la sartén, y voltéelo para bañarlo bien con la salsa. Tape y cocine 5 minutos hasta que el pollo esté bien cocido. Espolvoréelo con perejil.

Consejos de Brenda: puede usar fibra de mesa para aumentar el contenido de fibra de este plato. Este pollo queda realmente delicioso acompañado con arroz integral de grano largo y una ensalada.

Datos nutricionales: tamaño de la porción, 1 pechuga. Calorías 269, fibra 1 g, proteínas 29 g, grasas 5 g, grasas saturadas 1 g, carbohidratos 14 g, colesterol 68 g, sodio 441 mg, azúcares 1 g.

PICATTA DE POLLO

2 porciones (1 g fibra/porción)

- 2 pechugas de pollo sin piel
- ¼ de taza de harina de arroz
- ¼ de cucharadita de sal
- ¼ de cucharadita de pimienta
- 1 cucharadita de aceite de oliva
- ¾ de taza de vino blanco seco
- 1 cucharada de jugo de limón fresco
- 1 cucharada de alcaparras
- ¼ de taza de perejil liso picado

Con un mazo para carnes aplane el pollo entre dos pedazos de plástico adherente o de papel encerado hasta que quede de más o menos 1 centímetro de grueso. Mezcle la harina, la sal y la pimienta y reboce el pollo en esta mezcla. Caliente el aceite en una sartén a fuego medio. Añada el pollo y dórelo por cada lado cerca de 3 minutos. Añada la mitad del vino, el jugo de limón y las alcaparras mientras raspa el fondo de la olla para despegar el dorado. Cocine durante 2 minutos. Retire el pollo de la olla y consérvelo caliente. Añada el resto del vino y caliente hasta que se reduzca a la mitad. Añada el perejil fresco picado. Ponga las pechugas en una bandeja y vierta la salsa por encima.

Consejos de Brenda: este plato es sabrosísimo acompañado con arroz integral de grano largo y un plato pequeño de ensalada.

Datos nutricionales: tamaño de la porción, 1 pechuga. Calorías 298, fibra 1 g, proteínas 29 g, grasas 4 g, grasas saturadas 1 g, carbohidratos 19 g, colesterol 68 g, sodio 500 mg, azúcares 1 g.

WRAPS DE POLLO

2 porciones (2 g fibra/porción)

- 2 cucharadas de hummus (puré de garbanzos)
- 3 onzas de yogur natural bajo en grasa
- 1 cebolla blanca cortada en cuadros
- 1 pechuga de pollo cocida y sin piel
- 2 wraps de tortilla de 6 pulgadas (integrales)
- 2 hojas de lechuga romana
- ½ zanahoria en julianas
- ¼ de taza de pimiento (o pimentón) morrón en julianas

Mezcle el hummus, el yogur y la cebolla. Corte el pollo en cuadros (trozos de más o menos 1 cm). Añádale el pollo a la mezcla y revuelva bien. Disponga la tortilla y la lechuga y ponga encima la mezcla de pollo, las julianas de zanahoria y pimientos (o pimentones). Enrolle para que queden apretados y rebane.

> *Consejos de Brenda: esta es una buena receta para aprovechar sobrantes de pollo. Puede utilizar fibra de mesa para aumentar el contenido de fibra de este plato.*

Datos nutricionales: tamaño de la porción, 1 wrap. Calorías 305, fibra 2 g, proteínas 33 g, grasas 7 g, grasas saturadas 2 g, carbohidratos 25 g, colesterol 76 g, sodio 292 mg, azúcares 4 g.

POLLO A LA CAZADORA EN CROCK-POT

6 porciones (5 g fibra/porción)

- 1 cucharadita de cebolla en polvo
- 1 cucharadita de ajo en polvo
- 1 cucharadita de orégano
- 1 cucharadita de albahaca

- ¾ cucharadita de pimienta negra (recién molida)
- 3 pechugas de pollo (en mitades, con hueso y sin piel)
- 3 muslos de pollo (en mitades, con hueso y sin piel)
- 1 cucharada de aceite de oliva
- 2 tazas de champiñones en rodajas
- 1 ½ tazas de tiras de pimiento (o pimentón) rojo morrón
- 1 ½ tazas de tiras de pimiento (o pimentón) verde morrón
- 1 taza de cebolla en rodajas finas
- 1 lata de 28 onzas de tomates sin sal
- 1 lata de 6 onzas de pasta de tomate baja en sodio
- 2 hojas de laurel
- 1 cucharada de vinagre balsámico

Mezcle los cinco primeros ingredientes. Reboce el pollo en estas especias. Ponga una cucharada de aceite de oliva en el fondo del Crock-Pot (olla eléctrica para cocción lenta). Añada los champiñones, los pimientos (o pimentones) y la cebolla. Agregue los tomates, la pasta de tomate, las hojas de laurel y el vinagre. Añada el pollo condimentado y el resto de la mezcla de especias. Cocine a fuego lento durante 7-9 horas. Sirva con pasta integral de arroz y una ensalada.

Consejos de Brenda: este plato es para un grupo numeroso. ¡Es saludable, pero nadie lo notará!

Datos nutricionales: tamaño de la porción, 1 pechuga o un muslo. Calorías 197, fibra 5 g, proteínas 22 g, grasas 4 g, grasas saturadas 1 g, carbohidratos 20 g, colesterol 51 g, sodio 108 mg, azúcares 11 g.

POLLO AL LIMÓN

2 porciones (2 g fibra/porción)

- 2 pechugas de pollo deshuesadas y sin piel
- 1 clara de huevo
- 2 cucharadas de harina de arroz
- 1 cucharada de queso parmesano recién rallado
- 1 cucharada de perejil liso
- 1 pizca de sal y pimienta

- 1 cucharadita de aceite de oliva
- Jugo de ½ limón
- ¼ de taza de vino blanco o caldo de pollo

Precaliente el horno a 450°F. Ponga el pollo entre dos pedazos de plástico adherente o de papel encerado y aplánelo con la parte lisa de un mazo para carnes hasta que tenga 1 cm de espesor. Esto ayuda a que el pollo quede más tierno. Deje aparte.

Bata ligeramente la clara de huevo en un recipiente mediano. Añada la harina de arroz, el queso parmesano, el perejil, la sal y la pimienta. Cubra el pollo de manera uniforme.

Caliente el aceite en una sartén de tamaño mediano que pueda meter en el horno. Dore el pollo (3 minutos) por cada lado. Retire el pollo de la sartén y déjelo aparte. Ponga el jugo de ½ limón y el vino en la sartén, asegurándose de despegar los residuos pegados para que se incorporen al líquido. Deje reducir un poco, añada el pollo y hornee durante 20 minutos.

Consejos de Brenda: este plato es delicioso con algunas verduras como col rizada u hojas de col salteadas en una olla.

Datos nutricionales: tamaño de la porción, 1 pechuga. Calorías 357, fibra 2 g, proteínas 44 g, grasas 5 g, grasas saturadas 1 g, carbohidratos 25 g, colesterol 71 g, sodio 372 mg, azúcares 2 g.

HAMBURGUESAS DE PAVO

2 porciones (1 g fibra/porción)

- ½ libra de pechuga de pavo molida
- 1 diente de ajo finamente picado
- ½ cucharadita de condimento cajún
- 1 pizca de pimienta
- 2 cucharadas de salsa teriyaki light
- Atomizador de aceite
- 1 cebolla mediana en rodajas de ¼ de pulgada
- 1 cucharadita de aceite de oliva

Combine los cinco primeros ingredientes en un tazón grande. Forme dos hamburguesas con la mezcla. Rocíe una olla con aceite para cocinar y póngala a fuego medio. Añada las rodajas de cebolla y cocínelas hasta que estén doradas y tiernas. Retire las cebollas y déjelas aparte. Añada el aceite de oliva a la olla y ponga las hamburguesas. Cocine 5-10 minutos a fuego medio, se verán doradas por ambos lados cuando estén listas. Sirva la hamburguesa con la cebolla por encima.

Consejos de Brenda: este plato queda muy bien con una ensalada verde grande o con verduras salteadas. Podría agregarle fibra de mesa a la hamburguesa de pavo para aumentar su contenido de fibra.

Datos nutricionales: tamaño de la porción, 1 hamburguesa. Calorías 227, fibra 1 g, proteínas 21 g, grasas 12 g, grasas saturadas 3 g, carbohidratos 8 g, colesterol 90 g, sodio 369 mg, azúcares 4 g.

PECHUGAS DE PAVO GUSTOSAS CON LIMÓN Y HIERBAS

8 porciones (0 g fibra/porción)

- Jugo y ralladura de la cáscara de 2 limones
- 2 cucharadas de romero fresco
- 1 cucharada de salvia
- 2 cucharadas de mostaza Dijon
- 2 dientes de ajo triturados
- Sal y pimienta al gusto
- 1 pechuga de pavo deshuesada, más o menos de 2 libras

Combine todos los ingredientes excepto el pavo para hacer la marinada. Ponga la pechuga de pavo y la marinada en una bolsa plástica grande y luego dentro de un tazón grande, cerciórese de que todo el pavo quede bañado. Refrigere durante 4-6 horas o durante toda la noche.

Ponga el pavo y la marinada en el Crock-Pot. Tape y cocine a fuego lento durante 8 horas o hasta que la pechuga esté tierna.

Consejos de Brenda: este plato alcanza para ocho personas, o puede usar el pavo que sobre para hacer un emparedado después.

Datos nutricionales: tamaño de la porción, ¼ de libra. Calorías 133, fibra 0 g, proteínas 28 g, grasas 1 g, grasas saturadas 1 g, carbohidratos 2 g, colesterol 71 g, sodio 367 mg, azúcares 0 g.

POLLO Y ESPÁRRAGOS SALTEADOS

2 porciones (5 g fibra/porción)

- 1 cucharada de aceite de oliva
- 1 diente de ajo triturado
- 1 cucharada de jengibre fresco en rodajas
- 1 pechuga de pollo de 8 onzas en rebanadas
- 1 chalote
- 3 onzas de espárragos frescos (partidos en diagonal)
- 2 cucharadas de salsa soya baja en sodio
- ¼ de taza de agua
- 2 onzas de almendras doradas partidas en astillas

Caliente una sartén grande de freír a fuego medio. Agregue el aceite y déle vuelta para cubrir la superficie. Añada el ajo, el jengibre y el pollo. Saltee durante 1-2 minutos hasta que el pollo cambie de color. Agregue el chalote y los espárragos y saltéelos por 2 minutos más. Baje el fuego y cocine a fuego lento durante otros 2 minutos. Adicione la salsa soya y el ¼ de taza de agua. Tape y deje hervir a fuego lento otros 2 minutos. Cocine hasta que el pollo y las verduras estén tiernos. Incorpore las almendras.

Consejos de Brenda: ¡esta es una receta rápida para la cena! Debe acompañarse con arroz integral de grano largo.

Datos nutricionales: tamaño de la porción, ½ receta. Calorías 323, fibra 5 g, proteínas 22 g, grasas 22 g, grasas saturadas 2 g, carbohidratos 12 g, colesterol 34 mg, sodio 641 mg, azúcares 3 g.

RECETAS DE PESCADO

PESCADO AL HORNO

2 porciones (4 g fibra/porción)

- Dos filetes de pescado blanco de 4 onzas (lenguado o tilapia)
- 1 paquete de 10 onzas de espinacas frescas
- 2 tomates cherry
- 2 chalotes en rodajas finas
- 1 cucharada de aceitunas negras picadas
- 1 cucharada de alcaparras
- 2 cucharadas de jugo de naranja fresco
- Pimienta al gusto

Precaliente el horno a 400°F. Ponga los filetes en una fuente refractaria de vidrio. Vierta las espinacas, los tomates, los chalotes, las aceitunas y las alcaparras encima de los filetes. Écheles el jugo de naranja por encima. Hornee el pescado alrededor de 10 minutos por cada centímetro de espesor del filete. Espolvoree con pimienta. Sirva de inmediato.

> *Consejos de Brenda: esta receta se puede preparar con espinaca congelada, pero eso aumentaría la ingesta de sal incluso si el paquete dice "sin sal".*

Datos nutricionales: tamaño de la porción, 1 filete. Calorías 168, fibra 4 g, proteínas 26 g, grasas 3 g, grasas saturadas 1 g, carbohidratos 11 g, colesterol 54 mg, sodio 457 mg, azúcares 3 g.

DORADO A LA PARILLA CON ESPINACAS

2 porciones (2 g fibra/porción)

- Dos filetes de dorado
- 2 cucharaditas de aceite de oliva
- 1 chalote

- 2 dientes de ajo
- Sal y pimienta al gusto
- 2 tomates grandes pelados, sin semillas y picados
- 2 tazas de espinaca (lavadas)

Enjuague los filetes y séquelos con golpecitos. Barnice con aceite de oliva y ase a la parrilla sobre carbones no muy calientes. Use el aceite de oliva sobrante para cubrir el fondo de una sartén. Saltee el chalote, el ajo, la sal y la pimienta hasta que los chalotes estén tiernos. Añada los tomates y las espinacas. Cocine hasta que las espinacas comiencen a quebrantarse. Sirva la mezcla y ponga el pescado encima. Adorne por encima con jugo de lima fresco.

Consejos de Brenda: esta receta se puede preparar con espinacas congeladas, pero eso aumentaría la ingesta de sal incluso si el paquete dice "sin sal". También puede usar fibra de mesa en los vegetales para incrementar el contenido de fibra de este plato.

Datos nutricionales: tamaño de la porción, 1 filete. Calorías 188, fibra 2 g, proteínas 23 g, grasas 5 g, grasas saturadas 1 g, carbohidratos 6 g, colesterol 0 mg, sodio 108 mg, azúcares 2 g.

SALMÓN SALVAJE A LA PARRILLA CON ENCURTIDO DE MANGO

2 porciones (1 g fibra/porción)

ENCURTIDO DE MANGO
- ½ mango pequeño cortado en cuadros
- 2 cucharadas de pimiento (o pimentón) morrón rojo cortado en cuadros
- 1 cucharada de cebolla roja cortada en cuadros
- 1 cucharada de perejil (finamente picado)
- 1 cucharada de cilantro (finamente picado)
- 1 cucharadita de ralladura de lima
- ½ cucharada de ajo finamente picado
- 1 cucharadita de jugo de lima
- 2 filetes de salmón salvaje de 4 onzas
- Sal marina y pimienta al gusto

Para hacer el encurtido combine todos ingredientes y deje enfriar en la nevera durante 1 hora.

Condimente los filetes con sal y pimienta y áselos en la parrilla; caliente 4 minutos por un lado y 4 minutos por el otro. Cocine hasta que el pescado se pueda desmenuzar.

Sirva el encurtido sobre el pescado.

Consejos de Brenda: este encurtido sabe delicioso con cualquier pescado. Este plato puede acompañarse también con un puré de batatas y espinacas al vapor, dos recetas que encontrará más adelante en este capítulo.

Datos nutricionales: tamaño de la porción, 1 filete. Calorías 209, fibra 1 g, proteínas 24 g, grasas 7 g, grasas saturadas 1 g, carbohidratos 12 g, colesterol 63 mg, sodio 56 mg, azúcares 8 g.

SALMÓN SALVAJE CON MARINADA DE CÍTRICOS

2 porciones (0 g fibra/porción)

- ¼ de taza de vinagre balsámico
- ¼ de taza de jugo de naranja fresco
- ¼ de taza de jugo de limón o de lima fresco
- 2 cucharadas de mostaza marrón picante
- 2 filetes de salmón salvaje de 4 onzas

Combine el vinagre, el jugo de naranja, el jugo de lima o limón y la mostaza en un tazón. Agite con un tenedor para mezclarlos. Añada el salmón y báñelo bien con la marinada. Déjelo en el refrigerador por 1-2 horas. Retire el salmón de la marinada y póngalo sobre el asador caliente durante 2 minutos. Ase el lado de la carne primero, luego déle vuelta para que la piel quede hacia abajo y use la marinada para rociarlo mientras se cocina. Cocine de 4-5 minutos más. Si es necesario cúbralo con una olla de aluminio para ayudar a que se cocine por completo. Cocine hasta que el pescado tome un color rosado pálido o hasta que se pueda desmenuzar con un tenedor.

Consejos de Brenda: para obtener fibra en esta comida sirva el pescado con ½ taza de arroz integral y 2 tazas de espinacas al vapor.

Datos nutricionales: tamaño de la porción, 1 filete. Calorías 215, fibra 0 g, proteínas 23 g, grasas 8 g, grasas saturadas 1 g, carbohidratos 11 g, colesterol 63 mg, sodio 115 mg, azúcares 8 g.

RECETAS DE VERDURAS

Use estas recetas de verduras para acompañar las recetas de carnes de ave o de pescado para completar una comida.

BRÓCOLI ASADO AL HORNO CON LIMÓN Y CHALOTES

2 porciones (2 g fibra/porción)

- 2 tazas de brócoli
- ½ taza de chalotes finamente picados
- 1 cucharadita de aceite de oliva
- Sal marina y pimienta al gusto
- Jugo de ½ limón pequeño

Precaliente el horno a 450°F. Mezcle el brócoli con los chalotes, el aceite, la sal y la pimienta.

Ponga la mezcla en una bandeja grande para hornear (con bordes) y ase hasta que las ramitas de brócoli estén tiernas y doradas por debajo, de 10-12 minutos. Retire del horno y rocíe con jugo de limón. Revuelva con suavidad y sirva.

Consejos de Brenda: asar el brócoli es otra forma deliciosa de prepararlo, diferente a cocinarlo al vapor.

Datos nutricionales: tamaño de la porción, 1 taza. Calorías 95, fibra 2 g, proteínas 4 g, grasas 3 g, grasas saturadas 0 g, carbohidratos 17 g, colesterol 0 mg, sodio 37 mg, azúcares 4 g.

PURÉ DE COLIFLOR

4 porciones (1 g fibra/porción)

- 1 libra de coliflor en gajos
- ½ taza de agua
- ½ taza de caldo de pollo bajo en sodio
- 1 cucharada de aceite de oliva

Parta la coliflor, incluso el centro, en pedazos de 1 pulgada. Ponga el agua y el caldo a hervir en una olla grande. Añada los trozos de coliflor. Cocine durante 20-30 minutos. Cuele la coliflor y presiónela en el colador con un plato para liberar todo el líquido que contenga (este paso es importante para lograr la consistencia adecuada del plato). Ponga la coliflor en un procesador de alimentos junto con el aceite de oliva. Procese la mezcla hasta obtener un puré homogéneo y cremoso.

> **Consejos de Brenda: esta es una buena manera de reemplazar el puré de patatas. Puede añadirle fibra de mesa para aumentar el contenido de fibra del plato.**

Datos nutricionales: tamaño de la porción, ½ taza. Calorías 95, fibra 1 g, proteínas 2 g, grasas 3 g, grasas saturadas 0 g, carbohidratos 4 g, colesterol 0 mg, sodio 50 mg, azúcares 2 g.

MEZCLA DE VERDURAS ASADAS

4 porciones (5 g fibra/porción)

- 1 ½ tazas de cebollas (partidas en pedazos de 1 cm)
- 2 tazas de zanahorias (partidas en pedazos de 1 cm)
- 6 onzas de nabos tiernos, pelados y partidos en cascos de 1 cm
- 6 onzas de remolachas (partidas en cascos de 1 cm)
- 1 cucharada de aceite de oliva
- Sal marina y pimienta negra fresca al gusto
- 10 ramitas de tomillo
- 1 cucharadita de ralladura de limón

- 2 cucharadas de vinagre de sidra
- 2 cucharadas de perejil liso italiano finamente picado

Precaliente el horno a 450°F. Ponga las verduras en un tazón grande y mézclas con el aceite, la sal, la pimienta, el tomillo, la ralladura de limón y el vinagre de sidra. Distribuya las verduras en una sola capa sobre una bandeja para hornear con bordes. Ase, y voltee dos veces las verduras hasta que estén tiernas, alrededor de 30 minutos.

Pase las verduras a una fuente de servir. Espolvoree el perejil por encima y sirva.

Consejos de Brenda: puede reemplazar una de las verduras de la receta anterior con cualquiera de sus vegetales de raíz preferidos como chirivías o puerros.

Datos nutricionales: tamaño de la porción, ¼ de la receta. Calorías 113, fibra 5 g, proteínas 3 g, grasas 4 g, grasas saturadas 1 g, carbohidratos 22 g, colesterol 0 mg, sodio 119 mg, azúcares 14 g.

COL RIZADA SUREÑA

6 porciones (3 g fibra/porción)

- 1 cucharada de aceite de oliva
- 2 cucharaditas de ajo finamente picado
- ½ taza de caldo de pollo bajo en sodio
- 15 tazas de col rizada lavada, sin tallos y partida en pedazos
- ¼ de cucharadita de pimienta roja machacada
- Pimienta negra al gusto

En una sartén profunda caliente el aceite a fuego medio. Añada el ajo y el caldo, revuelva. Añada la col por puñados y vaya revolviendo para que quepan más hojas. Tape y cocine removiendo de vez en cuando durante 10-15 minutos. Retire la tapa y cocine hasta que las hojas estén tiernas. Añada la pimienta roja y la negra. Mezcle y sirva.

Consejos de Brenda: se pueden usar hojas de col en vez de col rizada.

Datos nutricionales: tamaño de la porción, 1/6 de la receta. Calorías 114, fibra 3 g, proteínas 6 g, grasas 3 g, grasas saturadas 0 g, carbohidratos 17 g, colesterol 0 mg, sodio 107 mg, azúcares 0 g.

CALABACÍN ESPAGUETI

4 porciones (5 g fibra/porción)

- 1 calabacín mediano

Precaliente el horno a 400°F. Parta el calabacín a la mitad, a lo largo. Retire las semillas. Ponga las mitades bocabajo en una fuente de hornear y eche más o menos 1 centímetro de agua en el fondo de la fuente. Llévelo al horno y cocínelo durante 30 minutos o hasta que esté tierno. Cuando se haya enfriado, voltee el calabacín. Usando un tenedor raspe el contenido. Este comenzará a envolverse como si fueran espaguetis.

Consejos de Brenda: esta es una forma magnífica de reemplazar la pasta. Sírvalo con salsa marinara o con aceite de oliva y algunas de sus especias preferidas.

Datos nutricionales: tamaño de la porción, 1 taza. Calorías 31, fibra 5 g, proteínas 1 g, grasas 1 g, grasas saturadas 0 g, carbohidratos 7 g, colesterol 51 mg, sodio 17 mg, azúcares 11 g.

REPOLLO QUEBRANTADO

6 porciones (2 g fibra/porción)

- 1 cucharada de aceite de oliva
- 6 tazas de col de Milán o de col china
- ¼ de taza de caldo de pollo bajo en sodio
- Pimienta negra recién molida
- ½ cucharadita de semillas de comino
- 2 cucharaditas de vinagre de sidra

Caliente el aceite en un caldero grueso a fuego medio. Añada la col y el caldo y deje cocinar de 3 a 4 minutos removiendo de vez en cuando hasta que la col comience a quebrantarse. Incorpore la pimienta. Ponga las semillas de comino en una sartén pequeña y tuéstelas a fuego medio durante 1 minuto, agitando la sartén a menudo. Agréguele las semillas y el vinagre de sidra a la col y cocine 3 minutos más o hasta que esté tierna, revolviendo de vez en cuando.

Consejos de Brenda: hay muchas variedades de coles, para esta receta puede usar la que prefiera.

Datos nutricionales: tamaño de la porción, 1 taza. Calorías 27, fibra 2 g, proteínas 1 g, grasas 1 g, grasas saturadas 0 g, carbohidratos 5 g, colesterol 68 mg, sodio 20 mg, azúcares 2 g.

RECETAS DE POSTRES

En caso de que tenga antojo de algo dulce, aquí hay algunas recetas para postres que son saludables, bajas en calorías y que contienen una buena cantidad de fibra.

CEREZAS OSCURAS DULCES CON CREMA BATIDA

1 porción (3 g fibra/porción)

- 1 taza de cerezas oscuras dulces (congeladas)
- 1 cucharada de crema batida

Mida 1 taza de cerezas. Deje que se descongelen o métalas 30 segundos en el microondas. Póngales la crema batida encima.

Consejos de Brenda: las cerezas oscuras dulces son más dulces que la variedad más clara, pero cualquiera de las dos que prefiera está bien para la receta.

Datos nutricionales: una porción. Calorías 118, fibra 3 g, proteínas 1 g.

POSTRE CROCANTE DE MANZANA

4 porciones (2 g fibra/porción)

- 2 tazas de manzanas rojas peladas, sin corazón y partidas en rodajas muy finas
- 2 cucharadas de aceite de oliva
- 2 cucharaditas de canela
- 1 cucharadita de extracto de vainilla
- ½ cucharadita de nuez moscada fresca
- ¼ de taza de granola de frutas/nueces

Precaliente el horno a 350°F.

En una fuente de hornear de vidrio, no muy honda, ponga una capa delgada de manzanas, luego aceite de oliva, canela, vainilla y nuez moscada, de modo uniforme. Ponga otra capa del mismo modo. Por último remate con la granola y cocine durante 30-40 minutos hasta que las manzanas estén tiernas y los bordes estén borboteando.

> *Consejos de Brenda: este plato es bajo en calorías y no tiene grasa, pero lo hace sentir a uno como si se hubiera comido pastel de manzanas.*

Datos nutricionales: una porción (¼ de la receta). Calorías 127, fibra 2 g, proteínas 1 g.

BIZCOCHO DE ESPECIAS Y ZANAHORIA COMO REFRIGERIO

12 porciones (2 g fibra/porción)

- ½ taza de miel líquida
- 3 cucharadas de aceite para cocinar
- 2 huevos
- 1 taza de harina de espelta
- ½ cucharadita de sal marina
- ¾ de cucharada de bicarbonato
- 1 cucharadita de polvo de hornear

- 1 cucharadita de canela
- 1 cucharadita de nuez moscada recién rallada
- 2 tazas de zanahoria rallada
- ¼ de taza de puré de manzana (sin endulzar)
- ¼ de taza de nueces de nogal picaditas
- 7 onzas de piña en puré sin azúcar
- Atomizador de aceite

Precaliente el horno a 300°F.

Bata la miel, el aceite de cocina y los huevos hasta que queden bien mezclados. Añada la harina, la sal, el bicarbonato, el polvo de hornear, la canela y la nuez moscada, bata bien. Incorpore las zanahorias, el puré de manzana, las nueces y la piña. Engrase una fuente de 8 pulgadas con el atomizador de aceite. Vierta la mezcla en el molde. Hornee durante 50-60 minutos en el horno precalentado.

Datos nutricionales: una porción (¼ de bizcocho). Calorías 124, fibra 2 g, proteínas 3 g.

SORBETE DE MANGO

8 porciones (1 g fibra/porción)

- ¼ de taza de endulzante
- ¾ de taza de agua
- 2 mangos maduros (más o menos ½ libra cada uno)
- Jugo de 1 lima

Combine el endulzante con el agua en una ollita pequeña y póngalo a fuego medio. Revuelva hasta que el endulzante se disuelva por completo, sin dejar espesar el almíbar. Retire del fuego y déjelo enfriar a temperatura ambiente.

Pele el mango y sepárelo del hueso. Combine el mango, el jugo de lima y el almíbar en una licuadora o en un procesador de cocina. Licúe hasta que esté completamente homogéneo, más o menos por 30 segundos. Tape y refrigere hasta que esté frío o de un día para otro.

Revuelva la mezcla fría y luego congélela en un congelador especial para helados. Siga las instrucciones del fabricante.

Consejos de Brenda: recuerde, puede aumentar el contenido de fibra adicionando fibra de mesa.

Datos nutricionales: Una porción ($1/_8$ de receta). Calorías 80, fibra 1 g, proteínas 0 g.

IDEAS PARA REFRIGERIOS

Use cualquiera de estas ideas para refrigerios durante la fase uno y la fase dos del plan de la dieta Fibra35. Todas tienen entre 100 y 150 calorías y contienen fibra y proteína. O cree sus propias ideas, sólo cerciórese de incluir fibra y proteínas.

Barras para refrigerio

Trate de encontrar una barra que contenga tanto fibra como proteína: preferiblemente 10 gramos de fibra, 10 gramos de proteína y más o menos 200 calorías por barra. Puede usar la mitad de esta barra como un refrigerio de 100 calorías durante la fase uno y la fase dos de la dieta.

Refrigerios varios

Piña y requesón

• ½ taza de piña fresca y 3 onzas de requesón bajo en grasa

Nota: recuerde que puede usar cualquier fruta o verdura como refrigerio en todas las fases del plan de la dieta Fibra35. Trate de escoger las que tengan el contenido de fibra más alto. Revise la tabla de fibra en el capítulo 5 antes de ir de compras.

Datos nutricionales: calorías 100, fibra 1 g, proteínas 12 g.

Manzana con mantequilla de almendras

- 1 manzana mediana en rodajas con 1 cucharada de mantequilla de almendras

Datos nutricionales: calorías 141, fibra 2.5 g, proteínas 2 g.

Frambuesas y requesón

- ½ taza de frambuesas con 3 onzas de requesón bajo en grasa

Datos nutricionales: calorías 100, fibra 4 g, proteínas 12 g.

Torta de arroz integral con mantequilla de almendras

- 1 torta de arroz integral con una cucharadita de mantequilla de almendras

Datos nutricionales: calorías 144, fibra 4 g, proteínas 5 g.

Apio y hummus (puré de garbanzos)

- 2 tallos de apio con 1 onza (2 cucharadas) de puré de garbanzos hecho en casa (vea la receta a continuación)

Datos nutricionales: calorías 85, fibra 3.5 g, proteínas 4 g.

Galletas de sal y guacamole

- 2 galletas de sal de linaza con 2 onzas de guacamole hecho en casa (vea la receta a continuación)

Datos nutricionales: calorías 132, fibra 7.5 g, proteínas 3 g.

Chips de tortilla y salsa

• 1 onza de chips de tortilla de maíz azul (15 chips) y 2 onzas (4 cucharadas) de salsa casera (vea la receta a continuación)

Datos nutricionales: calorías 150, fibra 3 g, proteínas 3 g.

Galletas de sal y ensalada de huevo

• 2 galletas de sal de linaza con 1 onza (2 cucharadas) de ensalada de huevo (vea la receta a continuación)

Datos nutricionales: calorías 100, fibra 4.5 g, proteínas 5 g.

Palomitas de maíz

• 4 tazas de palomitas de maíz

Datos nutricionales: calorías 130, fibra 6 g, proteínas 3 g.

Atún ahumado y apio

• 2 cucharadas de atún ahumado para untar y 2 tallos de apio

Datos nutricionales: calorías 60, fibra 2 g, proteínas 7 g.

EMPAREDADO DE PAVO

2 porciones (2 g fibra/porción)

• 2 rebanadas de pan integral
• 1 rebanada de embutido de pavo
• 1 cucharadita de mostaza
• 1 hoja grande de lechuga
• 2 rebanadas de tomate

Datos nutricionales: tamaño de la porción, ½ emparedado. Calorías 103, fibra 2 g, proteínas 5 g, grasas 2 g, grasas saturadas 0 g, carbohidratos 16 g, colesterol 5 mg, sodio 292 mg, azúcares 5 g.

DIP DE PIMIENTOS (O PIMENTONES) ROJOS ASADOS Y HUMMUS

(1.5 g fibra/porción)

- 1 frasco de 7 onzas de pimientos (o pimentones) rojos asados
- 1 lata de 15 onzas de garbanzos lavados y escurridos
- 1 lata de 15 onzas de cannellini (fríjoles blancos arriñonados)
- ¼ taza de tahine
- 3 dientes de ajo finamente picados
- 2 cucharadas de jugo de limón fresco
- 1 cucharadita de comino molido
- 2 cucharadas de yogur natural bajo en grasa
- Sal marina y pimienta al gusto

Mezcle todos los ingredientes excepto la sal y la pimienta en un procesador de alimentos. Procese hasta formar una mezcla homogénea.

Sazone con sal y pimienta.

Tape y refrigere. Sirva frío o a temperatura ambiente.

Consejo de Brenda: ¡esta receta sabe mejor al otro día!

Datos nutricionales: tamaño de la porción, 1 onza. Calorías 65, fibra 1.5 g, proteínas 3 g, grasas 2 g, grasas saturadas 0 g, carbohidratos 9 g, colesterol 0 mg, sodio 110 mg, azúcares 2 g.

SALSA CASERA

(1 g fibra/porción)

- 2 tomates grandes sin semillas, picados
- 1 pimiento (o pimentón) serrano o jalapeño, picado

- ⅓ de taza de cebolla verde picada
- 2 cucharadas de cilantro fresco picado
- 2 cucharadas de jugo de lima fresco
- ¼ de cucharadita de sal

Mezcle bien todos los ingredientes y refrigere.

Datos nutricionales: tamaño de la porción, 2 onzas. Calorías 13, fibra 1 g, proteínas 1 g, grasas 0 g, grasas saturadas 0 g, carbohidratos 4 g, colesterol 0 mg, sodio 100 mg, azúcares 2 g.

GUACAMOLE HECHO EN CASA

(3 g fibra/porción)

- 3 aguacates maduros
- ½ cebolla roja picada
- 2 dientes de ajo finamente picados
- 1 cucharadita de comino molido
- El jugo de 2 limas pequeñas
- 2 cucharadas de cilantro picado
- 4 cebollas verdes finamente picadas

Parta los aguacates a la mitad, retíreles la pulpa y en un tazón hágala puré. Agréguele los otros ingredientes y mezcle bien. Refrigere.

Datos nutricionales: tamaño de la porción, 2 onzas. Calorías 72, fibra 3 g, proteínas 1 g, grasas 6 g, grasas saturadas 0 g, carbohidratos 5 g, colesterol 0 mg, sodio 5 mg, azúcares 1 g.

ENSALADA DE HUEVO

(0 g fibra/porción)

- 1 huevo cocido entero
- 1 huevo cocido, sólo la clara

- ½ cucharadita de mostaza seca
- ½ cucharada de mayonesa light
- ½ cucharada de encurtido de pepinillos dulces
- Pimienta al gusto

Ponga los huevos en un tazón pequeño y aplástelos con un tenedor. Añada los demás ingredientes y mezcle bien. Refrigere.

Datos nutricionales: tamaño de la porción, 1 onza. Calorías 46, fibra 0 g, proteínas 3 g, grasas 3 g, grasas saturadas 1 g, carbohidratos 2 g, colesterol 70 mg, sodio 80 mg, azúcares 1 g.

ENSALADA SALUDABLE DE ATÚN

(0 g fibra/porción)

- 1 lata pequeña de atún light en agua, escurrido
- 1 cucharada de mayonesa light
- ½ cucharada de encurtido de pepinillos dulces
- 2 rodajas de manzana fresca picada
- ½ cucharadita de semillas de apio
- Pimienta negra al gusto

Mezcle bien todos los ingredientes y refrigere.

Datos nutricionales: tamaño de la porción, 1 onza. Calorías 40, fibra 0 g, proteínas 6g, grasas 1 g, grasas saturadas 0 g, carbohidratos 1 g, colesterol 8 mg, sodio 35 mg, azúcares 0 g.

IDEAS DE BEBIDAS PARA OBTENER EL AGUA QUE NECESITA DIARIAMENTE

Los tés de hierbas se incluyen entre las bebidas que se pueden tener como alternativas al agua. Los tés de bayas, frutas y flores son muy buenas opciones. Puede prepararlos en recipientes grandes y guardarlos en la nevera para tomárselos como tés helados.

También puede añadirle jugo de limón o de lima al agua para hacerla más agradable y para variar.

No cuente las bebidas con cafeína, como las gaseosas o el café, como parte de su ingesta de agua.

Es importante no tomar demasiada agua directamente de la llave porque a la mayoría de las aguas urbanas se les añaden muchos componentes como fluor y cloro que no son buenos. La ósmosis inversa es un tipo de filtro que es bastante económico y fácil de instalar en la cocina. Los filtros Brita son buenos, pero la ósmosis inversa es bastante económica y no requiere cambios frecuente de filtros.

CAPÍTULO 15

INTEGRACIÓN DE RECURSOS

En este capítulo encontrará consejos para hacer las compras que le ayudarán a reconocer y conseguir los recursos necesarios para llevar a cabo la dieta Fibra35 de un modo sencillo y eficiente. También suministro ejemplos de menús semanales para cada fase de la dieta. Estos le ayudarán a diseñar sus propios menús diarios y a darle sentido a todas las opciones.

LISTA DE COMPRAS

Independientemente del lugar donde haga sus compras o de si las hace una vez a la semana o todos los días, es aconsejable preparar una lista. Hacer las compras con una lista hace que la visita al mercado sea más eficiente y le ayudará a hacer menos compras impulsivas. A la larga, eso significa que habrá menos tentaciones poco saludables en casa. También quiere decir que usted se ha preparado de antemano y esta preparación elimina mucho las conjeturas que se hacen cuando se trata de establecer el contenido calórico de un alimento.

Con el fin de asesorarlo en la compra de comestibles recopilé una lista de los artículos que probablemente comprará para completar las dos primeras fases y para continuar hacia adelante con la fase tres de por vida. La siguiente lista es una guía de alimentos comunes que se recomiendan en la dieta Fibra35 y en las recetas del libro. Es una herramienta estupenda para usar al comenzar la dieta Fibra35. Para embarcarse en este viaje no tiene que comprar necesariamente todos los ingredientes que se enumeran a continuación. Utilice sus menús para planear con base en ellos qué artículos necesitará en la primera o en las dos primeras semanas, sin olvidar que los ingredientes frescos no duran más de tres o cinco días. Le recomiendo que elabore su propia lista de compras antes de cada ida al mercado utilizando como guía inicial la lista completa y detallada que aparece a continuación.

Granos

La cantidad que se suele usar en las recetas de la dieta Fibra35 es ½ taza. Estos se pueden encontrar en casi todas las tiendas naturistas.

Arroz integral   Mijo   Avena cortada

Panes

Se usa en porciones de 1-2 onzas o por rebanadas. Estos se encuentran en casi todas las tiendas naturistas.

Galletas de linaza   Panes multigranos

Aceites

La cantidad que se utiliza es por lo general de 1 a 2 cucharadas.

Atomizador   Aceite de maní
Aceita de oliva   Aceite de semillas de sésamo

Nueces y semillas

La cantidad que se suele utilizar en las recetas de la dieta Fibra35 es de 1 a 2 cucharadas.

Pacanas   Almendras crudas   Semillas de sésamo
Pistachos   Nueces de nogal crudas

Especias

La cantidad que se utiliza en las recetas de la dieta Fibra35 es generalmente ½ a 1 cucharadita.

Hojas de laurel   Pimienta negra fresca
Sal marina

Semillas de apio	Jengibre fresco	Tomillo
Chile en polvo	Nuez moscada fresca	Cúrcuma
Canela	Mejorana	Extracto de vainilla
Comino	Orégano	
Cebollina seca	Pimienta roja en escamas	

Productos lácteos

Huevos (preferiblemente orgánicos y naturales)	Queso parmesano	Recipiente pequeño de queso ricota
Yogurt natural bajo en grasa	Recipiente pequeño de queso ricota	
Recipiente pequeño de requesón bajo en grasa		
Queso mozarela		

Frutas

La cantidad de fruta que vaya a comprar dependerá del número de batidos diarios que vaya a tomar o de la cantidad de raciones de fruta que se comerá como refrigerios. Las cantidades aquí son sólo posibilidades.

1 aguacate	1 taza de arándanos	Varias manzanas
1 lima	1 taza de frambuesas	Recipiente pequeño de fresas
1 mango	2 limones	
1 pera	3 naranjas	
1 paquete pequeño de cerezas oscuras dulces congeladas	4 manzanas rojas	
1 piña completa (parte para comer fresca y parte para congelar)	6 bananos (algunos para comer frescos y otros para congelar)	

Verduras

1 manojo de espárragos	1 calabaza moscada	2 cebollas
1 manojo de apio	1 cebolla roja	2 rábanos
1 manojo de cilantro	1 pimiento (o pimentón) jalapeño o serrano	2 tomates

1 manojo de hojas de col	1 recipiente pequeño de hojas de menta	3 tazas de lechugas tiernas
1 manojo de endivias	1 recipiente pequeño de hojas de romero	4 tazas de espinaca
1 manojo de hinojo	1 cebolla española	Brócoli pequeño
1 manojo de cebollas verdes	1 cebolla dulce	Cartón pequeño de champiñones crimini
1 manojo de col rizada	1 batata	1 recipiente pequeño de hojas de albahaca
1 manojo o una bolsa de zanahorias	1 cabeza de dientes de ajo	Recipiente pequeño de brotes de soya
1 manojo de perejil	12 guisantes	
1 pimiento (o pimentón) verde, 1 rojo, 1 amarillo		
1 mazorca de maíz fresca		
1 cabeza de coliflor		

Carnes

½ libra de res, en tajadas delgadas	12 onzas de camarones	2 pechugas de pavo, deshuesadas
½ libra de pechuga de pavo	2 pechugas de pollo (deshuesadas y sin piel)	6 onzas de carne de cangrejo en tiras

Productos varios de despensa

1 paquete de chips de maíz azul	Harina de linaza molida	Harina de arroz
1 recipiente de leche de almendras (se encuentra en casi todas las tiendas naturistas)	Miel	Botella pequeña de jarabe de arce
1 paquete de láminas de lasaña de arroz	Salsa picante	Recipiente pequeño de mantequilla de almendras
Harina de almendras	Café instantáneo descafeínado	Recipiente pequeño de jugo de naranja
Salsa de manzana (sin endulzar)	Mayonesa light	Harina de espelta

Polvo de hornear

Vinagre balsámico

Harina de trigo sarraceno

Mostaza Dijon

Cerezas secas

Crema de leche light

Salsa soya baja en sodio

Azúcar de arce

Encurtido de pepinillos

Mostaza preparada

Chile rojo

Lentejas rojas

Endulzante u otro sucedáneo
del azúcar

Vinagre de vino blanco

Productos enlatados

Utilice las versiones sin sal o bajas en sodio de todos los artículos enumerados a continuación.

Fríjoles verdes

Salmón enlatado

Fríjoles cannellini

Caldo de pollo

Tomates en cubos

Chiles verdes

Fríjoles rojos arriñonados

Lata pequeña de atún
(claro, empacado en agua)

Jugo de tomate

Puré de piña sin endulzar

Fríjoles blancos

Fríjoles blancos arriñonados

Suplementos

Estos artículos se pueden encontrar en casi todas las tiendas naturistas.

Fórmula para limpiar el colon
y para aliviar el estreñimiento

Tabletas de fibra para antes de las comidas

Barras de alimentos naturales: barras de
fibra/proteína (trate de encontrar barras que
tengan por lo menos 10 gramos de fibra y 10
gramos de proteína

Batidos de proteína y fibra (trate de
encontrar batidos que tengan 20
gramos de proteína y 10 gramos de
fibra)

Fibra para rociar: una fibra soluble
natural que se disuelve por completo
en las bebidas, sopas y salsas.

CÓMO ESCOGER EL MERCADO

La gente, por lo general, tiende a invertir más tiempo y dinero para escoger zapatos o ropa que para seleccionar los alimentos.

La limpieza es de suma importancia para escoger una tienda. Las tiendas de alimentos deben tener una apariencia limpia y un olor agradable. Una tienda impecable significa riesgos menores de problemas de salud y, en general, refleja la actitud del propietario no sólo hacia la mercancía, sino también hacia sus clientes.

Conozca a los propietarios de las tiendas o a los administradores de las secciones. No tema pedirles algo que aún no tengan. Casi todos los almacenes están dispuestos a ordenar artículos especialmente para el cliente. El negocio de tiendas de comestibles es muy competitivo. Las tiendas quieren captarlo como cliente. Recuerde, usted es libre de comprar en cualquier parte. Use este dato a su favor para lograr encontrar un lugar en donde pueda hacer la mayoría de sus compras en una sola parada, para su propia conveniencia.

De igual manera, para los alimentos más especiales escoja la tienda que mejor se adapte a sus necesidades. Puede decidir comprar los panes sólo en una panadería cuya especialidad sean las hogazas o los panes artesanales que cumplen sus criterios alimenticios. Busque un lugar donde pueda adquirir carnes de la mejor calidad y el pescado más fresco. Esto podría implicar una parada más por fuera de la tienda de alimentos que frecuenta, pero la calidad de sus compras hará que valga la pena.

¡Lea las etiquetas! Si usted no puede pronunciar un ingrediente, ¡no compre el producto! Los aditivos químicos estresan el hígado y, por ende, reducen el potencial para quemar grasa.

Opciones de compra

En la actualidad existe un número sin precedentes de opciones para realizar compras saludables como las cooperativas de alimentos orgánicos y los hipermercados naturistas. Aquí traigo información de primera mano sobre algunas de estas alternativas.

Tiendas y supermercados de alimentos naturales

Hoy en día hay muchas cadenas de supermercados de comida natural. Muchos de estos son almacenes híbridos que combinan alimentos naturales, convencionales y gourmet. Busque tiendas que tengan una amplia gama de mercancía, barras de ensaladas y jugos, carnes de res, aves y pescados, y una sección de comidas preparadas con alternativas sanas en caso de que usted quiera consumir allí una o varias de sus comidas para no tener que cocinar. Muchas de estas tiendas tienen secciones grandes de suplementos nutricionales. Estos son el tipo de lugares que pueden convertirse fácilmente en su fuente única de abastecimiento o, por lo menos, en el lugar donde comprará la mayor parte de los comestibles.

Tiendas naturistas

Estas, por lo general, son manejadas por el propietario y son más pequeñas que los supermercados de alimentos naturales. Como son atendidas por el propietario estos mismos pueden satisfacer sus necesidades individuales en caso de que decida hacer sus compras ahí. Estas tiendas venden suplementos nutricionales y suelen ser una buena fuente de alimentos a granel. Muchas ofrecen productos agrícolas orgánicos.

Supermercados

Muchos mercados convencionales venden ahora productos agrícolas orgánicos y productos naturales además de los alimentos que han vendido tradicionalmente. Algunos de ellos tienen secciones completas que se conocen como "una tienda dentro de otra" en las que modifican el local con un piso de madera y molduras para que tenga la apariencia y la mercancía de una tienda de alimentos naturales de alta calidad. Si desea que el supermercado que frecuenta ofrezca más productos naturales o si hay artículos específicos que desea, ¡recuerde informárselo a la administración!

Mercados y puestos de frutas

Estos son una fuente excelente para obtener los productos agrícolas de temporada de mayor frescura. Muchos tienen surtidos orgánicos. Puede encontrar especialidades de ciertas regiones como miel, jaleas, mermeladas y algunos postres, panes y lácteos. Muchos de estos negocios también venden hierbas y especias frescas.

Entrega de productos agrícolas orgánicos a domicilio

Este es un servicio con un futuro prometedor para las personas ocupadas. Casi todos los servicios de entrega a domicilio ofrecen cualquier producto que haya maduro y disponible. El tiempo extra que se gana al no tener que ir de compras puede utilizarlo en pensar formas creativas de usar lo que este servicio vende, que cambiará según la estación.

Cooperativas

Algunas personas se organizan en grupos que contratan la compra de productos de agricultores y distribuidores de alimentos orgánicos locales. Utilizan el poder adquisitivo de un grupo para conseguir los productos a precios al por mayor. A través de una cooperativa bien organizada usted puede obtener carnes, aves y productos lácteos orgánicos que no encontrará en la mayoría de los mercados. De esta manera, a menudo, se pueden conseguir alimentos orgánicos al mismo precio o más baratos que los alimentos convencionales del mercado normal. Esta es una excelente manera de darle apoyo a negocios locales pequeños y construir comunidad. Las cooperativas, al igual que los servicios de entrega a domicilio, consiguen los alimentos más frescos posibles, pero no tienen mucho control sobre el surtido de productos agrícolas entre una semana y otra.

Panaderías

Es posible encontrar panaderías que hacen cualquier cosa que se le antoje: panes de grano entero, panes sin gluten, panes de granos tradicionales como mijo, quinua o espelta. Si los ordena a granel puede obtener un descuento y luego puede congelarlos para un uso posterior.

Pescaderías

Cuando se trata de pescados, mientras más fresco mejor. Escoja la pescadería más limpia que haya disponible (la nariz por lo general es un buen indicador de frescura). Si no vive cerca del agua, averigüe dónde puede comprar el pescado más fresco de la localidad. Pregunte cuándo llegan embarques de pescado fresco y planee sus comidas de pescado para esos días.

Carnicerías

Busque carniceros que, de manera progresiva, estén optando por carnes más limpias y saludables (productos de res y de ave libres de esteroides y de antibióticos). Le recomiendo sobremanera frecuentar mercados que vendan este tipo de artículos. Aprenda las diferencias entre animales de granja, no enjaulados y alimentados con pasto. Se sorprenderá de comprobar qué tan diferente es el sabor de algunas de estas carnes comparadas con las carnes de animales levantados y alimentados de la manera tradicional.

Pedidos por correo

Ahora es posible hacer pedidos de una gran variedad de alimentos de alta calidad y productos alimenticios a través del correo o del correo electrónico, inclusive de carnes y frutas de calidad especial.

Resumen

Sugiero que antes de salir a hacer mercado haga un plan que incluya preparar y usar una lista de alimentos. Elija bien sus tiendas de alimentos, y acuda al personal administrativo para que le ayude a conseguir los artículos que quiere. Sea consciente y utilice otras alternativas disponibles como cooperativas, panaderías, puestos de frutas y verduras y pedidos por correo. Escoja proveedores de carnes y aves que ofrezcan opciones cada vez mayores de carnes libres de hormonas y de antibióticos. Compre el pescado más fresco que haya disponible.

La dieta
FIBRA35

EJEMPLOS DE MENÚS SEMANALES

Las páginas siguientes contienen ejemplos de menús para cada fase de la dieta Fibra35. No tema usarlos como una guía solamente y mezcle y ajuste las comidas como a usted le guste, mientras se quede dentro de los límites calóricos y consiga por lo menos 35 gramos de fibra al día. ¡Disfrútelos!

FASE 1 DIETA FIBRA35
SUGERENCIA DE UN PLAN SEMANAL DE COMIDAS

	Lunes	Martes	Miércoles
Desayuno	Batido locura de chocolate y moca Café o té	Avena cortada Café o té	Tortilla de espinaca y queso de cabra Café o té
	Fibra: 10 g Calorías: 225	*Fibra: 12 g Calorías: 312*	*Fibra: 3 g Calorías: 220*
Refrigerio	1 barra de proteína-fibra	Cerezas dulces oscuras con crema batida	1 barra de proteína-fibra
	Fibra: 10 g Calorías: 200	*Fibra: 3 g Calorías: 118*	*Fibra: 10 g Calorías: 200*
Almuerzo	Ensalada de mariscos, espinaca y naranja Té de hierbas	Batido antojo de piña y naranja 2 galletas de linaza con ensalada de huevo	Ensalada grande y ½ emparedado de pavo Té de hierbas
	Fibra: 6 g Calorías: 245	*Fibra: 14.5 g Calorías: 380*	*Fibra: 12 g Calorías: 303*
Refrigerio	½ barra de proteína-fibra	½ barra de proteína-fibra	½ barra de proteína-fibra
	Fibra: 5 g Calorías: 100	*Fibra: 5 g Calorías: 100*	*Fibra: 5 g Calorías: 100*
Cena	Salmón salvaje antillano con arroz integral Té de hierbas	Pollo dorado con espinacas, frambuesas y peras Té de hierbas	1 taza de chile de vegetales y fríjoles con ½ taza de arroz integral Té de hierbas
	Fibra: 5 g Calorías: 469	*Fibra: 6 g Calorías: 299*	*Fibra: 16 g Calorías: 366*
Refrigerio	½ taza de frambuesas con requesón bajo en grasa	½ barra proteína-fibra	½ taza de frambuesas con requesón bajo en grasa
	Fibra: 4 g Calorías: 100	*Fibra: 5 g Calorías: 100*	*Fibra: 4 g Calorías: 100*
Totales diarios	*Fibra: 40 g* *Calorías: 1338*	*Fibra: 45.5 g* *Calorías: 1309*	*Fibra: 50 g* *Calorías: 1289*
Extra de vaciado de fibra	*Calorías diarias 1338* *Fibra 40 x 7 = 280* *Calorías netas 1058*	*Calorías diarias 1309* *Fibra 45.5 x 7 = 318* *Calorías netas 991*	*Calorías diarias 1289* *Fibra 50 x 7 = 350* *Calorías netas 939*

De 5 a 7 activadores metabólicos diarios: escoja entre comer a menudo, aumentar músculo, ejercicio aeróbico, agua, ocho horas de sueño, sauna y desintoxicación.

	Jueves	Viernes	Sábado	Domingo
Desayuno	Batido antojo de piña y naranja Café o té	1 taza de gachas de mijo Café o té	Batido delicia de frambuesa Café o té	Tostada francesa multigranos con yogur y banano Café o té
	Fibra: 10 g Calorías: 280	*Fibra: 7g Calorías: 262*	*Fibra: 14 g Calorías: 220*	*Fibra: 6 g Calorías: 295*
Refrigerio	1 barra de proteína-fibra	½ barra de proteína-fibra	2 galletas de linaza con guacamole	½ barra de proteína-fibra
	Fibra: 10 g Calorías: 200	*Fibra: 5 g Calorías: 100*	*Fibra: 7.5 g Calorías: 132*	*Fibra: 5 g Calorías: 100*
Almuerzo	Ensalada mixta de pollo, frutas y nueces (½ porción) Té de hierbas	Sopa de calabaza moscada ½ emparedado de pavo Té de hierbas	Wraps de pollo Té de hierbas	Batido sueño de chocolate y banano 2 cucharadas de atún ahumado para untar y apio
	Fibra: 2.5 g Calorías: 229	*Fibra: 7 g Calorías: 262*	*Fibra: 2 g Calorías: 305*	*Fibra: 14 g Calorías: 350*
Refrigerio	1 barra proteína-fibra	Cerezas dulces oscuras con crema batida	½ barra de proteína-fibra	2 tallos de apio con 1 onza de dip de pimientos rojos asados y hummus
	Fibra: 10 g Calorías: 200	*Fibra: 3 g Calorías: 118*	*Fibra: 5 g Calorías: 100*	*Fibra: 3.5 g Calorías: 85*
Cena	Pinchos de pollo asado 1 taza de calabacín espagueti Té de hierbas	½ ensalada de verduras y fríjoles Hamburguesa de pavo Té de hierbas	Rollo de pavo relleno de queso de cabra y espinacas Verduras al vapor Té de hierbas	Pollo asiático con col china y ½ taza de arroz chino Té de hierbas
	Fibra: 6 g Calorías: 178	*Fibra: 13 g Calorías: 443*	*Fibra: 7 g Calorías: 430*	*Fibra: 4 g Calorías: 307*
Refrigerio	Cerezas dulces oscuras con crema batida	½ taza de piña con 3 onzas de requesón bajo en grasa	½ barra proteína-fibra	1 manzana mediana con 1 cucharada de mantequilla de almendras
	Fibra: 3 g Calorías: 118	*Fibra: 1 g Calorías: 100*	*Fibra: 5 g Calorías: 100*	*Fibra: 2.5 g Calorías: 141*
Totales diarios	*Fibra: 41.5 g* *Calorías: 1205*	*Fibra: 36 g* *Calorías: 1285*	*Fibra: 40.5 g* *Calorías: 1287*	*Fibra: 35 g* *Calorías: 1278*
Extra de vaciado de fibra	*Calorías diarias 1205* *Fibra 41.5 x 7 = 290* *Calorías netas 915*	*Calorías diarias 1285* *Fibra 36 x 7 = 252* *Calorías netas 1033*	*Calorías diarias 1287* *Fibra 40.5 x 7 = 283* *Calorías netas 1004*	*Calorías diarias 127* *Fibra 35 x 7 = 245* *Calorías netas 1033*

FASE 2 DIETA FIBRA35
SUGERENCIA DE UN PLAN SEMANAL DE COMIDAS

	Lunes	Martes	Miércoles
Desayuno	Batido blitz de chocolate, banano y mantequilla de maní Café o té	Panqueques de trigo sarraceno con arandános, almendras y linaza Café o té	Parfait de frutas frescas Café o té
	Fibra: 12 g Calorías: 285	*Fibra: 7 g Calorías: 326*	*Fibra: 10 g Calorías: 351*
Refrigerio	1 barra de proteína-fibra	1 onza de chips de tortilla de maíz azul con 2 onzas de salsa	Batido sueño de chocolate y banano
	Fibra: 10 g Calorías: 200	*Fibra: 4 g Calorías: 163*	*Fibra: 12 g Calorías: 250*
Almuerzo	Ensalada fríjoles negros en capas y ½ emparedado de pavo	Ensalada grande Sopa de tomate y albahaca Té de hierbas	Chile de verduras y fríjoles Ensalada grande Té de hierbas
	Fibra: 19 g Calorías: 427	*Fibra: 12 g Calorías: 349*	*Fibra: 24 g Calorías: 558*
Refrigerio	1 barra de proteína-fibra	Batido locura de chocolate y moca	½ barra de proteína-fibra
	Fibra: 10 g Calorías: 200	*Fibra: 10 g Calorías: 225*	*Fibra: 5 g Calorías: 100*
Cena	Arroz frito con carne de res y verduras Té de hierbas	Lasaña de verduras Té de hierbas	Pechuga de pavo picante con limón y hierbas, col rizada sureña y puré de coliflor Té de hierbas
	Fibra: 4 g Calorías: 437	*Fibra: 4 g Calorías: 483*	*Fibra: 4 g Calorías: 342*
Refrigerio	Crocante de manzana	1 barra proteína-fibra	Cerezas dulces oscuras con crema batida
	Fibra: 2 g Calorías: 127	*Fibra: 10 g Calorías: 200*	*Fibra: 3 g Calorías: 118*
Totales diarios	*Fibra: 57 g* *Calorías: 1676*	*Fibra: 47 g* *Calorías: 1745*	*Fibra: 58 g* *Calorías: 1719*
Extra de vaciado de fibra	*Calorías diarias 1676* *Fibra 57 x 7 = 399* *Calorías netas 1227*	*Calorías diarias 1745* *Fibra 47 x 7 = 329* *Calorías netas 1416*	*Calorías diarias 1719* *Fibra 58 x 7 = 406* *Caloría netas 1313*

De 4 a 6 activadores metabólicos diarios: escoja entre comer a menudo, aumentar músculo, ejercicio aeróbico, agua, ocho horas de sueño, sauna y desintoxicación.

	Jueves	Viernes	Sábado	Domingo
Desayuno	Frittata de salmón Café o té	Crocante de avena cortada Café o té	Gachas de mijo Café o té	Tostada francesa multigranos con yogur y banano Café o té
	Fibra: 5 g Calorías: 260	*Fibra: 12 g Calorías: 312*	*Fibra: 7 g Calorías: 262*	*Fibra: 6 g Calorías: 295*
Refrigerio	Batido antojo de piña y naranja	1 barra o un batido de proteína-fibra	1 barra o un batido de proteína-fibra	1 barra o un batido de proteína-fibra
	Fibra: 10 g Calorías: 280	*Fibra: 10 g Calorías: 200*	*Fibra: 10 g Calorías: 200*	*Fibra: 10 g Calorías: 200*
Almuerzo	Ensalada de cangrejo y fríjoles blancos Emparedado de pavo Sopa de calabaza moscada Té de hierbas	Ensalada de verduras y fríjoles 3 onzas de pechuga de pollo Té de hierbas	Ensalada mixta de pollo, frutas y nueces Té de hierbas	Ensalada de mariscos, espinacas y naranja con pan integral Té de hierbas
	Fibra: 13 g Calorías: 487	*Fibra: 12 g Calorías: 404*	*Fibra: 5 g Calorías: 458*	*Fibra: 11 g Calorías: 337*
Refrigerio	1 manzana mediana con 1 cucharada de mantequilla de almendras	2 galletas de linaza con guacamole casero	½ taza de piña con 3 onzas de requesón bajo en grasa	2 onzas de ensalada saludable de atún 1 onza de galletas de linaza
	Fibra: 2.5 g Calorías: 141	*Fibra: 7.5 g Calorías: 132*	*Fibra: 1 g Calorías: 100*	*Fibra: 8 g Calorías: 146*
Cena	Sopa de lentejas rojas ½ emparedado de pavo Té de hierbas	Pollo apanado con pistachos y puré de batatas Té de hierbas	Pollo dorado con espinacas, frambuesas y pera con ½ taza de arroz integral Té de hierbas	Sopa de fríjoles negros Ensalada de espinaca Té de hierbas
	Fibra: 13 g Calorías: 491	*Fibra: 8 g Calorías: 456*	*Fibra: 8 g Calorías: 407*	*Fibra: 24 g Calorías: 445*
Refrigerio	Crocante de manzana	1 barra o un batido de proteína-fibra	Bizcocho de zanahorias con especias para refrigerio (2 porciones)	½ taza de piña con 3 onzas de requesón bajo en grasa
	Fibra: 2 g Calorías: 127	*Fibra: 10 g Calorías: 200*	*Fibra: 4 g Calorías: 248*	*Fibra: 1 g Calorías: 100*
Totales diarios	*Fibra: 45.5 g* *Calorías: 1786*	*Fibra: 59.5 g* *Calorías: 1704*	*Fibra: 35 g* *Calorías: 1675*	*Fibra: 60 g* *Calorías: 1523*
Extra de vaciado de fibra	*Calorías diarias 1786* *Fibra 45.5 x 7 = 318* *Calorías netas 1468*	*Calorías diarias 1704* *Fibra 59.5 x 7 = 416* *Calorías netas 1288*	*Calorías diarias 1675* *Fibra 35 x 7 = 245* *Calorías netas 1430*	*Calorías diarias 1523* *Fibra 60 x 7 = 420* *Calorías netas 1103*

FASE 3 DIETA FIBRA35
SUGERENCIA DE UN PLAN SEMANAL DE COMIDAS

	Lunes	Martes	Miércoles
Desayuno	Panqueques de trigo sarraceno arándanos, almendras y linaza (5 panqueques) Café o té	Crocante de avena cortada con huevo cocido Café o té	Batido antojo de piña y naranja y barra de proteína-fibra Café o té
	Fibra: 11.5 g Calorías: 540	*Fibra: 12 g Calorías: 392*	*Fibra: 20 g Calorías: 480*
Refrigerio	Apio (4 tallos) Dip de hummus (4 cucharadas)	Batido de sueño de chocolate y banano	1 manzana mediana con 1 cucharada de mantequilla de almendras
	Fibra: 7 g Calorías: 170	*Fibra: 12 g Calorías: 250*	*Fibra: 2.5 g Calorías: 141*
Almuerzo	Emparedado de pavo Té de hierbas	Ensalada grande con pechuga de pollo asada Té de hierbas	Pinchos de pollo a la parrilla Col rizada sureña 1 taza de arroz integral Té de hierbas
	Fibra: 4 g Calorías: 206	*Fibra: 10 g Calorías: 531*	*Fibra: 9 g Calorías: 479*
Refrigerio	1 barra de proteína-fibra	2 galletas de linaza con ensalada de huevo hecha en casa	1 barra de proteína-fibra
	Fibra: 10 g Calorías: 200	*Fibra: 4.5 g Calorías: 100*	*Fibra: 10 g Calorías: 200*
Cena	Pollo Marsala 1 taza de arroz integral Brócoli asado con limón y chalotes Té de hierbas	Pollo apanado con pistachos con puré de batatas Té de hierbas	Arroz frito con carne de res y vegetales Té de hierbas
	Fibra: 8 g Calorías: 582	*Fibra: 8 g Calorías: 456*	*Fibra: 4 g Calorías: 437*
Refrigerio	½ taza de frambuesas con requesón bajo en grasa	Sorbete de mango	Chocolate oscuro (2 trozos)
	Fibra: 4 g Calorías: 100	*Fibra: 1 g Calorías: 80*	*Fibra: 0 g Calorías: 84*
Totales diarios	*Fibra: 44.5 g* *Calorías: 1618*	*Fibra: 47.5 g* *Calorías: 1809*	*Fibra: 45.5 g* *Calorías: 1821*
Extra de vaciado de fibra	*Calorías diarias 1618* *Fibra 44.5 x 7 = 311* *Calorías netas 1307*	*Calorías diarias 1809* *Fibra 47.5 x 7 = 332* *Calorías netas 1477*	*Calorías diarias 1821* *Fibra 45.5 x 7 = 318* *Caloría netas 1503*

De 3 a 4 activadores metabólicos diarios: escoja entre comer a menudo, aumentar músculo, ejercicio aeróbico, agua, ocho horas de sueño, sauna y desintoxicación.

	Jueves	Viernes	Sábado	Domingo
Desayuno	Frittata de salmón 1 rebanada de pan integral 1 bolita de mantequilla Café o té	Parfait de frutas frescas Café o té	Gachas de mijo 1 huevo cocido Café o té	Tostadas francesas multigranos con yogur y banano Café o té
	Fibra: 7 g Calorías: 376	Fibra: 10 g Calorías: 351	Fibra: 7 g Calorías: 339	Fibra: 6 g Calorías: 295
Refrigerio	Batido blitz de chocolate, banano y mantequilla de maní	½ taza de piña con 3 onzas de requesón bajo en grasa	4 cucharadas de atún ahumado para untar con 4 tallos de apio	4 tazas de palomitas de maíz 2 bolitas de mantequilla
	Fibra: 12 g Calorías: 285	Fibra: 1 g Calorías: 100	Fibra: 4 g Calorías: 200	Fibra: 6 g Calorías: 202
Almuerzo	Torticas picantes de pollo Ensalada grande Té de hierbas	Estofado de fríjoles blancos Ensalada grande Té de hierbas	Pollo y espárragos salteados con 1 taza de arroz integral Té de hierbas	2 tazas de sopa de vegetales Emparedado de pavo Té de hierbas
	Fibra: 11 g Calorías: 572	Fibra: 25 g Calorías: 624	Fibra: 9 g Calorías: 541	Fibra: 12 g Calorías: 390
Refrigerio	Batido o barra de proteína-fibra	Batido o barra de proteína-fibra	Batido antojo de piña y naranja	Batido sueño de chocolate y banano
	Fibra: 10 g Calorías: 200	Fibra: 10 g Calorías: 200	Fibra: 10 g Calorías: 280	Fibra: 12 g Calorías: 250
Cena	Pollo Marsala Calabacín espagueti Té de hierbas	Pollo a la cazadora Repollo quebrantado 1 taza de arroz integral Té de hierbas	Pescado al horno, 1 batata mediana con 2 bolitas de mantequilla Té de hierbas	Salmón salvaje con marinada de cítricos Mecla de verduras asadas Puré de coliflor Té de hierbas
	Fibra: 6 g Calorías: 300	Fibra: 11 g Calorías: 442	Fibra: 8 g Calorías: 343	Fibra: 6 g Calorías: 423
Refrigerio	Bizcocho de zanahorias con especias (una porción)	Crocante de manzana (una porción)	Batido o barra de proteína-fibra	Batido o barra de proteína-fibra
	Fibra: 2 g Calorías: 124	Fibra: 2 g Calorías: 127	Fibra: 10 g Calorías: 200	Fibra: 10 g Calorías: 200
Totales diarios	Fibra: 48 g Calorías: 1857	Fibra: 59 g Calorías: 1844	Fibra: 48 g Calorías: 1903	Fibra: 52 g Calorías: 1760
Extra de vaciado de fibra	Calorías diarias 1857 Fibra 48 x 7 = 336 Calorías netas 1521	Calorías diarias 1844 Fibra 59 x 7 = 413 Calorías netas 1431	Calorías diarias 1903 Fibra 48 x 7 = 336 Calorías netas 1567	Calorías diarias 1760 Fibra 52 x 7 = 364 Calorías netas 1396

AGRADECIMIENTOS

Este libro es el resultado de los esfuerzos extraordinarios de muchas personas maravillosas, sin ellas no hubiera sido posible escribir *La dieta Fibra35*. Quiero brindarle un agradecimiento sentido y personal a: Bonnie Solow, mi agente, por su talento excepcional y su cuidado meticuloso con cada detalle, su apoyo inquebrantable me ha permitido compartir mi mensaje personal sobre la nutrición con gente de todo el mundo; a todos mis amigos y colegas de Free Press, entre ellos Martha K. Levin, Dominick V. Anfuso, Suzanne Donahue, Carisa Hays, Sue Fleming, Eric Fuentecilla, Erich Hobbing, Laura Ferguson, Alexandra Noya y Maria Bruk Aupérin, como también su excepcional equipo de ventas; al Dr. Leonard Smith, un cirujano maravilloso con una inteligencia superior y una compasión sin igual hacia las personas; a Steven Beckman, un compañero y amigo especial, por su entusiasmo para concretar este libro; a mi hijo Travis por su duro trabajo y todos sus aportes para este libro; a mi hija Joy por su apoyo y paciencia; a Suzin Stockton, por su trabajo en todos mis libros y proyectos; a Brenda Valen, mi asistente, por el trabajo en equipo y su dedicación; a Kiser, mi hermana, por su creatividad en las recetas: a Katie Hagen, por todo el trabajo para desarrollar las rutinas; a Tony Tiano, Lennlee Keep, Eli Brown y todo el equipo de Santa Fe Productions; a WEDU y el Public Broadcasting Service (PBS-TV); a Michael Black, Jason Oakman y el equipo de Black Sun Studio y a Bonnie Cooper, Jerry Adams, Paul Pavlovich, Pamela Sapio y Kristin Loberg por desempeñar una función en todos los elementos que se conjugan en un libro.

Y más que todo, a mi esposo, Stan, porque sin su apoyo y su amor permanente este libro no estaría completo: gracias por creer con tanto fervor en mí.

APÉNDICE A

Declaración de su misión personal

_____

_____

_____

_____

_____

_____

_____

_____

_____

_____

_____

_____

_____

_____

_____

_____

_____

_____

_____

_____

_____

_____

APÉNDICE B

Registro diario de la dieta Fibra35   Fecha: _____

Comidas	Calorías	Fibra (gramos)
Desayuno		
Refrigerio		
Almuerzo		
Refrigerio		
Cena		
Refrigerio		
Suplementos		

Total diario:

    Efecto de vaciado de la fibra:

      Multiplicar: (gramos de fibra diarios x7)

    Calorías netas:

      Restar: (total de calorías diarias − efecto de vaciado de la fibra)